韓国と日本の交流の記憶

―日韓の未来を共に築くために―

李修京　編

白帝社

本書の趣旨

　2006年現在、韓国と日本の政治・外交関係は、靖国問題や歴史認識をめぐる対立もあって、あまり良いとは言えません。2004年度以降の「韓流」によって築かれてきた友好関係さえも、いま揺らぎを見せているのが現状です。心ない一部の人々は、過去の戦争を「自存自衛」のためと主張して肯定し、それを「勝利」にではなく、「敗戦」に導いた政治家が悪いといった論調も出ています。しかし、冷静に考えれば、「自存自衛」論は、犯罪者などが自己弁護のために使う身勝手な言葉にも通じるもので、国際社会の協調がいっそう求められている今日、大きな危険性を内在しています。また、国民の安定した生活をこそ考えるべき政治家が、「愛国心」という美名によって民衆を戦争政策に駆り立て、自国民300万人以上、他国民2,000万人以上を犠牲にしたとすれば、その戦争責任は言葉に表せないほど大きいはずです。それにもかかわらず、「一億総懺悔論」で、戦争の原因について科学的に考えてきませんでした。そのため、戦後日本が行ってきた国際的貢献さえも必ずしも高く評価されない結果を招いています。

　過去の清算を未だに解決していないため、日韓両社会は戦後生まれの人口が8割に迫ろうとする今もなお、私たちは過去の重荷を背負い続けなければならなくなっています。せっかく日韓友好関係が芽生えようとしても、過去の「大日本帝国の栄光」に囚われた一部の人々から「自国の歴史を批判するのは自虐的だ」「植民地統治は近代化に貢献した」などの発言が飛び出し、その芽は枯れそうになります。その結果、2004年から高まった「韓流」現象のような両国の友好関係の強まりに逆行する一連の動きが勢いを増しました。日韓間の過去の歴史を清算し、未来に向かって歩調を合わせることは大変難しい状況になっています。

　しかし、今日では、どの国も自国や自民族だけの力で存在することは現実的に不可能です。さまざまな国や民族が協力し合うことによってこそ国際化社会が成り立っていることは周知の通りです。日本の未来を考える人々も、ジェノフォビア（外国・外国人嫌い）はすでにアナクロニズム（時代逆行）以外の何ものでもなく、地域的連携による協力体制を創くことこそが国際社会で生き残るためには不可欠だと力説しています。

　世界はASEAN＋日中韓、EU（欧州連合）、AU（アフリカ連合）、BRICs、中ロ同盟などの様々なアクターが連帯し、地域共同体主義が力を増しつつあります。遠い未来にむけて「東北アジア（東アジア）共同体」の創設を主張する人々もいます。地球温暖化、環境破壊、伝染病などの問題を全地球規模で取り組まなければならない現在、世界の限られた資源や科学・情報・通信の共有のあり方を模索し、より近い国々とつながりを強めていこうという動きがあります。大国が思い通りにふるまう世界は決してよいものではないからです。そのような動きの中で、戦争による荒廃の苦しみを経験した韓国と日本は、今こそ国際社会での平和的貢献にイニシャチブを取るべき立場にあります。しかし、残念ながら今はそれができる状態ではありません。私たちはいつまで過去に学ぶことができないまま、感情的で攻撃的な流れに翻弄され続けなければならないのでしょうか。今や経済・平

和大国とIT・文化先進国としての評価を得ている日韓両国は、さらなる発展のために、友好関係の障害となっている不幸な歴史を早急に清算し、アジアと世界のために貢献すべき責務を負っていることを自覚しなければなりません。両国はともに、国際社会における信頼、そして自国の安定と繁栄、国民の平和な生活のために、智恵と力を尽くす必要があります。

　今日、いまだに深い溝がある日韓関係もそうですが、人々が国家や民族を超えて出会うことは、それほど容易ではありません。しかし、考えてみれば、私たちは誰もが例外なく「裸一貫」でこの地球に生を受けたのです。外見は千差万別ですが、この星の人の体には赤い血が流れる普遍性をもっていることは誰も否定できません。そうです。この星の人は「一種類の人間」しかいません。世界には苦しみや悲しみをもたらす戦争・暴力・犯罪に走る人々や、自分の優越意識を満足させるために他者を差別して恥じない人々もいます。彼らが認めようとしない人類普遍の真実、それは自分自身と同じ人間が存在し、彼ら自身と同じようにそれぞれが自分の人生を歩んでいるということです。このもっとも基本的なことを忘れ、目先の欲望や利益に走る人々が、未来にわたる困難を生み出し、その子孫が長期にわたって過去の負担を背負うことを余儀なくされる構図が創られていくのです。

　私たちは、過去の営みの上に成り立っている現代を享有し、未来に向かって歩んでいます。情報と通信の発達でますます近くなる現代の世界に生きる私たちは、日ごとに厳しくなる地球資源の保全や地球環境の保護に真摯に取り組まなければならない現状に直面しています。私たちは隣人と積極的に協力して地球規模の諸問題に対応し、平和的な未来社会を構築するという責任を認識しなければなりません。
　そして、日韓双方の一員である私たちは、東アジアという一つの屋根の下に住む家族として、戦争のない平和な未来のアジアを追求すべき重要なパートナーであり、過去を乗り越えて共に歩んでいかなければならない隣人です。その関係が悪くなることは、アジアだけではなく、より広範な国際関係にも悪影響を与えることになります。日韓両国の長い歴史の中で、民族を超えて助け合った人々の交流を記憶することによって、歴史認識問題などをきっかけとして双方で噴き出した「嫌韓」、そして「反日」の動きを払拭できないか─その思いが本書を刊行するきっかけとなりました。

　韓国の人々は、19世紀末より帝国主義列強の侵略を受け、その後35年間の日本の植民地支配におかれました。第二次世界大戦後も、朝鮮戦争によって100万人以上の人々が犠牲となりました。その後も、軍事政権との民主化闘争やIMF危機からの再建時代を通して、ひたすら前を見て走ってきました。そのため、韓国・朝鮮を支配した日本の人々を助ける余裕をもつことは容易なことではありませんでした。しかし、暗い歴史の中でも友情が芽生え、人間的にその人を称えるようなケースもありました。自分に余裕がなくても、共に生きることを目指して、同じ人間としての暖かい手を差し伸べた人も少なくありません。また、私たちは、日本の多くの場所で、韓国・朝鮮から渡来した人々が築いた施設等を目にし、利用したりもしています。そうした歴史は、そのすべてが感動的で美しいものとはいかないかも知れません。しかし私たちはそれらの事実から目を逸らすことな

く、真実を真実として受け止めることが必要だと考えました。本書の一部にはそれらの記憶についても述べられています。それは国や民族を超えて、戦争がない平和な社会を模索するために、「過去の過ち」を繰り返さないことの大切さを想起させてくれるでしょう。

　本書の中にはまた、人間同士の触れ合いに生きた両国の人々や、危険にさらされている隣人を救うために、自分の命の危険を賭して救助に携わったケースも記されています。こうした民間人の交流は、政治的・経済的な結びつきのように華々しいものではありません。また、軍事力などのように強い印象のものではありません。しかし、人々が人間として自然な心で振舞う時、素直な感動が生まれます。例えば、韓流ドラマに触発されて多くの日本人が韓国を訪れて韓国文化を理解しょうとすることや、日本の歌手に魅せられて韓国人が日本のライブを訪れたのです。互いが理解し合うことを通じて強い連帯意識が生まれることを、私たちは多くの例で知っています。

　このような、目立たない草の根の文化交流の動きに希望の光を感じながら、日韓の未来の架け橋を作ってくれた先人の交流の実績を知ることを通して、日韓の人々が平和な未来を共有すべき隣人としての関係を深める契機となることを、私たち執筆者一同は切に望んでいます。

　この本の趣旨をご理解頂き、貴重な原稿を寄せて下さった皆々様、本書の為に文献・資料・情報を惜しまずご協力下さった釜山韓日親善協会の崔秉大顧問（チェビョンデ）、韓国ナザレ園の宋美虎園長（ソンミホ）、全北大学の李漢昌教授（イハンチャン）、高敞高等学校と同学校聖山学友会事務局（コチャン、ソンサン）、孫戸姸記念事業会の李承信理事長（イスンシン）、新刊社の高二三社長（コイサム）、金敬得弁護士のご遺族（キムキョンドク）、民団本部国際局の金裕哲記者（キムユチョル）、大韓民国大使館広報室の皆様、李明燮参事官（イミョンスブ）及び黄八洙氏（ホァンパルスゥ）、立命館大学の安斎育郎教授、松本市安曇資料館地域資料室の山本信雄氏、智辯学園奈良高等学校、安重根義士崇慕会（イジェマン）、第15代沈壽官氏、釜山I'PARK、九州大学の李在萬氏、梶村真澄氏、今井館教友会、浅川伯教・巧兄弟を偲ぶ会、明星食品、国際文化フォーラム、そして東京学芸大学情報処理センターの高橋隆一郎氏らの多くの方に厚くお礼申し上げます。

　最後に、本書の出版を快く引き受けて下さり、原稿の遅れよりも筆者の健康を心配して下さった白帝社の小原恵子専務と本書を素敵な形にして下さった伊佐順子企画室長のご配慮にこの紙面を借りて深く感謝致します。

2006年9月　吉日
執筆者代表　李　修京

凡　例

- 本書に出てくる全ての人名については、敬称を省略している。
- 年号については、原則として西暦を用いている。
- 国名は現在の朝鮮民主主義人民共和国を「北朝鮮」、大韓民国を「韓国」とするのを原則とする。日本では1910年～1945年の植民地時代の韓国・北朝鮮を「朝鮮」としているが、韓国では1392年～1897年までを「朝鮮」、1897年から日韓併合の1910年までを「大韓帝国」と称している。そのため、筆者によっては大韓帝国時代を韓国・朝鮮と称する場合がある。
- 朝鮮の人名・地名などの固有名詞は、原則として韓国語の発音によるルビをつけている。
- 本書は主に日本の読者用として執筆しているため、原則として日本と韓国を「日韓」として表記するが、執筆者の意図としてその文脈のニュアンスを伝えるために「韓日」を使用する場合もある。
- 本書を日本の読者がよりわかりやすく理解するために、三・一独立万歳運動は「三・一運動」、韓国戦争や6・25戦争は「朝鮮戦争」、韓半島や朝鮮半島は「朝鮮半島」などで表記する場合もある。
- 韓国では1592年の文禄の役を壬辰倭乱（イムジンウェラン）、1597年慶長の役を丁酉再乱（チョンユジェラン）と称している。本書では、日本人読者のため、文禄の役・慶長の役と表現する場合もある。
- 執筆の際、引用や参考は文献・雑誌などの一次資料を重視しているが、項目の内容によってはしかるべきウェブ・サイトによる記事・統計・資料をも活用している。
- 本書は日韓交流の事実をより多くの人々に知ってもらうために、中学校や高等学校の社会・歴史科などの教材としても活用できるように簡便な活用例を所々で取り入れている。

日本との未来を築くために

目 次

1 秘境・上高地の開拓と朝鮮人労働者 ——————————（李修京）2
2 最期まで唱えた安重根の東洋平和への希求 ——————（李修京）6
3 戦争を回避し、平和な日本を切に望んだ東郷(朴)茂徳 ——（李修京）10
4 松代大本営で働いた崔小岩の願い ——————————（大日方悦夫）14
5 民族を超えた'福祉の父'金龍成とナザレ園 ——————（李修京）18
6 ブルドーザー市長・金玄玉と韓国の日本人遺骨 ————（湯野優子）22
7 韓国と日本の友好に生きる崔秉大 ——————————（李修京）26
8 歌人・孫戸妍が詠む韓日平和への希求 ————————（李修京）30
9 東アジアの星として輝く力道山 ———————————（小池美晴）34
10 薩摩焼の宗家の沈壽官と日韓文化交流 ————————（金貞愛）38
11 北東アジア平和共同体の架け橋「在日コリアン」————（李修京）42
12 日韓社会を結ぶ李秀賢 ———————————————（李修京）46
13 対馬の清掃活動を通して隣国との交流を ———————（朴庚守）50
14 現代社会の心の癒し・韓流文化 ———————————（李修京）54
15 日韓関係を微笑みでつなぐペ・ヨンジュンの努力 ———（岡野幸江）58
16 アジアをつなぐ歌姫・BoA ————————————（湯野優子）62
17 共通歴史認識への試み ———————————————（前田洋子・李修京）66
18 在日・在韓米軍について共に考える —————————（松村博行）70
19 韓国において日本語教育に貢献している団体 —————（門脇薫）74
20 「在日」初の弁護士・金敬得のJ＆Kに秘めた日韓友好への願い ——（李修京）78
21 サッカーを通して北東アジアの友好的交流に努める安英学 ———（李昌樺）82

韓国との未来を築くために

目 次

1 韓国最初の近代新聞『漢城旬報』創刊と井上角五郎 ———————— (朴仁植) 88
2 他国への侵略政策に反対した内村鑑三 ———————————————— (波潟剛) 92
3 朝鮮民族の芸術を愛した柳宗悦 ——————————————————— (井竿富雄) 96
4 朝鮮の工芸文化に魅せられた浅川巧 ————————————————— (金子哲也) 100
5 日韓の和合に生きた李方子 ————————————————————— (井竿富雄) 104
6 生涯を朝鮮の孤児とともに生きた田内千鶴子 ————————————— (金子哲也) 108
7 教育・信仰事業で全羅北道の地を愛した枡富安左衛門 ——————— (李修京) 112
8 朴烈の妻として生きた金子文子 ——————————————————— (井竿富雄) 116
9 人道主義者として生きた布施辰治弁護士 ——————————————— (大和田茂) 120
10 関東大震災の時に言論の良心を貫いた「種蒔き雑記」 ——————— (李修京) 124
11 人命を重んじて真実を直視した警察の鑑・大川常吉 ——————— (李修京) 128
12 愛のオンマ・望月カズを考える ——————————————————— (小池美晴) 132
13 孤児養育に捧げた曽田嘉伊智の人生 ————————————————— (波潟剛) 136
14 30年越しの修学旅行で日韓交流を続ける智辯学園の藤田照清 —— (李修京) 140
15 朝鮮のキリスト教の布教に生きた乗松雅休 —————————————— (金貞愛) 144
16 韓国に即席麺を伝授した奥井清澄 —————————————————— (李修京) 148
17 人間平等への実践的研究者・梶村秀樹 ———————————————— (梁禮先) 152
18 女性問題に取り組んだ松井やよりの生涯 ——————————————— (梁禮先) 156
19 歴史研究を通して日韓関係を考える宮田節子 ————————————— (梁禮先) 160
20 日本において韓国朝鮮語教育に貢献している団体 —————————— (門脇薫) 164
21 郷土の神戸で35年越しに韓国・朝鮮・在日研究活動中の飛田雄一 (李修京) 168

＊ 関連年表［1905〜2005］———————————————————— (小池美晴・李修京) 173

日本との未来を築くために

1 秘境・上高地の開拓と朝鮮人労働者

　古くから韓国と日本はさまざまな交流を持ちつつ、友好関係を築いてきましたが、日本の韓国・朝鮮への植民地政策による日韓双方の歴史'総括'の不十分さによってその蟠りが両国の交流の壁となっています。未だ清算しきれていない'戦時朝鮮人動員労働者'問題などもその一つです。彼らは異国での苛酷な労働条件の中で厳しい仕打ちを受けながら、時には命を落としてまでも日本のために働かなければなりませんでした。戦争に翻弄され、多くの戦争犠牲者が出ました。日本だけでも300万人以上が、当時の韓国・朝鮮や中国、インドネシアなど、アジア各地の植民地で2,000万人以上の人が日本の戦争に巻き込まれて犠牲となりました。そのような状況の中で、総力戦の不足する労働力として駆り出された彼らの苦労を単純に過去の戦争史の犠牲として捉えるのではなく、彼らの汗と涙、命さえも、我々が享有する現在の日本社会の中に染みついていることを認識し、彼らの存在を記憶することが歴史を背負って生きている我々の責務だと言えます。今の我々が未来を創るように、過去の多くの犠牲の上に今の豊かな現代があるのです。我々の社会のために無縁仏になってしまった人々も少なくないです。ここでは現代社会に疲れた我々を癒してくれる中部国立公園、その中でも上高地周辺のインフラ整備に駆り出され、険しい山や谷の隔離された環境の中でトンネルやダム作りに動員されていた朝鮮人労働者について考えてみます。

(1) 日本に渡った朝鮮人労働者

　人間は同じ命を受けて生まれたとしても、その時代や時勢、生まれた家庭の事情や背景、育った環境、さらには性別などによってその後の人生は大きく異なります。ましてや'持たない者'として生まれた場合、同じ時代的境遇に晒されるとしても'持つ者'の苦労とは違うのが実状です。それが戦時中であればなおさらです。中には要領がよければ'持たない者'も安泰な生活への可能性がありますが、一般的には'持たない者'は貧困に苦しむばかりか、その生涯がいばらの道になるケースも少なくありません。その一例として、日本は朝鮮を併合する直前から'土地調査事業'の名目で土地の申告制を認識していなかった朝鮮農民の土地所有権や占有権を否定することで植民地支配の軸となった朝鮮総督府の財政基盤を構築するようになります。そのため、多くの農民が小作人に転落したり、都市貧民層に転じるようになります。中でも生活状況が苦しい人の一部は、当時'一視同仁''内鮮融和'政策で植民地統治を行っていた日本（内地）での仕事を求めて海峡を渡って低賃金労働者に転じたりもしました。しかし、次第に戦争への声が高まっていく日本は、満州事変や日中戦争などを経て太平洋戦争に突入すると、総力戦の厳しい状況へと追い込まれるようになります。その際、不足する軍事・労働力を植民地から駆り集めるようになり、当初の「募集」から「官斡旋」「半島人労務者の移入に関する件」の動員法で時代の状況とともに集団的強制連行へと移行され、1945年には在日朝鮮人が240万人に増大するのです。軍人・軍属以外にも全国規模で「炭坑」「土建」「工場」「道路建設」「地下軍需基地」「ダム工事」「トンネル掘り」などのために

多くの朝鮮人が強制的に連行され、労働力として搾取されるようになります。当時の大蔵省の資料による朝鮮人強制連行労働者の一例をみると、1939年から敗戦までの日本国内における動員数は724,727人となります。彼らの中には毎日続く過酷な労働状況に耐えきれず逃亡する人も続出しました。しかし、炭鉱や鉱山などは官憲との関係を緊密に結び、逃亡防止のために詰め所を設けて警戒員を巡回するなど、厳しい監視が行われました。社会と遮断された工事現場での事件・事故も多かったため、自国民の日本人労働者よりも植民地の朝鮮人労働者が投入されました。例えば、映画「黒部の太陽」で知られている黒部ダムの掘削・発破工事などで起こった数回の事故では多くの朝鮮人労働者が犠牲となりました。また、本州と九州を結ぶ関門鉄道トンネルや山口県の長生炭鉱でも朝鮮人労働者が投入され、発破や水没事故などで少なくない人が命を落としました。しかし、未だに全体労働者数や死亡者数などは明確には解明されておりません。また、太平洋戦争末期に政府や軍の主要施設を移す計画で三つの山の岩盤を削り、13キロの大規模の地下壕を掘る作業を行った松代大本営には7,000人の朝鮮人労働者が働き、中には従軍慰安婦も動員されていました。今はその跡地は気象庁の地震観測所などに使われています。その後、日韓の研究者らによって強制連行労働者の労働実態が明らかにされてきましたが、今でも当時の動員事実が解明されていないところも多いです。なぜなら、当時の名簿や工事関係の資料が隠蔽されたり消却されたりして、暗かった過去の痕跡を隠そうとする政府や企業・下請け会社などの動きがあったからです。それらの一つとして80年ほど前なのに工事当初の資料が一切残ってない釜トンネルなどについてみてみましょう。

(2) 上高地の釜トンネル・釜が淵堰堤に残る朝鮮人の記憶

　日本が誇る山岳景勝地の一つであり、山全体が特別自然保護地区でもある長野県の上高地は、原始林と穂高連峰が醸し出す美しい自然の公園です。その天恵の自然環境に魅入られた多くの人が4月から11月までの山開きの間に上高地を訪れます。自然の聖地とも評価される壮大な景色の上高地に入るには多くのトンネルと峡谷、そびえ立つ高山の曲がりくねった山道を通らなければなりません。自然保護のために一般車両が規制され、沢渡から許可された公共手段に乗り換えてようやく、上高地に足を入れることができます。その上高地の入り口にある焼岳の大噴火によって生まれた大正池の水力を活用すべく、1926年にはあの山奥の渓谷に開発が行われ始め、その資材運搬などのために村から大正池に繋がるトンネル工事が行われました。実際、トンネル工事にあたっては岩盤が固く、険しかったため、最初は人と荷車がやっと通れる小さな洞窟の穴のようなものを素掘で行いました。その'釜トンネル'は、その後、何回もの改修工事を経てやっと車が通るようになりました。しかし、全長510.6mのトンネルは安曇村側のトンネル幅が4.72m、高さが4.12mで、上高地側の幅が4.48mに、高さが4.38mの狭いトンネルでした。一次線で片道通行しかできず、トンネルの中には急カーブも多く、暗くて狭かったため、2005年に新しいトンネルがその横に開通しました。しかし、科学が発達した今でも旧釜トンネルには様々な怪談や風説が伝わっています。例えば、今でも旧トンネルの入り口の周辺では朝鮮人の幽霊が出るとか、トンネルの中では人を呼ぶ朝鮮人の声がするとか、人が消えたとか、様々な憶測や噂が町に残っています。

　その険しい山のトンネルの掘削工事に関する初期資料は一切残っておらず、当時、上高地開発を担当していた梓川電力から工事を引き継いだ東京電力さえもそのトンネルと周辺の工

事規模や労働状況を解明していないのが現状です。ただ、1956年から『信濃毎日新聞』記者として上高地と関わった菊池俊朗の長年の取材による情報には、東京電力がその後のトンネル工事を続ける時、四つの坑口を横に作って作業をしたことから、掘削と運搬のほか、発電所本体工事などの人海戦術で約4～500人が働いていたと推測しています。その際、危険なトンネル掘りなどは朝鮮人労働者が行ったと思いつつも、信じられないほど事故の記録がないと指摘しています。

　上高地の峡谷には硫黄の匂いと温泉の湯気が神秘的な雰囲気を醸し出しており、谷底には雪解けの澄んだエメラルド色の梓川が流れています。その梓川地域にできた水力発電所をみると次のようになります。

(表1) 東京電力長野県梓川地域水力発電所（2003年度東京電力データーより作成）

発電所名	形式	最大出力(kw)	発電機台数	運転開始日
霞沢（かすみざわ）	水路式	39,000	3	1928.11
湯川（ゆかわ）	水路式	17,400	1	1997.11
沢渡（さわんど）	水路式	4,000	2	1936.11
安曇（あずみ）	ダム水路式	623,000	6	1969.5
水殿（みとの）	ダム	245,000	4	1969.10
稲核（いねこき）	ダム	510	1	1999.4
竜島（りゅうしま）	ダム水路式	32,000	1	1969.1

　しかし、上記の沢渡発電所の工事でも無事故・無死亡という信じられない記録になっています。釜トンネルの改修工事に関わった小林建設会社の小林昌一は、トンネル掘りには自分らの会社や霞沢工事を担当した飛鳥組らもかなりの朝鮮人労働者を使ったことを述べています。また、稲核には無縁仏を祀った簡易墓地があるが、日本人を含めて身元不明の犠牲者が埋葬されているとのこと。なぜ労働者達の墓が設けられていたか、その点は推察するしかないのが歴史の風化による限界かも知れません。

太古の自然が残る上高地の大正池（撮影李修京）

初期釜トンネルの開通の写真『安曇村開村130年のあゆみ』より

一方、大正池の下流2キロで釜トンネルの上高地側の出口あたりには1944年に完成された日本初のアーチ型の釜が淵堰堤があります。この工事にも戦争によって国内労働力が減少し、過半数以上の多くの朝鮮人労働者を使っていたことが北陸建設共済会が明らかにしています。ただ、残念なことに、明確な動員数や彼らの工事実態に関する資料は公開されておりません。しかし、今から考えると如何に劣悪な状態で山を削ったか、どれくらい多くの人が投入され、無縁仏にされたか、それらを想像することは難しくありません。

　豊かな電力資源を使い、自然環境から多くの生活の癒しを受ける我々のために、異国で苦しんで去った人もいます。その方々が残してくれた多くの財産を、如何に大切にするか。また、同じ人間として彼らの苦労を如何にして追悼し、慰さめるべきか。現代の便利さに甘んじるだけではなく、未来に向かう我々は、二度と不幸な歴史を繰り返さない為にも、彼らの痛恨の過去を記憶し、彼らが残してくれた自然環境や資源を明日の財産として大切に受け継いで行きましょう。

考えてみよう

　今日のように情報・通信・技術も発達していなかった当時、支配側と被支配側の構図の中で異国で働いた彼らを守ってくれるものに何があったのでしょうか。そして、年間200万人の観光客で賑わう天恵の自然に接した時、そこには日本人はもちろん、朝鮮人労働者の並ならぬ苦労があったことも思い出して、先人の犠牲で守られてきた豊かな自然環境を未来の財産として受け継がせようとする責任と共通認識をもって大切にする気持ちを忘れないようにしましょう。また、彼らの尽力もあって拓いた上高地は、最近、進む開発によって自然環境は荒れ始めています。我々の生活を癒してくれる自然をいかに保存していくべきかを考えてみましょう。

【参考文献】

安曇村編集『開村130年のあゆみ』長野県安曇村発行、2005年3月。
李修京「上高地にさすらう朝鮮人労働者の霊魂」『月刊朝鮮』韓国、朝鮮日報社、2006年1月号。
「釜トンネルと上高地周辺のあゆみ」長野県松本建設事務所。
菊池俊朗『釜トンネル　上高地の昭和史』信濃毎日新聞社、2001年。
国土交通省北陸地方整備局監修「ほっとほくりく　美しい浜辺を守る」第16号、北陸建設弘済会、2002年7月号。
田中宏「強制連行」『朝鮮を知る事典』平凡社、1986年。
朝鮮人強制連行真相調査団編『朝鮮人強制連行調査の記録：中国編』柏書房、2001年。
朴慶植『8・15解放前在日朝鮮人運動史』三一書房、1979年。
朴慶植・山田昭次監修、梁泰昊編『朝鮮人強制連行論文集成』明石書店、1993年。
松代大本営の保存をすすめる会編『学び・調べ・考えようフィールドワーク松代大本営』平和文化、2005年。
松代大本営の保存をすすめる会編『マツシロへの旅』松代大本営の保存をすすめる会編、2004年。
松代大本営の保存をすすめる会編『松代大本営と崔小岩』平和文化、2004年。
松代大本営資料研究会編『解説と資料松代大本営』松代大本営資料研究会、2004年。

（担当：李修京）

2 最期まで唱えた安重根の東洋平和への希求

　韓国・朝鮮において歴史的人物の一人として高い評価を受けている安重根（アンジュンゴン）（1879～1910）。彼は日本の初代首相で、当時の朝鮮を支配していた統監府の統監を歴任した伊藤博文（いとうひろぶみ）を暗殺したため、31歳の若さで中国の旅順監獄で処刑されました。彼に対する韓国と日本での評価は当然、異なります。烈士（れっし）か、凶漢（きょうかん）か。それは当時の韓国と日本がどのような関係にあったか。それぞれのおかれた立場や社会状況によって解釈が違ってきます。特に、支配・被支配の関係であればなおさらです。国を奪われ、他民族の日本に支配され、民族受難の時期であった日本の植民地時代を経験した韓国ではそのような抗日活動者を義士とか闘士だと評価されます。日本では伊藤博文が近代日本の功労者であり、日本の近代史の父とも元勲（げんくん）とも呼ばれますが、立場を変えって考えれば、韓国人には韓国を支配した敵将であり元凶として位置付けられていたことは簡単に推察できます。そのため、祖国のために日本の要人を射殺し、日本軍によって絞首刑（こうしゅけい）に処された安重根に対する評価は韓国と日本では正反対になります。ところが、1910年3月の死刑までの獄中生活を通して安重根は、当時の刑務所の看守や周辺の人々らと人間的交流を築きました。それらの人情の繋（つな）がりによって安重根の死刑後、彼を供養し続けた人や、後に彼がいた刑務所の看守であった千葉十七（ちばとうしち）と合同追悼法要が行われるなど、日韓の交流への動きも芽生えました。安重根が蒔いた種はどのようなものだったのでしょうか。

(1) 安重根の生い立ちから伊藤暗殺まで

　安重根（身体に七つのホクロがあるため、幼名は応七）は1879年7月16日、今の北朝鮮にある黄海道海州（ホァンヘドヘジュ）で安泰勲（アンテフン）の長男として生まれました。その祖父の安仁寿（アンインスゥ）は一時官途にも就いたことがあり、安一家は経済的には余裕がありました。中でも三男の泰勲は明晰かつ学問に通じて進士となりましたが、その長男の重根は学問よりも猟銃を持って狩りをするなど、活発に動く性格でした。その間、泰勲は国の情勢を憂慮し、改革への意を持ちますが、反対勢力によって故郷に逃れたのちに、信川郡清渓洞（シンチョングンチョンゲドン）の方に移住します。そして、重根は1894年に起こった甲午農民戦争（カボノウミンセンソウ）の時に義兵を起こして父とともに東学党（トンハクタン）を破ります。同年、金亜儷（キムアリョ）と結婚し、その後、息子二人と娘一人を授かります。日清戦争後、重根の一家はフランス人宣教師から洗礼を受けてキリスト教の信者となります。1904年に韓国が日本の軍事支配下におかれることに鬱憤を覚え、父と相談後、中国の上海で運動を呼びかけますが失敗します。1905年12月に帰国すると父の泰勲は死んでおり、重根は失意の中で韓国独立への強い目的を持つようになります。翌年に平安南道鎮南浦（ピョンアンナムドジンナムポ）で敦義学校と三興（サムフン）学校を設立し、教育事業を試みます。しかし、日本が日露戦争に勝利すると、それまでの韓国の主権確立や東洋平和論の表向きは無視され、侵略的野心が顕（あらわ）になります。「日韓保護条約（にっかんほごじょうやく）」の下で韓国の外交権が奪われ、光武皇帝（クァンム）（高宗）が廃位させられ、不平等な五ヶ条や七ヶ条の条約が強圧的に締結させられ、既存の軍隊の解散と日本の軍用地・資源確保の為にあらゆる手段が横暴に行われる

ようになります。民衆は怒り、各地に抗議の動きが拡散すると、重根も憤怒して義兵を募るために北間島からウラジオストクに赴きます。そこで組織した義兵で咸鏡北道へ進撃しましたが敗退します。その後、韓国を奪って保護国化し、第26代王の高宗の妃であった閔妃(明成皇后)を三浦梧楼公使の指揮で虐殺した時の首相であり、朝鮮を抑圧した前韓国統監の伊藤博文がハルビンを訪問するということを知り、朝鮮を悲惨な状況に追い込んだ元凶として伊藤の殺害を計画するようになります。そして、一団の12人は救国闘争に意志を共にする覚悟で指を切る断指同盟で誓約を交わします。そのため、安重根の左手の薬指は小指ほどしか残っていません。そして、同志の禹徳淳、劉東夏、道先らとともに行動に出ます。

1909年10月26日午前10時、当時の枢密院議長であった伊藤らの特別列車がハルビン駅に到着し、閲兵をしている時、近寄ってきた安重根によって暗殺されました。発射直後、連行された重根は、ハルビンの日本領事館で尋問を受けた後、旅順の監獄に収監され、関東都督府地方法院の法廷で死刑を宣告され、翌年の1910年3月26日に同監獄で処刑されました。

監獄で刑を待つ間、安重根はそれまでの人生を綴った自伝『安応七歴史』を執筆しはじめます。さらに、未完で終わってしまった「東洋平和論」を執筆し、戦争がない朝鮮・日本・中国などの共同戦線による東洋の平和社会の構築と朝鮮独立を強く主張しました。「東洋連邦政府」や「東洋平和銀行」などの構想を提案した彼の死後100年になりつつある現在、その思想は多くの人が唱える「東北アジア共同体」への構想にも繋がっています。彼がなぜ命をかけて祖国と東洋の平和を訴えたのか、人類の発展を切願したのか、彼の思いを最後まで聞くことはできませんが、平和構築と祖国の独立に対する真摯な姿勢は、日本の中でも多角的に評価されているのが現状です。

(2) 東洋平和への切願

安重根の伊藤暗殺は当時のアジアを震撼させるほど、大きなニュースでした。明治第一の功臣、明治維新の元勲、大勲位公爵の伊藤博文を殺した安重根に対する憎悪は高まり、当時の日本の高等学校の生徒達は伊藤を暗殺した韓人の肉をみじんに切り刻みたいといった怨嗟を表す状況でした。雑誌の『太陽』は約257頁にのぼる特別増刊号を発行し、内容全てを伊藤博文に関する写真と記事で埋めるほどでした。これら一例からも推察できるように、安重根は凶徒として日本国民の怨嗟を受けており、その暗殺ニュースで韓国では独立運動の動きさえも出ている状況でした。それからみても、日本の裁判側や日本人が安重根の立場を理解することは皆無に等しいものでした。ただ、「一握の砂」などで国民詩人と呼ばれた石川啄木は『岩手日報』に、「吾人は韓人の憎むべきを知りて、未だ真に憎むべき所以を知らず」と思いを寄せており、人類の平和と非戦を切実に望んでいた幸徳秋水も「生を捨てて義をとり身を殺して仁を成す　安君の一挙　天地皆振う」を詠み、安重根の写真などを所持して彼の東洋平和と祖国愛による忠義の死を評価しました。

ごく一部には安重根の心境をわかる人はいたものの、日本人の大半は彼の行動を伊藤側からしか理解しようとしませんでした。ところが、尋問と裁判が繰り返される中、安重根は獄中で周辺の人に温かく、人間的に接し、そのことがのちに日本人との交流にも繋がるようになります。いくつかの交流を見てみましょう。

3) 安重根と日本人との交流

　安重根は獄中から、1904年に日本で30歳という最年少の代議士となった秋田の近江谷栄次宛に東洋平和への構想と実現を託す手紙を出します。文芸同人誌の『種蒔く人』の創刊メンバーであった栄次の長男・小牧近江が書いた『ある現代史』によれば、栄次は安重根の立場を変えると朝鮮の国士であり、彼の立場もわかっていたから死刑前に人を通じて手紙を寄せていたのだと述べられています。小牧は、近江谷栄次は両面性を持つ政治家であり、"黒竜会（右翼団体）"の内田良平らと親交がある一方、自由主義的な側面があったので、安重根が死刑になった日、仏前に線香を上げて冥福を祈ったと述べています。

　獄中で「東洋平和論」を唱えていた安重根はおそらく、同じ30代としてアジア主義を提唱する日本帝国主義の代議士に今後のアジアや朝鮮の平和を託そうとしたのかも知れません。その栄次は黒龍会の一員として日韓併合に深い関わりを持ち、国策遂行の上でも何らかの功績を残した政治家であっただけに、安重根の東洋と朝鮮の平和への強い思いと朝鮮の志士的行動を評価したのかも知れません。

　また、逮捕され、獄中での生活は裁判や面接以外は執筆と書道に没頭しました。自分の死刑よりもまわりの人を気遣ったり、アジア社会や祖国の情勢を案じていたため、次第に彼と接していた検察官や判事、刑務所長（典獄）、通訳官、監獄医、看守などは深い感銘を受けるようになります。

　監獄の刑務所長にあたる典獄の栗原貞吉は安重根の東洋平和と人類愛への真摯で明白な姿勢と暖かい人間性に感動し、高等法院長の平石義人や真鍋十蔵裁判長に彼の命だけは助けるべきだと嘆願をしたり、安重根が処刑される当日まで彼のために出来る限りの差し入れや気配りをしました。安重根の死後、彼との交流を通して役人の仕事に限界を感じた栗原は辞職し、広島に帰郷して死ぬまで役人にもどることはありませんでした。この人間的交流は朝鮮統監府の通訳官で、関東都督府高等法院の嘱託であった園木末喜ともありました。彼の母親が病床にいることを聞くと安重根は、彼の為に書いた揮毫を渡しながら26歳の彼を激励し、園木からも感謝されました。

　彼の力強い書体に惹かれた人も少なくありませんでした。その人達から揮毫を依頼されれば、平和と友好などの内容に薬指がない左手の押印をして渡しました。安重根が獄中で書いた書は200点に上りますが、現在は70点しか確認できていません。中でも看守として安重根の死刑直前に揮毫してもらった千葉十七は、故郷の宮城県に戻ってから安重根の遺墨と遺影を前に供養し続けました。その後、ソウルで安重根の生誕100周年が行われた際、千葉の家族によって遺墨が寄贈され、千葉夫妻の墓がある同県の大林寺に安重根と千葉の交流を称える顕彰碑が建てられ、1992年9月6日には安重根と千葉十七の合同法要が行われました。そして、二人の人間的交流を供養すべく、日韓

没96周年追悼会で献花する日本人
（安重根義士崇慕会提供）

両国から多くの人が法要に参加するようになり、戦争がない平和な社会と日韓親善を祈る場となっています。国境を越えたこれらの人的交流は、戦争や紛争が絶え間なく起こっている現代の地球社会に、平和がいかに必要であるかを伝えていく、一つの市民連帯として育みつつあります。

> **考えてみよう**
>
> 　日本が韓国に近代化をもたらしたと主張する人もいますが、もし日本が他民族に保護国として強圧的に支配され、植民地開発をされたとすれば、純粋に近代化の恩恵を受けて成長して来たと言えるでしょうか。根本的に隣国を欲する無謀なことが今でも戦後の総括の問題に繋がっています。相互の国民を戦争に巻き込まず、友好的交流を模索することに知恵を結集することが、将来的に両国の国益に繋がることになります。
>
> 　2006年現在、韓国・台湾のハンセン病患者や中国の毒兵器の処理やそれらの毒漏れによる被害者への対応に追われることも、日本の戦後処理問題の一例ですが、過去の戦争が如何にアジア交流の妨げになってきたか、戦争がなかったらどうなったかを相互の立場から考えてみましょう。

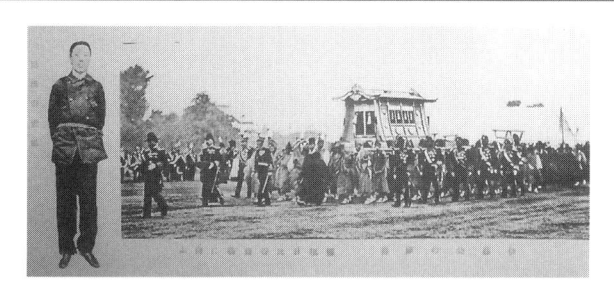

逮捕された安重根と伊藤博文の葬儀（『文化変遷史』より）

【参考文献】

李修京『帝国の狭間に生きた日韓文学者』緑蔭書房、2005年。

今野賢三『略伝近江谷井堂』非売品、近江谷家発行、1971年。

糟谷憲一「安重根」『朝鮮を知る事典』平凡社、1986年。

金正勲「漱石の『門』に投影される国家イデオロギーの翳」『社会文学』第23号、2006年1月。

高大勝「石川啄木　韓国併合に異を唱えたしなやかな感性」『36人の日本人　韓国・朝鮮へのまなざし』
　明石書店、2005年。

小牧近江『ある現代史』法政大学出版局、1965年。

「博文館臨時増刊　伊藤博文公」『太陽』第15巻第15号、明治42年11月10日、博文館。

三戸十三編『観樹将軍豪快録』日本書院、1918年。

太林人「安重根氏の死と最後の陣述」『自由朝鮮』同友社、1948年3・4月号。

New York Tribune weekly, 1895年10月16日／10月23日／10月30日。

安重根義士記念館　http://www.patriot.or.kr／安重根研究所 URL　http://www.ahnjewngkeun.com/welcome.html　http://kr.news.yahoo.com/service/news/shellview.htm?linkid=33&newssetid=470&articleid=2005062310130817324　http://ddb.libnet.kulib.kyoto-u.ac.jp/exhibit/ishin/jinmei/Ito.html　http://www.asahi-net.or.jp/~VR3K-KKH/seoulprison/6anmuseum/prison6anmuseum.htm　http://www.h7.dion.ne.jp/~bankoku/nkb/gyoji/gyoji_angishi.html　http://wwwi.netwave.or.jp/~go-kumon/an.htm

（担当：李修京）

3 戦争を回避し、平和な日本を切に望んだ東郷(朴)茂徳

　薩摩の陶工の子孫として生まれ、4歳まで'朴茂徳'という韓国名で呼ばれ、死ぬまで日本の将来を案じて、日本をこよなく愛し続けた東郷茂徳（1882～1950）。彼は日本がアメリカと戦争を始めた時と、終戦時の二回にわたって外務大臣として第二次大戦に関わる大役を務めた歴史的人物です。敗戦に際し、天皇制の維持をGHQに提案し、終戦後はA級戦犯として禁固20年の判決を受け、刑務所で獄死しました。朝鮮の文化が漂う薩摩の陶芸の村に生まれ、ドイツに留学し、世界から得た識見から国際社会の情勢を察知し、日本の終戦期に対米外交戦略を拓き、終戦に尽力した茂徳は現在、靖国神社に祀られています。彼の御霊が現代社会をみるなら、果たして何というでしょうか。

(1) 茂徳のおいたち

　鹿児島県日置郡東市来町美山には茂徳の生涯を紹介している'東郷茂徳記念館'があります。その記念館には終戦の工作の主役を担って大業を完成し、日本国と日本国民を救ったことが称えられた茂徳の顕彰碑が建てられています。その記念館がある鹿児島県日置郡とは薩摩焼で有名なところです。
　今から400余年前の慶長の役の際、薩摩藩の島津義弘によって日本に連れて来られた約80名の朝鮮陶工のうち、一部が伊集院郷苗代川に移住し、薩摩焼を創世したところです。島津家は彼らの芸術性を高く評価し、薩摩焼を大事に扱っていたため、苗代川地域は日本の中でも朝鮮の伝統的文化や風習が色濃く残っていた地域でした。そこで1882年、朴茂徳は、陶技が評価され、外国商人とも接していた海外志向の朴壽勝（1855～1936）とトメ（別の朴氏系の子孫）の長男として生まれました。経済的にも恵まれた朴家でしたが、明治維新の嵐に晒されるようになります。廃藩置県によって薩摩焼を保護してくれた薩摩藩から県営制度へと変わり、それまでの士族待遇から平民となった彼らは1880年、村の男子364人の連名で鹿児島県庁に士籍編入への嘆願書を出しますが受理されませんでした。6年後の1886年にも同様の嘆願書を提出しますが却下された茂徳の祖父・朴伊駒と父・朴壽勝は、鹿児島の下級士族の名字を買い、東郷へと変えます。5歳になった茂徳はパク・ムドクから東郷茂徳と改姓しました。1889年に下伊集院村立尋常小学校に入学しますが、私塾で課外指導も受けながら鹿児島第一中学校に入学します。当時の成績は常にトップの方でしたが、朝鮮系であったため、周囲から白眼視され、孤独と闘いながら鹿児島第七高に入学します。そこで茂徳は、ドイツ文学に出逢いつつ、3年間を通して常に成績1位を守り続けました。そして1904年、茂徳は官僚になってほしいと期待する親を裏切り、東京帝国大学文科大学のドイツ文学科に進みます。しかし、主任教授が期待はずれだったり、病気などで欠席が多かった茂徳は卒業後、明治大学のドイツ語講師や文部省の史料編纂のアルバイトの傍ら、1912年10月に外交官試験に合格して外務省入りを果たします。その喜びを村人に宴会で披露した父の壽勝は息子の出世のために、身上調査で不憫な思いをさせないため、苗代川とは決別をし、'鹿児島市の西

千石町に本籍を移します。

　資産はありましたが、朝鮮人の末裔が差別をうける可能性も高かったため、息子を思う父親の究極の愛は300年以上住み続いた故郷を離れることを選択させたのでした。

(2) 外交官から外相へ——戦争回避への必死の努力

　外交官として初の海外勤務となったのは1913年8月、奉天でした。総領事館の領事館補を経て1923年に欧米局の第一課長、その3年後はワシントン一等書記官、そして1929年には在独大使館の参事官に昇進するなど、海外生活は8年余りに続きます。その間、1920年頃にベルリンの下宿先でドイツ人女性のエディ・ド・ラロンド（東郷エヂ、33歳）と恋をし、結婚します。1922年2月には娘のいせを授かることになります。その後、1937年に駐独大使を、翌年には駐ソ連大使に昇任されますが、中国東北部とモンゴル国との国境近くのノモンハンで日本軍とモンゴル軍が衝突し（ノモンハン事件）、その停戦協定が成立された後の1940年末に日本に帰国しました。しかし、日本は既に'対米英戦争の前夜祭のように躍って'いて、強硬な軍部によって戦略が進んでいました。1941年10月17日の重臣会議で、主戦論をもって近衛文麿内閣を倒した東条英機が首相へと指名され、茂徳の卓越した外交手腕と国際的識見を高く評価し、茂徳に交渉を始めます。東条首相から入閣を要請された茂徳は、「陸軍が支那（中国）駐兵について従来のような強硬態度を続けるなら、外交交渉は不可能に決まっているから、外相は引き受けられぬ」と断ります。その際、東条は支那駐兵や日米交渉問題の再検討や陸軍の合理的基礎の上の協力を確答するので、外相就任を承諾するに至ります。日中戦争から4年が経っていて、長期戦による民心の厭戦の雰囲気や物資の供給にも余裕がなくなっていた政府内では対米戦争の開始論を熾烈に主張する統帥部に対し、外部大臣兼拓務大臣であった茂徳と賀屋興宣蔵相だけは戦争回避と外交交渉による平和論を主張します。そして、難局を極めつつ日米の妥協案をアメリカ側に提示して外交交渉を進めますが、その間、日本の首脳からは日米平和への言及もなされず、同年11月18日の臨時議会で島田俊雄議員による対米英戦争を早めるべきだという過激説が行われ、アメリカの各メディアに報じられます。そして、次第に興亜同盟員による討米演説などが報じられ、結果的に真珠湾における日米戦争と日本の敗退へと繋がります。最先端技術の軍備と兵力で攻撃をするアメリカに対し、日本はまさしく精神主義の一億玉砕を叫ぶ断崖に立たされるようになります。そして、もっとも日本の運命がかかっていた1945年4月9日に鈴木貫太郎首相は既に敗戦を予知し、終戦処理を任せる人物は東郷茂徳しかいないと判断し、再び茂徳を外務大臣として抜擢します。4月7日の夜に軽井沢から一時帰京した東郷と会見した鈴木首相は、外務大臣兼大東亜大臣の交渉を行います。それに応じた東郷は4月10日、東亜の自主独立の達成、破壊を去って建設につくことが帝国の念願であると記者会見をします。時はすでに沖縄本島が米軍の空襲で壊滅状態となり、神風特攻隊が沖縄東方の敵の機動部隊に突入しますが、敗戦の色は彼らをむなしい死へと追い込む形となりました。そのような時勢であるだけに、『朝日新聞』などは「東郷新外相への期待」という社説を通して、彼の外交力と現状の諸問題を報じました。

　同年8月6日に広島に原爆'リトルボイ'が投下され、三日後にソ連までが参戦したニュースを接した茂徳は、それ以上は日本の壊滅を招くのみだと判断し、迅速にポツダム宣言（米英ソによる日本の無条件降伏）受諾で戦争を止めるべきだと唱えます。しかし、陸軍大臣の

阿南惟幾は一億全員が枕を並べることを強く主張し、敗戦処理の鈴木・東郷に徹底抗戦論で激しくぶつかります。結局、阿南は敗戦日の８月15日、切腹自殺を行います。

　日本の情勢はすでに各地の米軍による空襲と８月９日の長崎原爆投下によって壊滅状態となり、選択の余地がない中、東郷茂徳は天皇制維持のみの条件で降伏することで交渉すべきだと主張します。徹底抗戦も、多条件降伏も不可能だと看破した木戸幸一や近衛文麿などが現状をアドバイスする中、９日夜11時50分の御前会議で茂徳の'一条件降伏'を昭和天皇が受け入れる形となりました。そして、東郷茂徳は強硬軍部による暗殺の企みや脅迫の中でも最後まで日本国の将来のために敗戦処理に向けて奮闘しました。

　戦後の1946年４月に東郷茂徳は、極東軍事裁判にＡ級戦犯として起訴され、1948年に「侵略戦争共同謀議罪」および中国、アメリカ、イギリス、オランダに対する侵略戦争罪を犯したとして、禁固20年の判決を受けて、巣鴨刑務所に収監されます。

　因みに、日本のいわゆる'大東亜戦争'に徴用された朝鮮人軍人および軍属は24万2241人（厚生省統計）になりますが、日本の敗戦後、連合国によって148人が戦争裁判で有罪を受けました。

　冷静に現実を見極めて、相手を把握し、日本のもっとも有利な在り方に苦悩し、天皇制維持の条件を提案し、日本国民の本土決戦の回避に尽力した東郷茂徳は1950年７月23日、服役中に68歳の波乱の生涯を閉じました。皮肉にもその一ヶ月前に韓国では北の侵略による朝鮮戦争が勃発します。

2006年、韓国で東郷らを紹介した本が出版された
写真は金忠植の『슬픈열도』（ソウル、ヒョヒョン出版）

> **考えてみよう**
>
> 　もし、強い精神主義を主張する人々の意見の通り、日本国内での本土決戦が行われたとしたら、日本はどうなっていたのでしょうか。果たして生き延びた日本人がどれほどいたのでしょうか。
> 　戦争によってまっさきに犠牲になる人は、もっとも弱い立場の子供や婦女や病人や老人です。戦争を起こそうとする人の目論見は何でしょうか。果たして戦争だけが国益の手段でしょうか。茂徳が身を以て残してくれた非戦への努力を様々な角度から考えてみましょう。

【参考文献】

伊藤正徳『軍閥興亡史3』文芸春秋新社、1963年。

内海愛子「朝鮮人戦犯」『朝鮮を知る事典』平凡社、1986年。

金忠植『슬픈 열도』ソウル、ヒョヒョン出版、2006年。

金忠植「天皇と日本を救う」『新東亜』(ソウル、東亜日報社、2005年7月号)、307～319頁参照。

小池民男「時の墓碑銘」『朝日新聞』2005年12月5日、8頁参照。

『朝日新聞』1945年4月7日～4月11日参照。

http://www.cc.matsuyama-u.ac.jp/~tamura/tougousigenori.htm

東郷茂徳記念館公式サイト

http://www.town.higashiichiki.kagoshima.jp/N_hp/sightseeing_Satsumayaki/shisetsu_002.htm

沈壽官窯公式サイト　http://www16.ocn.ne.jp/~c-jukan/history.html

(担当：李修京)

4 松代大本営で働いた崔小岩の願い

　崔小岩(チェソアム)(1919〜1991)、自らが体験した松代大本営工事の実態を地元に残った唯一人の証言者として、語り続けた人です。1991年亡くなりましたが、松代大本営について学ぶ中学生や高校生に日韓の友好と平和への願いを託しました。

(1) 松代大本営と朝鮮人

　アジア太平洋戦争末期、日本中がアメリカの大型爆撃機B29の脅威にさらされていた頃、東京からはるか離れた長野県の山中で大本営の移転工事が極秘にすすめられていました。場所は、長野県埴科郡松代町。現在の長野市松代町です。

　当時、戦争の最高統帥機関だった大本営は、東京の皇居に置かれていました。しかし、1944(昭和19)年7月のサイパン島陥落によって日本の「絶対国防圏」は崩壊し、連合軍の日本本土攻撃は、時間の問題となりました。そこで陸軍は、大本営はじめ国家の中枢部分を本州内陸部の安全な場所に移した上で、連合軍との決戦を日本本土で展開する作戦を立てました。これが「本土決戦」計画です。この計画は、敗北を覚悟の上で、「国体護持」だけを確保して戦争を終結することを目的としたものでした。「国体護持」は、現在では「死語」となっていますが、戦前は、とても重要な意味を持つ言葉で、政治体制の維持、つまり天皇制を維持するという意味で使われました。こうして本土決戦のために、天皇はじめ政府・軍など国家の主要機関を移転する「松代遷都計画」が実行されることになりました。この計画の中核となった松代大本営の建設工事は、1944年秋から始まりました。

　工事は、「松代倉庫工事」(略称「マ工事」)と名づけられた秘密工事でした。動員された労働者は、多い日には一万人余であったといいます。昼夜二交代の強行軍ですすめられた工事は、1945年8月15日まで続けられました。松代町の象山・舞鶴山・皆神山の三つの山腹に掘られた地下壕の総延長は10km余。用途は、政府・NHK・中央電話局用(イ壕)、大本営・天皇・皇后用(ロ壕)、食料庫用(ハ壕)とされました。そのほか送信施設・受信施設、皇太子・皇太后施設などの関連施設が建設され、敗戦時には計画の約80％ができあがったといいます。

　この大工事の主力となった労働者は、朝鮮人でした。およそ7000人余の朝鮮人が動員されたと言われていますが、正確な人数は不明です。朝鮮人の約半数は、戦時労働動員として強制的に朝鮮から連行された人びとでした。残り半数の朝鮮人は、日本の植民地支配によって土地や仕事を奪われ、職を求めてやむなく渡日した人びとでした。彼らは、日本各地の炭鉱、ダム、トンネルなどの工事現場で働いていましたが、大本営工事のために松代に集められたのでした。崔小岩もその一人でした。

(2) 大本営工事と崔小岩

　崔小岩は、1919年、慶尚南道陜川郡伽倻面の伊川里という小さな村に生まれました。七人兄弟の末っ子でした。小作や日雇いで生計をたてる一家の暮らしは貧しく、子どもを学校に行かせる余裕は全くありませんでした。崔小岩も、学校とは無縁の少年時代を送り、終生、読み書きはできませんでした。

　生活苦の中で少年時代を過ごした崔小岩は、16歳の時、長崎にいた長兄を頼って日本に渡航します。口減らしのための渡日でした。崔小岩は、国内の土木工事現場を転々としながら、トンネル工事の発破技術を身につけていきました。そんな崔小岩に後半生を決定付ける出来事が起こります。1944年秋、長野県松代の地下壕工事の話でした。当初乗り気でなかった彼も、親方の説得もあって松代行きを決心します。しかし、彼を待ち受けていた地下壕工事は、ダイナマイトの破裂、落盤などが相次ぐ難工事でした。また、粗末な宿舎と乏しい食糧、そして軍や建設請負会社のきびしい監視、さらに監督者による見せしめのリンチ。9ヶ月に及ぶ地下壕工事は、多くの朝鮮人労働者に塗炭の苦しみを与えたのです。

　崔小岩は、象山地下壕の発破作業に従事しました。この作業は、さく岩機で硬い岩盤に穴をあけ、ダイナマイトを使って発破する危険な仕事でした。後年、松代大本営の語り部としての崔小岩が最も語ったのは、この作業についてでした。

　1945（昭和20）年8月、日本は連合国に無条件降伏しました。松代大本営の工事も敗戦で中止となりました。建設のために集められた膨大な資材も関係した会社や周辺の市町村等に払い下げられました。軍隊は解散となり、建設会社の人々も次々と松代を去って行きました。工事に動員された朝鮮人労働者は、故国に帰国、あるいは日本内各地に散じていきました。敗戦からわずかの間に、松代大本営跡は「廃虚」のようになりました。1960年頃、松代に残る朝鮮人は、ごく少数となりました。そして松代大本営は「無用の長物」として、時代の流れから取り残され、人々の記憶から忘れ去られていきました。

　崔小岩は、日本名「催本小岩」のまま、象山地下壕のすぐ近くに住みつづけました。仕事がなく、生活に困ったことも幾度となくありましたが、道路工事などの仕事を見つけては凌ぎました。そして日本人女性と結婚し、4人の子どもを育てました。

　戦後しばらくの間、崔小岩は、松代大本営について語りませんでした。そんな彼が、大本営について語り始めたのは、日韓情勢が変わり、日本国内の平和の運動が強まった1970年代からです。そして戦後40年の節目となった1985年、松代大本営を「過去の歴史に学び、日韓両国民衆の真の友好と連帯を発信する平和史跡にしよう」と呼びかける長野の高校生と市民の保存運動が始まります。この運動の高まりの中で、崔小岩は自己の体験を多くの人びとの前で語ることになります。工事のこと、食事のこと、宿舎のこと、

象山地下壕（撮影西条秀夫）

4　松代大本営で働いた崔小岩の願い　15

犠牲者のこと、自分の体験をたどたどしい日本語で、一生懸命に語りつづけました。時には地下壕内に自ら案内し、懐中電灯の弱い光だけの、真っ暗な闇の中で、工事の様子、事故によって死んだ仲間のことを証言しました。その誠実な語りは、聞く人の心を揺さぶり、深い感動を呼び起こすものでした。

地下壕工事のためと思われるじん肺と作業中に受けたリンチの後遺症と思われる腰痛に苦しみながら、松代大本営の実相を語りつづけた崔小岩でしたが、1991年3月17日、病のため急逝しました。象山地下壕の一部が、長野市によって保存され、一般に公開される半年前のことでした。

現在、崔小岩が半生をかけて語り続けた象山地下壕には、年間12万人を超える人びとが見学に訪れています。

(3) 崔小岩の願いを受け継ぐ人たち

証言者崔小岩の死は、「終わり」ではなく、新たな「始まり」でした。彼が二度と帰ることのなかった故郷伊川里。この山里に崔小岩の生家を訪ね、その訃報を伝えに松代の人が訪韓したのは、同年6月のことでした。半世紀ぶりに崔小岩の消息を知ることになった親族の驚きと悲しみ。その後、崔小岩を「催本のおじさん」と呼んで慕った高校生や保存運動をすすめる市民が同地を訪ね、親族との交流はさらに深まりました。

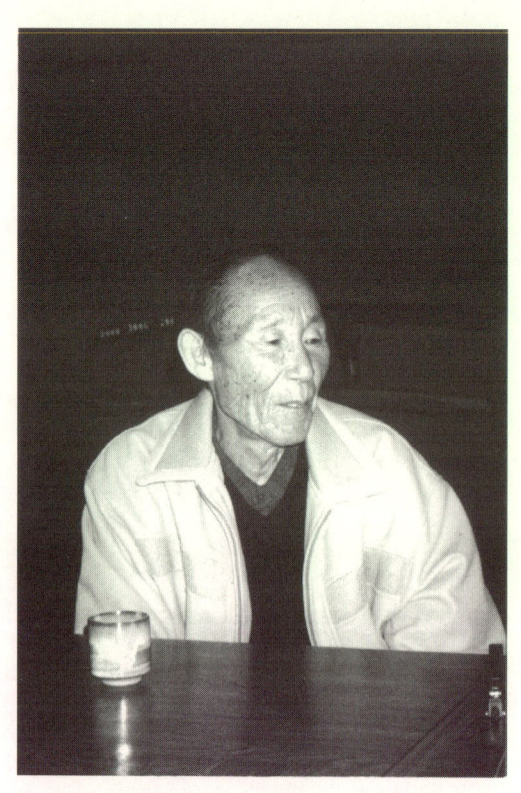

生前、最後の証言となった1991年2月16日の崔小岩
(撮影大日方悦夫)

一方、崔小岩の親族が松代を訪れ、崔小岩の家族や市民と交流したのは、翌年のことでした。こうして崔小岩の死を契機に結ばれた松代と韓国の交流は、崔小岩の兄の孫娘が長野市内の短大に留学することでさらに深まりました。
　「これからみなさん、こういう戦争ってものは、起きないように、がんばってもらうだね。今、戦争が起きれば、昔よりもっとひどくなるじゃないですか」と中学生や高校生に語り続けた崔小岩の願い。今、確実に、次世代の若者の心に受け継がれています。

考えてみよう

　崔小岩が日本に渡航したのは、16歳の時でした。当時多くの朝鮮人が、故国を離れ日本に渡らなければならなかった理由を考えてみましょう。そして日本でどんな仕事に従事し、どんな生活をしていたのか調べてみましょう。また、戦後、朝鮮に帰国しなかった（できなかった）朝鮮人も多数いましたが、その理由を考えてみましょう。
　崔小岩は、松代大本営の語り部として、日朝・日韓の架け橋になりたいと願っていました。松代大本営の歴史から何を学ぶことができるか、考えてみましょう。

本資料の活用例

1. 高等学校地歴科『日本史（A・B）』、中学校社会科『公民的分野』の近現代史学習の資料として活用する。
　　例えば、高等学校『日本史B』（東京書籍版『日本史B』）では、①「植民地支配の始まり」の「韓国併合」、②「植民地・占領地統治の実態と戦局の悪化」の「大東亜共栄圏の実態」、そして③「敗戦と国民生活」の「終戦工作と敗戦」に関連して使用できる。①では土地調査事業の実態として、②では「創氏改名」の問題として、③では本土決戦の真相として学習できる。中学校でも太平洋戦争の授業資料として十分活用できる。
2. 人権学習、ジェンダー教育の資料として活用する。朝鮮人戦時労働動員の実態や在日朝鮮人の歴史・実態の学習などに使用する。
3. 中学校・高等学校の『総合的な学習の時間』や修学旅行（沖縄、広島、長崎、韓国など平和学習を中心とした修学旅行）の事前・事後学習の資料として活用する。

【参考文献】

松代大本営の保存をすすめる会『松代大本営と崔小岩』平和文化、1991年。
林えいだい『松代地下大本営』明石書店 1992年。
青木孝寿『松代大本営　歴史の証言』新日本出版、1997年。
戦争遺跡保存全国ネットワーク『戦争遺跡から学ぶ』岩波書店、2003年。

（担当：大日方悦夫）

5 民族を超えた'福祉の父'金龍成とナザレ園

(1) 戦争の犠牲となる者

　不幸な近代史と民族の怨嗟。現代韓国でよく使われるこの言葉は、近代史において多くの犠牲者を生み出した日本の戦争に深く起因します。日本によって1910年の日韓併合から35年間にわたって主権を喪失し、植民地として支配されてきた朝鮮の人々にとっては理不尽に人生を戦争に費やし、犠牲にされたことに対する不十分な賠償と清算しきれていない歴史問題、さらには日本の一部政治家の妄言に対する憤怒と怨恨が反日感情へと駆り立てています。そのため、この時代を体験した高齢者やその家族・遺族らにとって日本の文化や交流を素直に受け入れることは容易なことではありません。しかも、日本が起こした戦争なのに、植民地でも夥しい人々の犠牲者を出しました。戦争という武力行為によって日常生活が狂ってしまった多くの人の中には、戦時中の朝鮮人と結婚し、朝鮮に渡ったため、終戦後に並ならぬ苦労をした日本人妻達がいます。当時の日本は韓国を兵站基地として、徹底した協力体制を作るため、様々な方法で同化政策を行います。その一環として、1930年に民事令を改めて「内鮮混血」を可能にしますが、元岩手県知事で平北知事を歴任した飯尾藤次郎は血の結合が如何に朝日融合同和の上の効果があるかを力説しながら、「内鮮の融和は通婚から」というスローガンまで掲げます。それらの動きの中で1937年以降はより積極的に「内鮮結婚」が推進されるようになります。その結果、日朝間の結婚件数は1944年初、1万700組に増えます。

　激化する日本の戦争遂行はやがて一億総力戦を構えるようになり、日本軍は軍事労働力を補足するために徹底した内鮮一体政策を唱えます。そして、多くの朝鮮人が日本に渡ることとなり、朝鮮人の男性と恋愛し、結婚する日本人女性も多くいました。彼女らは当然、朝鮮語使用禁止政策であったため、日本語しか話せませんでした。しかし、夫の帰国とともに日本と一体であろう朝鮮に渡った日本人妻達は、朝鮮の解放によって現地で異邦人として、反日の荒波に晒される立場になってしまいます。民族を苦しめた日本人という理由で社会や親族から冷遇され、外国人の発音を隠すために口を閉ざして、夫や子供らの家族とともに韓国に生きようとした彼女らの人生は朝鮮戦争の勃発によって再び苦しい生活に追われるようになります。

(2) 福祉事業家との出逢い

　韓国全土におよんだ朝鮮戦争は各地を壊滅状態に陥れ、莫大な被害と未曾有の犠牲者が出ました。日本人妻達も中には夫や子供、家や戸籍を失ったりして韓国の再建の中で苦境に立たされていました。その困窮の中で生きてきた日本人妻達に、日本の政府は帰国援助への手を差し伸べようとはしませんでした。戦争によって二重・三重の苦しみを背負って生きる彼女らの凄惨な実状を理解し、老後を人間らしく暮らしをさせようと尽力したのは二人の福祉関係者でありました。その二人とは、日本軍によって父親を殺され、一生を福祉事業に捧げてきた金龍成（1918～2003）であり、日本で牧師を務める傍ら、茨城県の社会福祉法人の

理事長として韓国の日本人妻のために働き続けた菊池政一(1907～1990)でした。彼らの人道的共同作業がなかったら、もう一つの悲しい歴史が明らかになることはなかったかも知れません。

1970年に金龍成ら韓国老人施設協会の招待で韓国を訪ねた菊池は、国境を越えた福祉活動の連帯を意識するようになります。そして、1972年に日本人妻のことを新聞で知った菊池は、金龍成とともに大田の刑務所に出向いて罪を犯して収監中の日本人妻と面会し、韓国で依存する宛もなく、苦しい生活に追い込まれている彼女らを助けることが必要だと共感します。当時、韓国内に1500余名が在住していた日本人妻への実態調査と援助活動に尽力し、菊池政一に共感して建設資金を捻出してくれた茨城県のナザレ教会の協力を得た金龍成らは現地の私立中学校を買収し、1972年10月に既存の明和会・慈善団などに慶州ナザレ園を設立します。慶州ナザレ園の日本人妻への援助活動を概ね三つに分けると、年老いて独り身の彼女達が希望すれば帰国援助をし、日本に帰らせること、韓国で家族らと最後まで生活することを希望する貧しい人には送金などの在宅援助を行うこと、身よりもなく、日本に戻るよりは韓国で最期を考える年寄りには慶州ナザレ園に迎え入れられ、最後まで世話をし続けることでした。この援助活動によって200人以上の日本人妻がナザレ園に世話になり、150人の日本人妻が日本に帰国し、今なお80～90歳を超えるお年寄り約30人がナザレ園で生活し、100人ほどの在宅生活者に毎月送金し続けています。特に、複雑な近代史の韓国で生きたため、国籍の有無や生活の差など、様々な苦労が伴いましたが、今や内外からの援助などもあって、ナザレ園は彼女らの最後の住居となっています。そんな彼女らを思い、彼女らのように不幸な人々に生涯を捧げた金龍成とはどのような人物だったのかをみてみましょう。

(3) 日韓の'福祉の父'金龍成

日韓における'福祉の父'と評価される金龍成は1918年3月20日、現在の北朝鮮の咸鏡北道の雄基で金徳甫の長男として生まれました。しかし、4歳の時に母を亡くし、父は当時強まる日本の抑圧から祖国を解放しようと独立運動を行っていたため、家族の団欒さを知らずに暗鬱で悲惨な環境の中で育ちました。父はソ連に亡命し、姉は女中として働きに出ていたため、幼い少年は自らの生計を立てるために過酷な労働現場で働いたりしましたが、11歳の時、労働者の宿所で働きながら普通学校を卒業します。

その後、父親の独立運動などの原因で公立学校への進学ができず、私立のミッション系のスクールであった忠南公州の永明中学校に入学し、新聞や牛乳配達などで苦学を続けました。金龍成が19歳の時、長い監獄生活を送っていた父が獄死すると、満州の大陸化学院へ在籍しつつ、様々な苦労の中で学業を続けて卒業します。そして、多くの苦しむ人を助けるべく、1944年に中国東北部の間島で朝鮮人の農村救済事業を行ったり、同年3月に咸鏡北道会寧で孤児を支援する「会寧保育院」を、1947年1月には「民済養老院」を創設します。しかし、孤児の中には日本人子供もいたため、35年間の民族受難の元凶であった日本人の子を抱えることは売国的概念の、いわゆる親日派の嫌疑がかけられ、さらには反共教育を青年らに行った理由で思想犯として逮捕されました。金龍成は1948年11月から6ヶ月と21日間を収監され、全財産を没収される受難に晒され、1950年6月に勃発した朝鮮戦争では生き地獄を体験し、無惨に虐殺された人々の亡骸を遺族にもどすための発掘・収拾する作業などを行いまし

た。長期化する戦争は激しさを増し、金龍成は家族とともに南部地域の方に避難しつつ、各地方で避難民の救護活動を行いました。同年12月に慶州市北部同153番地に慈善団(ジャソンダン)を設立し、その傘下施設として母子施設や老人綜合福祉館、子供の施設などを設立します。その後、1971年には医者がいなくて困っていた沖縄の実状を憂(うれ)い「病人に国籍はない」と、韓国各地に呼びかけて14人の医師を派遣し、その後も東京周辺や北海道の農漁村地域にも医療奉仕活動を積極的に行い、金龍成は言葉よりも身をもって福祉活動を実践しました。1972年に慶州市九政洞(クジョンドン)にナザレ園を設立し、日本人妻達の住居としてのナザレ療養院を設け、その他、一般老人の保護施設としての明和療養院や痴呆性老人の療養施設としての恩和の家などを設けて老人福祉にも尽力した金龍成。その民族を超えて、ひたすら苦しむ人々を助ける事に生涯を捧げた一途な人道的活動は、日韓の福祉事業における鑑として高く評価されています。

　2003年3月15日にその壮大な福祉人生を閉じた84歳の生涯に敬意を表しつつ、金龍成なき後を切り盛りしているのは宋美虎(ソンミホ)院長です。大学生時代にボランティア活動に来て以来、ナザレ園のために内外的に精力的に取り組んでいる宋院長は、日本人妻らの日常生活はむろん、彼女らの中で亡くなった方のあと処理や痴呆症や寝たきり老人の世話など、ナザレ園での全般的な仕事を担っています。自分を顧みず過去の歴史に翻弄されてきた年寄りの世話に走り回る彼女こそ'無償の愛''博愛精神'の実践者であり、金龍成の遺志を継いだ日韓福祉の架け橋として今も走り回っています。

慶州の在韓日本人の家「ナザレ園」(撮影横山陸美)

> **考えてみよう**
>
> 　私たちは他人のためにどこまで出来るでしょうか。また、自分を犠牲にしながら人々のために生きている金龍成や宋美虎の精神が、人情を失いつつあるこの索漠（さくばく）とした社会にどれほど大事であるかを再認識してみましょう。

【参考文献】

ビデオ資料『金龍成物語　『ナザレの愛』』日本映像企画

シャクコミュニケーション編『慈善団53週年・ナザレ園25周年の足跡』慶州、1997年。

石川奈津子『海峡を渡った妻たち』同時代社、2001年。

金恵慶「朝鮮人と日本人の通婚政策」日韓「女性」共同歴史教材編纂委員会編『ジェンダーの視点からみる日韓近現代史』梨の木舎、2005年。

貴田忠衛『朝野諸名士執筆　朝鮮統治の回顧と批判』朝鮮新聞社、昭和11年。

中学部朗読劇台本「時空を超えて　金龍成の足跡をたどる」2002年11月11日版。

ナザレ園の宋美虎院長と筆者とのインタビュー内容、2005年8月20日。

http://www.hoamprize.org/korean/prize/medalist/93_c_kys.htm

http://news.media.daum.net/society/region/200303/16/yonhap/v3957470.html

http://www.ne.jp/asahi/voc/j/nazare-en.htm

http://www.fesco.or.jp/winner_h11_07.html

（担当：李修京）

金龍成（撮影李修京）

6 ブルドーザー市長・金玄玉と韓国の日本人遺骨

　金玄玉(キムヒョンオク)(1926～1997)は軍人出身の政治家として、朴正煕(パクチョンヒ)政権時代に釜山(プサン)市長とソウル市長、内務大臣などを歴任し、韓国の近代化に多大な貢献を残した人物です。そして、それぞれの市長時代に人道的な立場から日本人が敗戦後引き揚げる際、残して行った無名日本人の遺骨などを合祀(ごうし)し、慰霊碑(いれいひ)と納牌堂(のうはいどう)を建てた人物でもあります。

(1) 韓国の都市発展に貢献したこと

　金玄玉は1926年、韓国の南部地方である慶南晋州(キョンナムチンジュ)市に生まれました。晋州にある中学校を苦学の末に卒業後、日本の植民地時代に徴用され、終戦後は陸軍士官学校3期として任官し、陸軍輸送学校長を勤めました。朴正煕による5・16軍事クーデター後、1962年に准将で予備役となり、その後、釜山市長に任命されました。釜山での業績が当時の朴正煕大統領に認められ、1966年に40歳という若さでソウル市長に抜擢されます。朴大統領は陸軍士官学校の2年上の先輩であり、その影響もあって金市長は多くの仕事を推進することができました。特にトンネル、主要道路、橋梁の建設など、ソウルの都市開発に多大な業績を残しました。その突出した業務推進力は「ブルドーザー市長」「情熱的な行政家」というあだ名からも推測することができます。

　金玄玉市長の精力的な動きによってソウルは急速な発展を遂げます。しかし、1970年、金市長の建設したアパートが崩壊したため、責任を取り、市長を辞職します。しかし、内務部長官として抜擢されるなど、華麗な政界変身でさまざまな政治的活躍をしますが、1980年に台頭する新軍部勢力によって不正問題で批判を浴びつつ、政界を引退し、故郷に戻ります。

　釣りが好きだった金元市長は釜山地域の附近にある機張(キジャン)の海で釣りを楽しんでいるうちに、親戚が経営していた財団からの依頼によって長安中学校を引き受けることになります。そして、1988年には長安第一高等学校を設立し、そこで校長を勤め、話題を集めました。また、韓国文人協会随筆分科の会員でもあり、著作に『青い遺産』があります。

(2) 無名日本人の遺骨を合祀したこと

　韓国では前述したように、現在の首都ソウルの基礎を築いた人物として知られていますが、金玄玉はもう一つの大きな功績を残しています。それは無名日本人の遺骨を集めて合祀したことです。

　1910年に日本に併合された朝鮮半島は日本の一地方として属されるようになりました。そのため、当時、朝鮮半島には仕事や結婚など様々な理由で日本人が住んでいました。当時の釜山には約5万人の日本人が暮らし、日本人商工会議所からは日本人同士の生活情報紙である『朝鮮新報(チョソンシンポ)』が発行されるほど、日本人社会が形成されつつありました。

　しかし、1945年に日本が戦争に敗れると、朝鮮半島にいた日本人の多くが釜山港から引き

上げ船に乗って日本に帰国することになりました。その際、持ち出しの制限があり、ほとんど着の身着のまま帰ってくるという状態でした。当然、先祖の遺骨や知り合いの遺骨を集めて持って帰る余裕などないほど混乱な時代でした。

戦後、韓国では都市開発が進められますが、その際、数多くの日本人の位牌、遺骨、過去帳が放置されているのが発見されました。

釜山では火葬場があった西区峨嵋洞（アミ）を中心に位牌、遺骨、過去帳などが市内に散在していました。そして、都市計画により、1962年、火葬場が釜山鎮区堂甘洞（タンガム）に移転されるようになりました。その際、当時の釜山市長であった金玄玉は「かつて日本人が植民地支配において色々と非道なことをしたとしても、死んだ人に罪はない」との人道的な立場から市内の各地に放置されていた位牌、遺骨、過去帳を一ヶ所に集め、「日本人塚」という立派な墓石碑と、その隣に納牌堂を建てました。

また、ソウルにおいても、1964年、元西本願寺（もとソボンウォンサ）から約2千体の日本人の遺骨が発見され、1970年前後にソウル郊外の碧蹄館（ビョクチェグァン）にある市民墓地の一角に合祀台が建立されましたが、残念ながら当時の反日運動により、壊されてしまいました。

慰霊碑が建てられたのは、背景に民間の人々からの要請があったからですが、金玄玉の決断がなければ、慰霊碑やそれらを祀っておける納牌堂が建てられることはなかったでしょう。日本と国交を結ぶ以前であった事、また、当時の反日感情が厳しい状況を考えると、市長の措置は異例の事であり、大変勇気の要る決断であったと想像することができます。

(3) 今日に受け継がれる金市長の人道的意志

1965年に日本と韓国の国交が正常化され、身元の確認ができた遺骨や位牌は日本に返還されましたが、それでもなお多くの遺骨や位牌が残っていました。

釜山の慰霊碑は1988年の市の再開発により、再び堂甘洞の火葬場が移転されることになります。1969年から慰霊碑の管理に携わってきた在韓日本婦人会芙蓉会（ブヨンヘ）釜山本部（戦前に韓国人男性と結婚して韓国に渡った日本人妻の集まり）は幾度にも渡り日本大使館と領事館に財源の支援を頼みますが、その願いは叶いませんでした。なぜなら、亡くなった人々のほとんどは戦前に韓国に渡り、自然死した人々だったからです。

その後、在韓日本人妻たちを支援する人々、中でも以前日本領事館で勤務し、芙蓉会を積極的に世話してきた釜山韓日親善協会の崔秉大（チェビョンデ）顧問の尽力などにより、土地、移転費用などは釜山市が全額負担する形となり、現在、慰霊碑のある釜山市立公園墓地内に移されました。日本人慰霊碑のすぐ下には納牌堂が設けられており、その近くには、韓国唯一の太平洋戦争犠牲者の慰霊碑があります。この慰霊碑は植民地支配の下で「日本人」として戦死した朝鮮半島出身の軍人・軍属を祀った慰霊碑です。

また、ソウルでは釜山とは事情が異なり、個人の人道的な配慮により、現在、東国大学（トングッ）内の慧光寺（ヘグァンサ）に日本物故者の慰霊碑がひっそりと建てられています。慰霊碑の裏には「不幸であった歴史を乗り越え、日韓両国の平和と繁栄のために」と刻まれています。

この2つの慰霊碑では今でも年に1度、関係者が招かれ、慰霊祭が執り行われています。

このように慰霊碑が現在まで守られてきた背景には、金玄玉を始めとする多くの韓国人、そして日本人の人道的な支援があったからだと言えます。

また、釜山の長安機張(チャンアンキザン)中学校は剣道協会を通じて大分県大野市と十数年来の姉妹交流が続けられています。

> **考えてみよう**
> 　植民地から解放された韓国にとって日本人の遺骨はどのような存在だったのでしょうか。また、みんながかつての支配側に怨嗟をあらわす時に異を唱えて、人道的な処遇で対応した金玄玉の行動は周りにどのようにみられたのでしょうか。

釜山永楽市立公園墓地の日本人の墓（撮影李修京）

【参考文献】

송정목『한국 도시 60 년의이야기(1)』、한울아카데미、2005 년。
채의석『99 일간의 진실』、개마고원、2000 년。
김정형『역사 속의 오늘 (1)』、생각의나무、2005 년。
최덕규『길이 제대로 돼야 나라가 산다』、세창미디어、2005 년。
홍성태『서울에서 서울을 찾는다』、궁리、2004 년。
中央日報エコノミスト編集部「中央日報ECONOMIST」第 643 号、ソウル、中央日報社、2002 年。
釜山韓日親善協会の崔秉大氏とのインタビュー
在釜山日本国総領事館　http://www.busan.kr.emb-japan.go.jp/htm_j/mm06.html
釜山国際交流センター　http://natsukusa.com/japanhist/2.html
asahi.com 福岡・北九州版 2005 年 06 月 19 日記事
http://mytown.asahi.com/fukuoka/news.php?k_id=41000409999991394
ソウル新聞　http://www.seoul.co.kr/news/newsView.php?id=20050712550003
ソウル六〇〇年史
http://seoul600.visitseoul.net/seoul-history/sidaesa/txt/8-2-3-2-1.html,
http://seoul600.visitseoul.net/seoul-history/sidaesa/txt/8-2-3-2-1.html
http://preview.britannica.co.kr/bol/topic.asp?article_id=k98p0435

（担当：湯野優子）

7 韓国と日本の友好に生きる崔秉大

　35年間の植民地時代を経て1965年に日韓正常化条約は結ばれたものの、個々の賠償問題や日韓関係で絶えず起きる歴史総括問題は山積し、今なおそれらの解決方法の模索で両国とも頭を抱えている問題が少なくありません。しかし、中には韓国における日本人問題や日韓漁船問題など、時には外交問題にまで発展しそうな様々な問題の解決に影から尽力で取り組んでいる人も多いです。特に、日本の領事館に務める傍ら、日韓関係における問題が生じる度に、誰よりも早くその問題解決に走り回り、40年間にわたって在韓日本人妻たちを支援し、帰国手続きや生活の世話をし続けている日韓親善協会顧問の崔秉大（チェビョンデ）を忘れることはできません。精力的に歩き、韓国の多くの人に日本との友好的な関係の必要性を説得しつつ、今なお在韓日本人の生活相談などの活動を続ける崔秉大のこれまでの功績が評価され、2005年12月12日に釜山（プサン）市の文化功労賞を受賞しました。

(1) 日韓関係を影で支え続ける釜山の崔秉大

　崔秉大は1929年7月27日、韓国慶尚南道昌原（キョンサンナムドチャンウォン）で生まれましたが、1940年になると広島県の西条市に住んでいた叔父のもとで小学校2年に編入し、日本で学業を続けました。その後、1945年の日本の敗戦とともに帰国して馬山（マサン）中学校に編入しましたが、当時、中高6年制の5年目に中退します。しばらく鎮海（チンヘ）で小学校の教鞭をとった後、親戚に勧められて鎮海の米軍通訳として務めるが、朝鮮戦争中に佐世保行きの貨物船に乗って日本に向かう船中で同乗者から戦時中は危険だから日本で学業を続けることを勧められ、明治大学文学部英文学科に入学し、1955年に卒業します。その際、戦後の韓国の過渡期に際して韓国で働くことを叔父から勧められて帰国し、日韓正常化の動きの中で準備中であった日本領事館に特別採用として現地職員第1号として迎え入れられました。1965年に日韓国交正常化が締結され、1966年2月に釜山に設けられた日本総領事館に勤めながら、在韓日本人問題、海難、領海問題、入・税関などの仕事を二人の職員で担当するようになります。積極的で世話好きな性格の崔秉大は、仕事の一環として在韓日本女性の情報収集のためにその管轄地域であった南部地方（慶尚道（キョンサンド）・全羅道（チョルラド））一帯を探し回りました。その際、彼女らの生活を目の当たりにした崔秉大は、貧しさ故に日本人であるため不憫（ふびん）な生活を送っている彼女らをどうにか手助けしようと考えるようになります。領海問題や日本人関連のトラブル解決、ビザ発給業務などの領事館業務の傍ら、戦争などで身寄りをなくしたりして帰国を希望する人のために釜山領事館だけでも5年間に渡って約300余名の帰国手続きに関わりました。また、個人的にも尽力し、例えば、日本の植民地支配から解放された後、強まる反日感情で韓国人を避けて山奥の穴蔵に住んでいた女性を捜し出して日本に帰国させたり、ガンの女性を入院させるなど、領事館の業務だけに止まらず、日本人妻達の世話に尽力してきました。時には韓国内の反日運動の際に'日帝の犬'とも批判されましたが、崔秉大は日韓関係進展のために日本も韓国も知っている自分は両国の交流や信頼構築のために尽力すべきだと思うようになります。それ以来、

1994年に総領事館（のちに南部地方を統括するため、総領事館となる）を退職するまでの30年間はもちろん、退職後も釜山韓日親善協会の副会長を務める傍ら、釜山芙蓉会や慶州（キョンジュ）ナザレ園の顧問をボランティアで支えっており、物心両面から在韓日本人女性の生活のために積極的に支援し続けています。

(2) 釜山芙蓉会への支援交流

現在韓国には在韓日本人妻達の相互親睦と扶助・協力を目的とする'芙蓉会'という団体がソウルと南部地方の釜山に本部をおいてあり、各地方にその支部を設けています。会員の平均年齢は80歳を超えており、韓国全土に約2,000人いた会員も今や年々その人数が減っておよそ500人ほどになっています。彼女らの残り少ない老後に少しでも役に立ちたいと思っている人たちがソウルや釜山地域で支援活動を続けています。ソウルでは観光業を営む安洋（アンヤン）老のように定期的に寄付を集め、日本に里帰りをする日本人妻達を支援し続けている人もいます。一方の南部地方では崔秉大が、1996年には個人的な社交性を発揮し、芙蓉会の14名の里帰りを実現させました。その芙蓉会創立30周年の記念歌がまさに彼女らの生き様を物語っていると言えます。彼女らの人生を歌った「望郷千里」を以下に紹介しておきます。

望郷千里（在韓日本人妻・芙蓉会創立30周年記念歌）
(1) 海峡　飛びたつ　海鳥よ
　　翼を　おくれ　あたしにも
　　望郷千里の　血の涙
　　幾度　幾度　流して　耐えたやら
　　（ああ、あれから何年過ぎたのでしょう
　　いくつに　なっても　故郷が　恋しくて　懐かしくて）
(2) 戦の　嵐に　いたぶられ
　　縺（もつ）れて　切れた　縁糸
　　それでも生きてて　よかったと
　　風に　風に　微笑む　紅芙蓉
　　（お母さん　せめて　もう一度　お母さんの　暖かい
　　膝で　泣きたかった　甘えて　みたかった）（後略）

また、1991年10月には崔秉大の広い人脈と粘り強い掛け合いで釜山市に働きかけて、日本が敗戦後、日本人が引き揚げるときに置き去りにした遺骨や位牌を纏（まと）めて安置した'日本人慰霊碑'とその墓地の再建立するに至りました。今はその慰霊碑の真下にある納牌堂には1,528位牌が安置されており、釜山の芙蓉会がその掃除や管理を行っています。

今は釜山をはじめ、韓国南部地方における日本人の心の支えになっている崔秉大は2005年8月に、朝鮮通信使文化事業会が開催した「関釜航路開通100周年記念」に芙蓉会の80～90歳の7人とともにその会の40年間の世話人として下関を訪問し、日韓交流の友好を深めることにも努めました。これらの実績が評価され、日本では2003年に、韓国では2005年に感謝状や表彰を受けた崔秉大ですが、彼自身もそれほど若くないため、慶州ナザレ園や芙蓉会の会員らの老後とともに生涯を歩み続けていると言っても過言ではありません。その生い立ち

から日本とも深く関係してきた崔秉大の生涯は、まさに日韓交流の架け橋として両国の友好に捧げている生涯だと言えましょう。

> **考えてみよう**
>
> 　政府間による政治的・外交的交流も強い影響力を持ちますが、過去の不幸な歴史を乗り越えたアジア平和共同体を考える際、民間人交流・草の根交流が地道ではあるものの、いかに大切かを考えてみましょう。

崔秉大（撮影李修京）

【参考文献】

崔秉大「崔秉大回想録　釜山日本総領事館から」崔秉大氏より提供を受ける。
日韓国民交流年記念韓国芙蓉会・慶州ナザレ園支援公演パンフレット「心を歌う会」
石川奈津子『海峡を渡った妻たち』同時代社、2001年。
崔秉大氏と筆者とのインタビュー内容、2005年8月18日。
『朝日新聞』2005年6月22日付。
『朝日新聞』2005年12月29日付。
『読売新聞』2005年8月21日付、山口版。
「シリーズ日韓に生きて崔秉大という男」『西日本新聞』2006年6月28日〜7月11日。
http://www.pusannews.co.kr/news2000/asp/news.asp?gbn=v&code=2100&key=20051207.22028211133
http://www.fesco.or.jp/winner_h16_321.html
http://www5e.biglobe.ne.jp/~HaruGoGo/54708034/

(担当：李修京)

日韓の新聞社の共同企画によって報じられた
崔秉大の活躍記事

8　歌人・孫戸姸が詠む韓日平和への希求

(1) 日韓を結ぶ非戦への願い

　2005年3月の歴史教科書問題や独島(トクト)（日本では竹島）問題によって国交正常化40周年を記念して設けられた'日韓友情年'も盛り上がらないまま、日韓関係は険悪なまでに冷え込みました。そして、同年6月21にソウルで日韓首脳会談が行われましたが、実質的な会談の進展はそれほどありませんでした。ただ、羽田と金浦(キムポ)間の飛行機を既存の4便から8便へと増加する約束と、韓国で短歌を歌い続けた人物が紹介されたことが注目されました。日韓首脳会談後の記者会見を行った小泉純一郎前首相は、日韓両国の今後の友好関係のために一首の短歌を紹介しました。その短歌とは次の通りです。

　「切実な　望みが一つ吾れにあり　諍(あらそ)いのなき　国と国なれ」

　当時、熱烈に迎え入れられていた韓流文化にも否定的な影響が強まる傾向の中で、日本との歴史問題に異を唱える韓国との外交の軋(ゆが)みを何とかしようと思った小泉首相が、日韓両国の争いなき未来への提案を盛り込んだメッセージとして紹介されたのがこの一首でした。この歌を詠んだのは韓国人として初めて宮中歌会始(ばいちょうしゃ)（1998年1月14日に開催された新年宮中和歌朗唱会）に陪聴者として招待された孫戸姸(ソンホヨン)でした。天性の感性を短歌に詠い続けた彼女の作品は1955年以来、『歌集　無窮花(むくげ)』（講談社刊）の第5集までに収められてあります。また、『昭和万葉集』にも5首が所収されているほど、その作品は短歌の世界では高く評価されています。
　では、なぜ韓国人が短歌を身につけて皇居の儀式にまで参加しているのでしょうか。「短歌」とは五七調の31字で詠む短い定型詩であり、和歌ともいいます。この短歌を、日本の植民地時代から解放されて以来、日本に対する歴史清算と自省が求められた韓国で生き抜いた彼女が詠い続けたのはなぜだったのでしょうか。そこには民族や歴史に捉えることよりも、民族を超えた人間関係と、辛い戦争時代を生き抜いた人の共通認識としての平和への強い思い、そして短い語句の中で森羅万象(しんらばんしょう)を表現して生きることの大切さを表そうとした孫の気持ちがあったからだといえます。

(2) 孫戸姸と短歌

　孫戸姸は1923年10月15日、早稲田大学の法科に留学中の父・孫洪九(ソンホング)と母・張福順(チャンポクスゥン)の長女として東京の早稲田大学の近くで生まれました。'戸姸'とは、東京を流れる江戸川に因(ちな)んで付けられた名前です。当時、厳しい植民地時代であった状況を考えると、経済的にも社会的にも余裕があった家系であったことと推察できます。
　生後まもなく両親と帰国した孫戸姸は、日中戦争開戦の翌年である1938年に当時の女子学

校としては名門の進明高等女学校に進学します。在籍中に第2次世界大戦が勃発し、日本は総力戦に突入すると同時に、朝鮮語の廃止、朝鮮の民間紙の廃刊、創氏改名、軍隊への徴用・学徒出陣が強いられます。しかし、朝鮮の中でも'持つ者'の子としてある種の特権階級に属していた孫戸妍は、17歳の時に李方子(イバンジャ)女史の奨学金を受けて日本の帝国女子専門学校（現在の相模女子大学の前身）に留学し、鴻嬉寮(こうきりょう)（朝鮮王家が積極的に支援した朝鮮の女子留学生用の寮）で短歌の最初の師となる升富照子(ますとみてるこ)に遭遇します。升富照子は福岡英和女学院の英語専科を卒業後、韓国全羅北道の金堤(キムジェ)で升富農場を経営するかたわら、私立呉山(オサン)学校（現在の高敞(コチャン)中高等学校）の設立に尽力した升富安左衛門の妻でした。そのため、孫戸妍との付きあいは戦後も持続し、孫戸妍は師の一人として日韓正常化に対する反日デモが続く1964年に韓国へ彼女を招待しています。1944年、日本の総力戦によって韓国の農場から引き揚げていた彼女を、夫の升富安左衛門の生前はもちろん、彼の死後にも引き継いで営んでいた思い出の升富農場にまで、当時としては危険を顧みず、大胆にもソウルから案内するなど、孫は人間関係の面でも絆を大事にする人でした。

(3) 出逢いと短歌の生涯

孫戸妍（孫戸妍記念事業会提供）

孫戸妍には生涯、短歌の師匠となる人が3人いました。その最初の師が升富照子であり、短歌の魅力とともに人間的暖かさで接してくれた留学時代の大事な出逢いでもありました。そして、1943年12月24日、升富照子の短歌の師匠でもあった帝国芸術院会員の佐佐木信綱(ささきのぶつな)との出逢いにより、二人目の師を得ることになります。当時の短歌界の最高峰であった佐佐木に師事し、孫戸妍は本格的な歌道を歩むようになります。さらに、その3番目の師となったのが中西進(なかにしすすむ)・現在京都市立芸術大学長、奈良県立万葉文化館館長でした。中西は、日本に残っている万葉集の多くが百済(ベクチェ)からの影響を受けており、孫戸妍にその百済の末裔(まつえい)として頑張って和歌を詠むようにと薦めた人物でもあります。その後、中西を通して短歌の世界での人脈が広がり、孫戸妍の死後も中西はもちろん、多くの日本の関連者が05年9月13日に開催された「孫戸妍ドキュメンタリー試写会」に出席し、彼女の生涯を暖かく見守りました。

　1997年6月1日には青森県の六ケ所村に孫戸妍の歌碑が建てられ、韓国と青森県の民間人交流も活発に行われています。青森県のポスターには孫戸妍が詠った次の短歌が日本語と韓国語で掲載されています。

> うしろ向く　君の素肌にかける湯は　湯煙たちて　ほのぼのと見ゆ
> 뒤돌아선 그대 맨살에 끼얹는 물은 물안개 피어나며 아련히 보이네

　孫戸妍は03年に80歳の生涯を閉じましたが、韓国政府はその平和的姿勢と文化的功労を評価し、「花冠文化勲章(ホァグァン)」を与えました。また、日本でも外務大臣から表彰され、まさに日韓両国から孫戸妍の文化交流が讃えられました。彼女の60年を通じて詠んだ歌は2,000首余りにのぼります。その多くの作品につのる愛と平和への思いは現在、長女の李承信(イスンシン)によって世界平和へのメッセージとして発信されております。激しい反日の動きにも動じず、自分の日韓平和への意志を短歌で貫いた孫戸妍の愚直な姿勢は、一部のメディアや政治家の扇情的動きに翻弄されやすい我々に示唆するものが多いといえます。

　日韓親善や愛あふれる世界を希求して詠った多くの歌や沢山の人との出逢いは、国境と時代を超えて我らの人間社会の未来を灯す'光'となってくれるでしょう。

孫戸妍（孫戸妍記念事業会提供）

> **考えてみよう**
>
> 　孫戸妍が短歌を通して韓国と日本の友好的交流を祈り、実践したのはなぜでしょうか。社会が混乱な時、自分の信念を貫くこと。それは簡単ではありません。あなたの持っている信念や理想とは何か、考えてみましょう。

【参考文献】

『東京新聞』2005年8月12日、4頁参照。

『北陸中日新聞』2005年8月12日、4頁参照。

北出明『風雪の歌人』講談社出版サービスセンター、2001年、10頁参照。

「孫戸妍ドキュメンタリー「諍いのなき国と国なれ」試写会」2005年9月13日（火）午後18:00～21:00、日本プレスセンタービル10階、日韓親善協会中央会主催で開催（孫の和歌の生涯を偲ぶ多くの日本人が出席し、筆者も関係者から招待されて同席）。

青森県ホームページ

http://www.rokkasho.jp/info/friend.htm 参照。

日本版『朝鮮日報』サイト、03年11月23日。

http://japanese.chosun.com/site/data/html-dir/2003/11/23/2003/123000040.html 参考。

孫戸妍記念事業会の李承信理事長から資料提供などの協力を受けた。

　　　　　　　　　　　　　　　　　　　　　　　　　　　　　　　（担当：李修京）

9　東アジアの星として輝く力道山

　　力道山(りきどうざん)（日本名は百田光浩、朝鮮名は金信洛(キムシンラク)、1924～1963）は今の北朝鮮で生まれ、日本の相撲界、プロレス界で活躍し、戦後の日本で多くの人々が意気消沈していたときに、西洋の外国人レスラーと対戦して勝利し人々の支持を多く集め、喝采を浴びた英雄的存在と高く評価されました。

(1) 力道山の活躍

　　日本は1945年、米軍による空襲攻撃と原子爆弾投下でさらなる未曾有(みぞう)の犠牲を出した上、終戦を迎えるようになります。長い戦争から解放されましたが、廃墟からの復興とともにGHQによる極東国際軍事裁判(きょくとうこくさいぐんじさいばん)を受けるなど、進駐軍(しんちゅうぐん)の統治を受け、国民感情は意気消沈し、経済的にも精神的にも苦しい生活をしていました。社会的に混沌としていたその時、日本人として慣れない日本レスリングの先駆者として現れた力道山は、体格が著しく大きい西洋のレスラーを空手チョップで次から次へと倒し、萎縮していた国民に希望を持たすとともに、あっという間に日本人の心をつかみました。

　　もともと力道山は相撲の世界で苦労の末、力士として活躍し、関脇(せきわけ)までのぼりつめます。しかし、1950年9月、突如自分で髷(まげ)を切り落とし、相撲界から退いた後、アメリカに渡って1年余をプロレスラーとしての修行に没頭します。その時の対戦成績をみると、260以上の試合を通して負けたのはわずか5試合だけでした。そして、1954年にはNWA世界タッグチャンピオンだったシャープ兄弟に木村政彦とチームを組んで戦った力道山は、人々を熱狂させました。この頃はまだ一般家庭にはテレビが普及していなかったため、多くの人は街頭や電気店のテレビの前で力道山の活躍を応援し、見守ったのでした。このテレビ中継によって、日本ではプロレス・ブームが沸き起こり、憧れる人も急増しました。

　　翌年の1955年の10月に当時の世界チャンピオンの鉄人ルー・テーズが初来日し、力道山と対戦することになりました。結果的にはテーズの勝利に終わりましたが、力道山がたった2年の期間でプロレスの実力を身につけたことは大きく評価されました。その後も力道山のプロレス興行は次々と行われ、成功を収めました。その頃、ジャイアント馬場(ばば)やアントニオ猪木(いのき)、また、後に韓国の最高のプロレスラーの金一(キムイル)（日本では'頭突きの大木金太郎(おおききんたろう)'の名前で通っていました）も東京の日本プロレスの門下生となりました。そのレスラー界にも次第に新人が増え始める中、1963年12月8日、力道山は赤坂のナイトクラブで暴力団組員と言い争いになり刺されてしまいます。すぐ病院に運ばれて手術を受けたため、5日間の経過は順調でした。しかし、12月15日朝になると力道山の容態が急変し、2度目の手術を受けました。しかし、その甲斐もなく39歳の若さで亡くなりました。死因は小腸の刺傷が原因の腸閉塞だと伝えていますが、今でもその死因には謎が残っています。

(2) 力道山の出生

　力道山は北朝鮮の咸鏡南道の洪原郡の龍源(ヨンウォン)という村で生まれました。兄2人姉3人の6人の兄弟姉妹がいて、経済的には豊かな状況ではありませんでした。

　力道山が生まれた頃の朝鮮は、1910年日韓併合(にっかんへいごう)条約以後、日本の植民地として支配されている状態でした。そのため、力道山は朝鮮人としての戸籍と日本人としての戸籍を持っています。

「本籍　朝鮮咸鏡南道浜京都龍源面新豊里　金信洛」
「本籍　長崎県大村市　百田光浩」

　力道山の朝鮮での本籍は北朝鮮にあります。しかし、日本の戦争遂行が激しくなり、朝鮮人の日本人化が強要される中で1939年、創氏改名（日本が植民地支配のために、皇民化政策の一環として、朝鮮人から固有の姓を奪い日本式の名前に変えさせたこと1939年11月公布、1940年2月施行）が強いられ、力道山も「金村光浩」と改名しました。

　幼い頃から並外れた体格の持ち主だった力道山は1938年5月に相撲大会に出て、3位入賞を果たしました。そして、その力道山の活躍が日本の相撲関係者の百田巳之助の目にとまり、力道山は日本に来ることになりました。後に百田巳之助の養子に入り、百田光浩という名前を持つようになります。しかし、当時の日本人で力道山が北朝鮮出身であることを知る人はほとんどいませんでした。力道山は自分が日本人ではないことに被差別感を抱き、世間に向けてはその事実を隠していたのでした。

(3) 力道山と韓国・北朝鮮の関係

　現在の韓国と北朝鮮は1950年の朝鮮戦争以来、同じ民族でありながら北と南に分断され、人々が自由に行き来することは困難な状態が続いています。しかし、当時の力道山の活躍ぶりは日本はもちろん、韓国や北朝鮮でも英雄として称えられていました。

　1963年1月に力道山は韓国政府の朴一慶文相の招きで韓国に行き、人々から歓迎されました。北朝鮮出身だった力道山は韓国でも同じ民族出身の英雄として尊敬されていたのです。日本と韓国は1965年に結ばれる国交正常化条約に向け、話し合いを進めている状況でした。そこで力道山が日韓の友好関係の改善の一翼を担ったのでした。1965年6月には日韓基本条約が調印され、両国の国交は回復しました。

　北朝鮮でも力道山は英雄でした。北朝鮮の当時の金日成主席も大の力道山のファンだったといわれています。その理由は、力道山が同じ民族出身であったこともちろんのこと、やはり日本人と同じように敵であるアメリカ人が次々と倒されていく様子に痛快さを感じたためといえます。その歓喜と大々的な歓迎に感激した力道山は、後の金日成の誕生日に高級車を送ったといわれています。また、「在日朝鮮人」の生活相談などにも真摯に対応するなど、力道山は日本・韓国・北朝鮮の関係改善のために努力を惜しまなかったのです。

　力道山の死後、彼の遺志をついだアントニオ猪木が1995年には北朝鮮でプロレス興行を成功させました。このように、生まれた故郷がある朝鮮半島、育った日本に愛着を持っていた力道山は、日本・韓国・北朝鮮の友好を強く願っていたことはいうまでもありません。

> **考えてみよう**
>
> 　力道山は、プロレスを通して、日本・韓国・北朝鮮の友好関係を築こうとしていました。時代や社会状況は異なりますが、私たちは彼のようにスポーツなどを通して、人々がお互いの国への理解を深めることができるように、努力している人がいるということを考えてみましょう。

【参考文献】

田中敬子『夫・力道山の慟哭』(双葉社、2003年)

朴一『〈在日〉という生き方』(講談社、1999年)

村松友視『力道山がいた』(朝日新聞社、2000年)

百田光雄『父・力道山』(小学館、2003年)

李淳蕚『もう一人の力道山』(小学館、1996年)

李鎬仁『力道山伝説』崔舜星訳(朝鮮青年社、1996年)

岡村正史編『力道山と日本人』(青弓社、2002年)

映画「力道山」CJエンタテインメント提供、sidus作、2005年

『世界大百科事典』16(平凡社、2005年)

門馬忠雄『ニッポン縦断プロレスラー列伝』(エンターブレイン、2002年)

(担当:小池美晴)

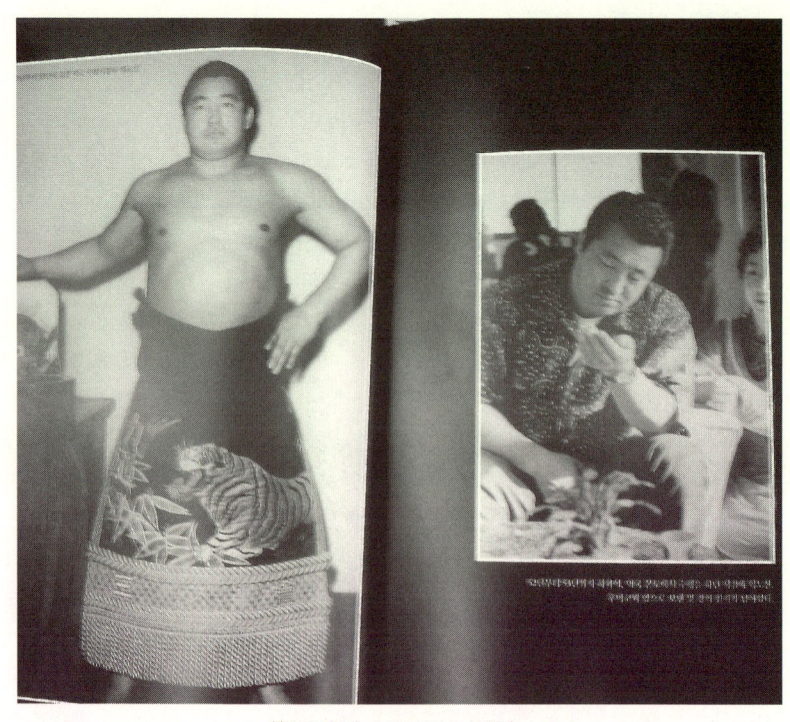

韓国で紹介されている力道山

韓国で出版されている『小説力道山』

10 薩摩焼の宗家の沈壽官と日韓文化交流

　沈壽官とは、薩摩焼を代表する窯元宗家で代々受け継がれている名前です。沈壽官家は朝鮮直系で薩摩焼の伝統を400年以上も守りつつ、陶芸を通じて日韓文化交流および親善に貢献しています。

(1)「薩摩焼」の花を咲かせるまで

　薩摩藩主・島津義弘は文禄・慶長の役（1592～1598）の際に、約80人の朝鮮陶工を連れて帰り、そのうち40人あまりが鹿児島の串木野市に上陸しました。これが日本における沈家一族の長い歴史の始まりです。

　しかしながら、はじめは保護を与えるべき島津義弘が関ヶ原の合戦で敗退するまで鹿児島に帰らなかったので、連れて来られた陶工たちは何の保護も受けられず苦しい状況に陥りました。当然のことながら、彼らは慣れない異国の地で衣食にも不自由し、住民たちの迫害から逃れるために山野を転々とします。数年後、故郷朝鮮の地形に似ている苗代川（現在地）に窯を築き、定着しはじめました。それから18年後、初代当吉は薩摩藩の命を受け、朴平意とともに領内で白土を発見し、今日の薩摩焼の基礎を築いたのです。その間、島津家は陶工たちをあらゆる面で武士同様に待遇しました。また、彼らが作り出した焼き物に薩摩の国名を冠し「薩摩焼」と呼ぶようになったそうです。こうして、薩摩焼は朝鮮陶芸の高い技術と日本の土が融合して生まれました。

　明治維新後、薩摩焼は藩の保護を失い、一時苦境に立たされますが、1873（明治6）年のウィーン万博に12代沈壽官の大花瓶が出品され、その名はしだいに欧米諸国でも知られるようになります。今やサツマウェアーは日本陶器の代名詞にまでなりました。ところが、その直後である1875（明治8）年、藩営焼物所廃止に伴い、薩摩焼はさらなる危機に陥ります。そこで12代沈壽官は私財を投じて工場の再建に努め、苗代川に開窯して以来200数十年間育んできた薩摩焼の伝統や技術を守ってきました。やがてそれは、朝鮮の白磁とは異なる、新しい独自の白磁として生まれ変わったのです。元々薩摩焼は長い間藩公の手に納められた白薩摩が知られていましたが、柳宗悦らが提唱した民芸運動により、庶民に愛用された黒薩摩の素朴な美しさも注目され、いっそう全国的に有名になりました。

　このような功績が認められ、1901（明治34）年には明治政府から緑綬褒章が、1999（平成11）年には韓国政府から「銀冠文化勲章」が贈られています。

(2) 戦後における祖国韓国との交流

　韓国は古くから高麗青磁や李朝白磁などで知られるように、優れた焼き物の文化を有していました。ところが、数え切れないほどの戦乱をしのぐうちに、とりわけ1950（昭和25）年から3年間つづいた朝鮮戦争を経て以来、その脈はほとんど消えかかっていました。1966（昭

和41）年、沈壽官家から初めて韓国に足を踏み入れた第14代沈壽官は、そのような事情を知り、非常に心を痛めました。

　14代沈壽官が初めて韓国を訪問したときの模様は、司馬遼太郎の著書『故郷忘じがたく候』のなかで紹介されています。ソウル大学の学生たちを前に講演をした際、沈壽官は、「私には韓国の学生諸君への希望がある、韓国にきてさまざまの若い人にあったが、若い人のだれもが口をそろえて三十六年間の日本の圧政について語った。もっともであり、そのとおりではあるが、それを言いすぎることは若い韓国にとってどうであろう。言うことはよくても言いすぎるとなると、そのときの心情はすでに後ろむきである。新しい国家は前へ前へ進まなければならないというのに、この心情はどうであろう。あなた方が三十六年をいうなら、私は三百七十年をいわねばならない」と語りかけたそうです。過酷な運命を強いられたにもかかわらず、両国の不幸な歴史を乗り越え、前向きに生きようとする彼の生き方が心に響くエピソードです。以来、約40年間日韓を往復しながら、韓国の陶芸家と力を合わせて韓国陶芸の伝統を復活させるために努力しています。

　2004（平成16）年12月18日、鹿児島県指宿市での日韓首脳会談を終えた韓国の盧武鉉（ノムヒョン）大統領は、東市来町（ひがしいちきちょう）にある窯を初めて訪問し、沈壽官の手を握りながら「遠く韓国の血を持つ者が、こんな立派な仕事をしているのは、国の誇りです」と、感慨深げに語りかけました。1999年1月15日、沈壽官の名はすでに15代に譲られましたが、15代沈壽官もまた、韓国を「薩摩焼の種を植えた父の国」、そして日本を「その種を育て上げた母の国」と考え、日韓文化交流の架け橋になるという思いを継承しています。

過程表

1598（慶長 3）年	薩摩藩主・島津義弘が朝鮮から帰還。朝鮮陶工たちを連れ帰る。
1605（慶長10）年	初代沈当吉が苗代川焼を開釜する。
1873（明治 6）年	12代沈壽官ウィーン博覧会で「錦手大花瓶（にしきでおおかびん）」を出品し、好評を得る。
1966（昭和41）年	14代沈壽官、初めて韓国を訪れる。
1999（平成11）年	大迫一輝氏が15代沈壽官を襲名する。

> **考えてみよう**
>
> 　15代目の沈壽官は戦後世代で、父親とは違って朝鮮の血が流れるという理由で、幼年時代周りの日本人にいじめられた辛い記憶はあまりないと言ってます。また、自分が韓国人か日本人かというアイデンティティーの葛藤に悩まされたこともないそうです。なぜなら、彼は「韓国という魂を持って、日本というフィールドで生きている」と考えているからです。皆さんの周りには沈壽官さんのようにダブルの文化や国を生きている人がいますか。また、沈壽官さんの意見についてどう思いますか。話し合ってみましょう。

【参考文献】

「沈壽官窯公式ホームページ」　http://www16.ocn.ne.jp/~c-jukan/

「国を超え、技継ぐ誇り」『朝日新聞』2005年1月1日

「韓国を訪問した『薩摩焼』の十五代沈壽官」『朝鮮日報』2003年6月23日

土と炎の絆──第14代沈壽官「世界わが心の旅」NHK製作、2002年11月24日放送司馬遼太郎『故郷
　　忘じがたく候』文芸春秋、1968年

（担当：金貞愛）

第14代沈壽官（沈壽官窯提供）

薩摩盛金七宝地雪輪文大花瓶 韓国大田EXPO出展作品（沈壽官窯提供）

11　北東アジア平和共同体の架け橋「在日コリアン」

　19世紀末から始まる日本の戦争に翻弄され、植民地朝鮮から日本に渡った在日朝鮮人は1945年になると240万にも上ります。日本の敗戦後、140万人が帰国しますが、既に生活の基盤や日本に家族を設けた一部はそのまま日本に残ります。その在日は日本の文化・社会に重要な存在となり、今や日本の国際化社会を構築する大事な構成員になっています。

(1) 分断民族の「在日コリアン」——特別永住者とニューカマー

　日本における同化政策によって日本人であったはずの彼らは、1952年のサンフランシスコ講話条約で国籍の選択権も与えられないまま外国人登録法が施行され、戦争の恩給・遺族年金などの支給が断たされる中で少数派の異民族として辛い歴史を歩まなければなりませんでした。1965年の韓国との正常化で韓国の国籍の人だけに永住権が認められ、1981年に出入国管理及び難民認定法で朝鮮籍の人も永住権が認められました。そして、外国人だけに課せられていた指紋押捺が1992年に廃止されます。しかし、それまでの道のりは険しいものでした。敗戦から高度経済成長を国家スローガンとする日本人に疎外され、日本の社会的捌け口の一つとして様々な差別にあってきました。そして、未だに就職や昇進、結婚差別などが残っています。その彼らに追い打ちをかけたのは、1950年に勃発した朝鮮戦争によって本国が泥沼化され、1953年の休戦と同時に南北に分断されたことでした。昨日までの同胞社会にも韓国と北朝鮮への民族分断が強いられ、それまでのマイノリティー社会はより細分化されるようになりました。こうして生まれた「特別永住者」といわれる在日は、今や戦時中に渡来した1世は少なく、大部分が日本生まれの在日2世・3世・4世であります。今は以前より少し豊かな環境になったといえますが、彼らの日本での生活基盤を整うまではいばらの道でした。さらに、廃墟となった朝鮮半島は、再起と近代化への一心で在外同胞に手が回らず、「在日コリアン」は孤独な闘いの中でアイデンティティを模索しつつ、様々な社会問題と闘ってきました。日本を愛し、日本に生きるからこそ日本社会の意見版として逞しく差別に抗いながら東アジアの架け橋となっている「在日コリアン」。彼らはそれぞれの祖国の政治状況に翻弄されつつも、日本の国際化に重要な役割を担いつつあります。

(2)「在日コリアン」の実状

　この頃は在日韓国・朝鮮人を「在日コリアン」と称する場合が多くなりました。しかし、一言で「在日コリアン」といってもみんなが戦前・戦中期に朝鮮半島から渡ってきた人やその子孫ではなく、今やその概念を二通りして考えることができます。
　一つは戦前に労働者として、または日本の「同化政策」「一視同仁」などのスローガンを信じて生活の糧を求めて日本に渡り、戦後そのまま日本に生活の基盤を持ち続けて生きた人やそ

42　日本との未来を築くために

の子孫、即ち、特別永住者が既存の「在日」です。もう一つは、戦後、多くの国の中から日本社会を選択して日本にきた「ニューカマー。戦後、新しく来た人」といわれる部類です。「ニューカマー」とは、既存の在日1世よりも政治・経済的に恵まれた環境で育ち、自らの選択肢の一つとして日本を選んだ戦後生まれの人です。そのため、様々な社会的差別と闘い続ける既存の在日とは若干異なった性質を持ちます。在日1世の多くは露骨な日本人の差別行為の中でも日本の民主主義を信じ、国際化政策を掲げる日本でよりよい社会化と生活向上を信じ、日本に生まれ育った在日の宿命を日本社会とともに生きることに尽力しています。それに対し、最近、日本に来ているニューカマーは国籍に縛られることよりも、むしろ個人の生き方を重視し、自分たちが住みよいと思う場所であれば必ずしも韓国にこだわらないで越境する傾向さえ出ています。そのため、ニューカマーは過去の在日の歩みを体験していないだけに日本での生活にも抵抗が少ない方だと言えます。これらの永住権を持つニューカマーと既存の特別永住者と認定された在日を含めて現在、日本には50万人の在日コリアンが生活しています。しかし、最近は、毎年1万人前後が日本に帰化し、日本人として生きる道を選んでいます。その主な理由は就職差別と結婚です。就職できたとしても在日でいる限り、いくら努力したとしても管理職への昇進や日本人同様の待遇は受けられないのが一般的な傾向でした。納税義務は日本人同様ですが選挙権はなく、様々な福祉や社会的弊害が多いため、スポーツ選手や立原正秋などの文学者らのように少なくない在日が日本人への道を選びます。既存の在日1世よりも裕福な環境で育った最近の若い世代などは、自然体に生きることや人との違いに価値観をおく人も出ており、彼らが体験してきた多文化を在日の財産として育んでいる人も現れています。

(3) 在日文化から世界の文化へ

　日韓の間で生きる在日はその独自な文化を生み続けており、今や日本だけではなく、韓国にもその文化的影響を与えています。例えば、日本の一部のメディアは、誇れる日本の文化人を宣伝文句に掲げる場合がよくありますが、実際、日本の国民的歌手と呼ばれている人や俳優・芸能人・文化人の多くが「在日」の血を引いていることには触れず、日本人に徹する姿だけが強調される傾向があります。しかし、もはや一国主義的偏狭性によって自国文化だけを主張することが世界に通用できる時代ではありません。現実的に、在日1世が戦後の焼け跡が残る1946年に、大阪の千日前に咲いた焼き肉文化は、今は日本を代表する食文化の一つになっています。本来、韓国では調理された焼き肉を食卓に運ばれるものでしたが、関西を中心に14店舗を構える「食道園」の創業者・林光植（後に帰化し、日本名の江崎光雄となる）は、七輪をテーブルにおいて客が焼いて食べるスタイルを考えました。また、平壌出身の林は、平壌の名物である冷麺にも拘り、焼き肉と冷麺を看板に掲げました。これらの発想が今の一兆3,000億円の市場規模を支える焼き肉文化の土台となりました。さらに、在日社会は肉だけではなく、戦後の貧しさの中で捨てられる肉の内臓部位を商品化し、タン塩やホルモン（捨てる物という関西弁）焼きを普及するようになります。そして、これらの肉のほか、ビビンバや冷麺、ナムル、様々なサラダ類などの幅広いメニューを取り揃えてトレンドに敏感な焼肉店が各地に増えつつあります。東京の丸ビルや六本木ヒルズ、カレッタ汐留などの都心の商業施設に店舗を構える「トラジ」や、若者を対象に低価格設定で各地で店を広

げつつある「牛角」「牛丸」などの勢いは時代の変化とともに激しさを増しつつあります。

さらに、力道山のような在日世が社会的影響を与えがケースもあります。70歳の安田義憲は、『朝日新聞』の「声」の欄1で力道山を懐かしみつつ、「(前略)私にとって彼は『日本人のヒーロー』でした。彼が朝鮮人だと知れ渡った後も、私にとって彼はずっと『日本代表の英雄』です。テレビ時代の幕開けは力道山であり、日本に自信を持たせてくれたのも、力道山であったと思っています。」と述べています。このように、人名を詳細に並べなくても、多くの「在日」文化人や在日の経済活動が戦後の日本を支えてきたことは否定できません。そして、これからも日本社会を構成し、日本を通して世界のためにも活躍するはずです。

さまざまな文化を発信しつつある「在日コリアン」は、日本政府が主唱する「国際化社会」「北東アジア共同体」を担う大事な隣人です。「韓流」の現代韓国や「拉致問題」の北朝鮮の対極的部分だけを見るのではなく、現代日本のより豊かな文化を創造し、培って享有してきた彼らが日本社会に安住できるように、在日外国人に対する不平等をなくし、差別の壁を撤廃することで、日本は力強いパートナーを得ることにもなるのです。換言すると、「在日」や隣国との共生を通して日本社会が抱える問題解決を共に模索しつつ、今後の北東アジア共同体への構築に真摯に臨むこと。それは、日本が侵したアジアへの過去の歴史の記憶を乗り越えて、北東アジア和平へと導く叡智の一つでもあり、平和・文化・環境大国としてのイニシャチブを取ってきた日本の希望的未来をも内在しています。

焼き肉マーケットの成長は続く (撮影李修京)

> **考えてみよう**
>
> 　日本が掲げる国際化、それはまさに多文化社会による文化的・経済的発展を目論んだことだといえます。戦後の日本に、「在日コリアン」がもたらした文化的・経済的貢献は大きいです。その意味で、在日コリアンこそ日本の国際化の先駆けだと言っても過言ではないです。ところで、みなさんの周りには「純日本的」なものとして何がありますか。国際化された今、その「純日本的」なものだけで日本の社会が成り立つかどうか、一度考えてみましょう。

【参考文献・資料】

李修京「戦後史としての記憶の「朝鮮」」『社会文学』（社会文学会第23号、2006年）。
安田義憲「ヒーロー出現　日本人に自信」『朝日新聞』05年6月22日朝刊、14頁。
岩渕功一「隣国への目　隣人にも」『朝日新聞』2006年1月16日、9頁参照。
朴慶植・尹健次「在日朝鮮人」『朝鮮を知る事典』（平凡社、1986年）158～161頁参照。
藤原彰・安斎育郎『戦争から平和へ』かもがわ出版、1994年。
横田孝「焼肉を発明した在日のソウル」『News week』2003年11月26日号、24～25頁参照。
デボラ・ホジソン「ニュー在日が日本を変える」『News week』2003年11月26日号、18～23頁参照。
「特集『在日』」『DAYS JAPAN』No.8、2004年11月号、8～23頁参照。

(担当：李修京)

在日文学を語る国際シンポジウムも盛況（主催者の李漢昌（イハンチャン）教授）

12 日韓社会を結ぶ李秀賢

　韓国の高麗大学を休学し、日本文化を知るために東京に留学中であった李秀賢(1974〜2001)は、酒に酔って線路に落ちた人を助けようとして、カメラマンの関根史郎(当時47歳)と一緒に線路に飛び込みました。しかし、間に合わず、関根史郎とともに自己犠牲の尊さを世に残し、帰らぬ人となりました。彼の葬儀会場には当時の森喜朗首相や駐日韓国大使などの日韓政府関係者をはじめ、多くの人が出席し、彼らの困った人を助けようとした正義感とその勇気を讃え、無念な死に哀悼の意を表しました。彼らの行動は自己中心的で他人に無関心な現代社会に「国境を越えて人を助けること」の大切さを教えた一つの模範として、日韓のメディアで大きく報じられました。

(1) 生い立ちから日本留学まで

　1974年7月13日に韓国の自動車・造船産業で有名な慶尚南道の蔚山で、父・李盛大と母・辛潤賛の長男として生まれた李秀賢の一家は、その後、港町釜山に引っ越します。1987年2月に釜山の楽民小学校を卒業し、1990年2月に釜山では古くからの温泉地でもあった東萊地域の東萊中学校を、1993年2月にネソン高等学校を卒業します。その後、釜山の親元から離れて1993年3月、高麗大学貿易学科に入学しますが、周知の通り、韓国は男性の兵役義務があり、李秀賢も入学後まもなく休学し、兵役を務めることになります。1996年には陸軍を除隊し、復学しますが、専攻科目の'地域研究'を受講しながら日本について研究を深めると同時に、日本の経済や文化や社会などに興味を持つようになります。韓国での貿易対象の多くは英語圏か中国といった傾向ですが、日本についてゼミで発表を重ねるとともに、第2外国語で日本語を選択し、1年6ヶ月勉強するうちに、いずれは韓国と日本の貿易関係に就こうと考えるようになります。そして、アジアの貿易関係で重要なパートナーである日本の文化や社会に直接触れてみたいと感じて、日本での語学研修を考えるようになります。4年生の1999年7月に再び休学し、2000年1月に東京の荒川区にある赤門会日本語学校に入学し、日本語の初級2課程で勉強することになります。

　また、スポーツが好きだっただけに、翌月からはMariax綜合スポーツセンターに通い始めます。繊細でギターを弾く詩人のような感受性豊かな反面、一つの目標があれば集中し、突進する性格でもあった李秀賢は、着実に語学水準を高めて昇級します。同年4月からは語学の上達も兼ねてインターネットカフェでアルバイトをする傍ら、自転車で富士山にも登るなど、積極的に日本社会を体験します。そして、高麗大学を卒業してから、もう少し日本を知るためにも日本の大学院への進学を考えていたため、今後の進路の相談も兼ねて2000年12月26日、韓国の実家に一時帰ります。1月9日までの冬休みが家族と過ごした最後の思い出となりました。

(2) 線路に落ちた人を何とか救わなければ

　2001年1月26日の午後7時15分頃、アルバイトを終えて台東区下谷三丁目のアパートに帰るためJR新大久保駅の山手線内回りホームに立っていた李秀賢は、ホームにいた酔った男性の一人が反対側の線路上に転落するのを目撃します。正義感が強い性格であった李秀賢は、困っている人を何とか救わなければと思い、線路に飛び込みます。彼と同じ思いで飛び降りてきた関根史郎と2人でその男性をホームに戻そうとしますが、相手は既に泥酔していて、2人の思うままにならない状況でした。その時、電車は40メートルの手前にいて急ブレーキをかけますがが間に合わず、3人ともはねられて死亡する結果となりました。

　翌日午前2時に韓国の両親に列車事故の連絡が入り、27日に両親ら3人は遺体が安置されてあった警視庁新宿署で李秀賢と再会します。日頃から自分の家族を宝物だと自分のホームページで書き記していたほどでした。そんな一人息子の成長を楽しみにしていた両親は、無惨な姿になった秀賢との再会で泣き崩れてしまいます。

　1月28日に記者会見した父・李盛大は、「私の父は強制労働で日本の炭坑で働いて、日本で死んだ。そして息子は日本に留学し、命を落としてしまった。」ことを残念でならないと気持ちを表しつつ、息子の正しい判断を誇りに思っていると述べました。その夜の李秀賢が通っていた日本語学校で行われた通夜で弔問に訪れた福田康夫内閣官房長官やJR東日本の大塚陸毅社長らのほか、感銘を受けて訪れる弔問客に両親は涙を堪えて対応します。

　翌日の29日の正午に行われた葬儀は日本語学校葬として行われ、当時の森喜朗首相や伊吹文明国家公安委員長、河野洋平外相や加藤紘一自民党元幹事長、田中真紀子議員ら日本の政府高官の多くが参列する異例さをみせました。また、韓国駐日大使館関係者や学校・友人関係のほか、各地から弔問者が訪れ、長蛇の列ができました。ちなみに、金大中政権の当時の駐日大使は、東京大学で博士学位を取得し、李秀賢が休学中であった高麗大学の教授から大使に就いた、韓国平和学会や政治学会の会長を歴任した崔相龍でした。彼の李秀賢への思いもまた、多くの日本の政府関係者を動かした一因になったと言えます。

　日韓メディアで大々的に報道されたこの列車事故を知った各地・各界からの多くの弔問客によって告別式が行われました。そして、李秀賢の遺骨は翌日の1月30日に両親とともに韓国の釜山に「帰国」し、現在、釜山市立永楽公園墓地7墓園39ブロックの1106号に埋葬されています。筆者が訪れた2005年8月の夏にも、多くの花が供えられていたのをみると、今でも少なくない人が彼を思い続けていることでしょう。

(3) 死後に拡大する日韓交流関係

　李秀賢の死は韓国と日本の友好の契機を作りました。両国の国民に深く考えさせられる出来事であっただけに、両国の国民感情を引き寄せ合うかのようにメディアは競うように報道し、その大きな反響のもとで各地で様々な企画も組まれるようになりました。そして、多くの人から捨て身の献身的精神を称える激励の手紙や献花、寄付金が寄せられました。彼が通っていた日本語学校では「李秀賢君の勇気をたたえる基金」が、国際交流基金では「LSHアジア奨学会（李秀賢顕彰奨学会）」などが設立され、「李秀賢顕彰奨学会」だけでも、アジア各国からきた留学生200人以上に奨学金が渡されています。これらの奨学会は李秀賢の尊い死

の意味を尊重し、今後も留学生支援に活用する趣旨を掲げて活動しています。また、李秀賢の功績を讃えて韓国と日本から遺族に寄せられた各種の寄付金は、李秀賢の出身小学校から大学までの各学校に奨学金として活用されており、既に多くの学生の学費として渡されております。

　一方、李秀賢をしのぶ追悼式や文化的行事が毎年開催され、彼や関根史郎の勇気ある行動を忘れていない多くの参加者によって韓国と日本の親善交流の場にもなりつつあります。そのほか、東京や三重県津市、ソウル、釜山市などで追悼と韓日友情へのコンサートが相次ぎ、李秀賢は死後、多くの韓国人と日本人の交流を結ぶ友好の役割を果たしています。彼の人道的行為を忘れないために、韓国の各出身校では記念碑が建てられたり記念植樹が行われ、また、日本の企業家によって出身小学校内に李秀賢の胸像が建てられました。日本でも、宮城県に「韓日友好記念碑」、新大久保駅内と日本語学校の赤門会に顕彰碑が建てられ、韓日友好の象徴の一つとなっています。

　李秀賢の命は短いものでしたが、その自己犠牲の精神を称えて日本政府からは内閣総理大臣をはじめ、各種の勲章と警視庁長官などからの感謝状が送られ、韓国政府の国民勲章や釜山市からの第17回「誇らしき市民賞」の大賞を受賞するなど、その死を無駄にしてはいけないと思った両国からの思いが寄せられました。その記憶は、日韓の様々な交流に止まらず、奨学会などを通して広くアジア各国の若者に伝わっています。

李秀賢（撮影李修京）

考えてみよう

　李秀賢と関根史郎の勇敢な行動は自らの命を落とす形となってしまいましたが、社会に多くの感動を与えました。その後も、2004年8月に日本を観光中の韓国人女性が腹痛で路上で苦しんでいるのを、2年間の韓国語学習を駆使し、病院の救急室に連れて行って救った奈良県中和広域消防組合消防本部の田宮正史（41）隊員や、2005年4月に大阪の千日前線の線路に突き落とされた老人を救った韓国人留学生の梁炫玉や、2006年5月にJR新大久保駅で酒に酔って線路に転落した日本人女性を救った韓国人留学生の申鉉亀らの美談が続きます。しかし、他人に無関心な社会になりつつある現代社会でそのような行動をするのは簡単ではありません。皆さんは苦しんでいる隣人がいたら、自分と同じ人であることを忘れずに、手を差し伸べる暖かさを忘れないでほしいと切願します。

【参考文献・資料】

李秀賢公式サイト　http://www.soohyunlee.com/

『朝日新聞』インターネット版　asahi.com 2001年1月26日〜1月30日参照。

monthly.chosun.com/reporter/writerboardread.asp?idx=483&...&wid=njcho

http://www.cbs.co.kr/nocut/show.asp?idx=108435

http://japanese.chosun.com/site/data/html_dir/2001/01/29/20010129000022.html

http://japanese.chosun.com/site/data/html_dir/2004/01/13/20040113000069.html

http://japanese.chosun.com/site/data/html_dir/2004/05/14/20040514000029.html

http://japanese.chosun.com/site/data/html_dir/2004/01/10/20040110000019.html

http://japanese.chosun.com/site/data/html_dir/2001/01/29/20010129000022.html

http://japanese.chosun.com/site/data/html_dir/2005/01/03/20050103000027.html

http://japanese.chosun.com/site/data/html_dir/2006/05/25/20060525000028.html

http://japanese.chosun.com/site/data/html_dir/2006/01/27/20060127000052.html

http://www.hani.co.kr/section-007100002/2002/01/007100002200201252223003.html

http://kr.news.yahoo.com/service/news/shellview.htm?linkid=63&newssetid=487&articleid=20051111091356249c4

http://kr.news.yahoo.com/service/news/shellview.htm?linkid=33&newssetid=470&articleid=20051108164353673800

（担当：李修京）

13 対馬の清掃活動を通して隣国との交流を

　最近、情報・通信の急速な発達により韓国と日本の間には政治を超えた草の根交流が盛んに行われています。中でも、これまでの文化的交流だけではなく、互いの環境を考え、同じ地球の資源を共有する立場からの環境問題への模索や実践的活動を通しての交流も少なくないです。特に、この数年前から始まっている大学生による対馬(つしま)海岸の漂着ゴミ拾い活動は日韓社会でほのぼのとした話題となっています。

(1) 環境ボランティア活動の背景

　釜山外国語大学は韓国の生活ゴミが海流によって長崎県対馬市の西海岸一帯に漂着し、地域住民を悩ませているというニュースを聞いて、漂着ゴミの清掃活動を通して日韓交流を深めようと考え、2003年から毎年、ボランティア活動を行っています。特に、春と夏の梅雨の時期や台風などの影響で集中豪雨の後、韓国から流れ着いた生活ゴミによる対馬住民が受ける被害が大きく、これを知った釜山(ブサン)市の大亜高速海運社(テア)の金載勲(キムジェフン)が対馬の上県町(かみあがたちょう)の国際交流員であった朴柄俊(パクビョンジュン)と母校の釜山外国語大学に相談した結果、大学側も快くその提案を受け入れて実行できるようになりました。同大学は、対馬にもっとも近い大学であり、外国語教育をもとにして外国との文化・交流関係に寄与できる人材養成を趣旨としているだけに、対馬住民の不満も解消させ、日韓交流も行うという側面から多くの学生らに働きかけて活動を始めました。

　活動初年度から釜山大学の教職員、学生ら約170名に、対馬の地域住民を加えての日韓対馬海岸清掃ボランティアは総勢400名に膨(ふく)らみ、きれいな海を守ろうとする日韓連帯への動きが強まりました。2005年からは韓・日両国のNGOとNPO団体も参加し、対馬ゴミ拾いのボランティア活動は大規模となりつつあります。

(2) 環境ボランティア活動の進行過程

　釜山外国語大学は2003年5月13日、「教授と学生らが自発的に参加する海外奉仕する」という趣旨を掲げて対馬の環境ボランティア活動のために、日本語科と東洋語大学所属の学生を中心に'海外環境整化遠征隊'を組織して、この遠征隊に参加する人のための事前教育を実施しました。この勉強会を通して対馬の自然環境の特徴を理解し、対馬になぜゴミ拾いが必要か、ゴミ拾いのボランティア活動が持つ意義が何かの認識を促しました。2003年5月20日には釜山広安(クァンアン)海水浴場で関係者らによる発起式が行われ、周辺のゴミ拾いをした後、同年5月23日から26日までの4日間を対馬の上県町の公民館や福祉センターなどで自炊をしながらボランティア活動を行いました。その間の交通費等の諸費用は学生らの自費によって賄(まかな)われました。学生らは悪臭やハエに悩まされながら、韓国・日本の海で流れ着いたペットボトルやポリ容器やプラスチック容器など様々なゴミを撤去し、砂浜をきれいにする環境作業

に尽力しました。2003年から2005年までの釜山外国語大学の学生らによるボランティア活動の内容は以下の通りです。

> **過程表**
>
> 2003年5月23日～26日：釜山外国語大学の学生及び教職員170名、対馬地域の住民80名余りが参加し、400トンのゴミを回収。
> 2004年5月29日～31日：釜山外国語大学の学生及び教職員120名、対馬地域の住民100名余りが350トンのゴミを回収。
> 2004年10月9日：　対馬で'環境サミット対馬会議'が開催され、釜山外国語大学の事例が発表される。
> 2005年6月24日～27日：釜山外国語大学の学生及び教職員123名、対馬地域の住民250名、韓日NGO及びNPO団体（韓国海洋救助団、多島海フォーラム、日本JEAN/クリーンアップ全国事務局等）が協調して600トンのゴミを回収。

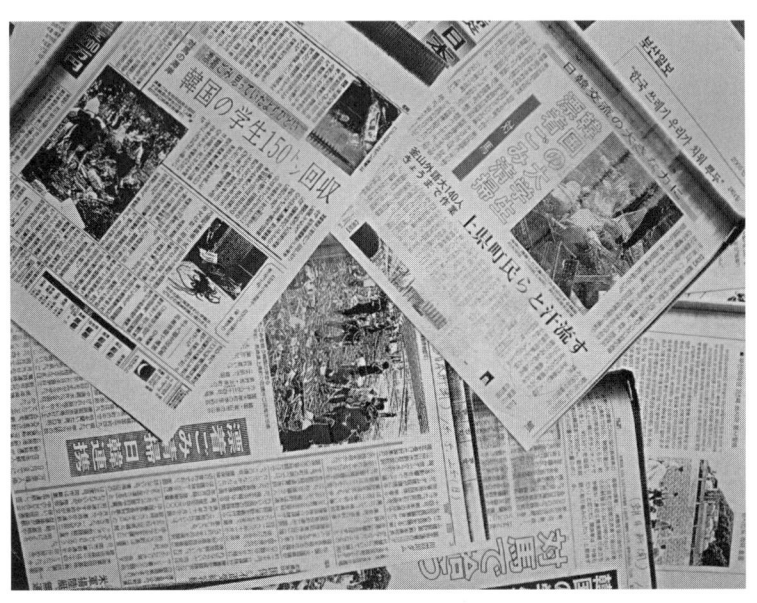

韓国釜山外大生による対馬の清掃活動を報じる各新聞

対馬の環境を守るボランティア活動を始めた2003年以前には韓国の生活ゴミによって対馬北海岸の環境汚染は深刻な状態だったと言われています。対馬地域の住民らによれば、毎年海辺に積もるゴミは100〜200トン余りで、その80％以上が釜山・慶尚南道一帯から流れてきたゴミだと言われました。しかし、韓国の学生らのボランティア活動が始まった2003年以降はゴミによって閉鎖されていた海水浴場が再び開場されるなど、対馬の北側海岸の環境が大きく改善されました。当地の廣田貞勝・上県町長は、韓国のゴミが日本に漂着するように、日本のゴミもやはり他の地域へ流れていくはずだから、韓国の学生らが毎年行っている、対馬の環境を守る活動をみんなが見習うべきだと評価しました。これらのゴミをなくす韓国からの友情活動は、今や対馬の年中行事となっており、様々な交流活動にも繋がっています。海をきれいにし、地球環境を少しでも守ろうとする日韓両国の草の根交流は地元住民らとの文化交流に発展しているのはもちろん、国家を超えた海岸汚染などの環境問題を再認識する重要な契機となり、日韓を超えた国際環境活動の土台を築きつつあります。

対馬掃除（韓国『釜山日報』2004年6月2日サイトより）

考えてみよう

多くの国が陸地で暮らしながら生み出される生活ゴミは海流に流されて海岸などに漂着し、自然環境を汚す結果となりました。では、相互の自然環境を守るために日韓両国の連携だけではなく、もっと広く、友好的活動として拡大させて行く方法は何でしょうか。

【参考文献・資料】

「対馬の韓国ゴミ拾います」『朝鮮日報』2003年5月21日
「対馬の韓国ゴミ拾います」『朝鮮日報』2004年4月26日
「対馬の韓国ゴミ　我々が」『釜山日報』2003年5月21日
「釜山外大奉仕団150余名　対馬でゴミ回収活動」『釜山日報』2004年5月27日
「対馬に行った清掃遠征隊」『釜山日報』2004年6月2日
「釜山外大学生対馬清掃」『釜山日報』2004年6月8日
「韓・日環境整化　ボランティア隊発隊式」『釜山日報』2003年5月22日
「対馬に流れた韓国のゴミ　こんなに多いとは知らなかったです」『釜山日報』2003年5月27日
「韓国のゴミ　我々が処分してすっきり」『釜山日報』2005年6月29日
「韓国の大学生　漂着のごみ清掃」『長崎新聞』2003年5月25日
「漂着ごみ清掃　日韓連携」『西日本新聞』2003年5月25日
「母国のゴミ　対馬で拾う」『朝日新聞』2003年5月25日
「対馬の海岸　韓国の学生150トン回収」『読売新聞』2003年5月25日
「韓国の学生らごみ回収」『読売新聞』2005年6月26日
「日本の対馬でゴミ片付けます」『中央日報』2004年4月22日
「清掃遠征隊　対馬行く」『文化日報』2004年5月10日
「釜山外大対馬遠征清掃3年目」『国際新聞』2005年6月29日

（担当：朴庚守）

14 現代社会の心の癒し・韓流文化

　2002年ワールドカップ共催による友好的ムードは、2004年の'冬のソナタ'というドラマとヨン様の出現で最高潮に達しました。ヨン様を追いかける様々な企画が各メディアで競うように立てられ、多くの民間人観光客が韓国の韓流ドラマのロケ地や関連の場所を訪れるようになりました。韓流が受け入れられ、日本でも韓国でも相互への理解と交流関係が大々的に報じられ、韓国でもそれまでの日本と異なった、隣国を強く感じる契機となりました。歴史問題によって政治的な関係はゆがみをみせつつありますが、韓流文化による人々の交流と相互理解への動きはより親密になっています。それは、東アジア社会が育んできた共通の文化の再発見と現代の癒しとして韓流文化を享有しているからだと言えます。

(1) 茶の間の韓流文化

　1990年代後半から台湾や中国を中心に広まった「韓流（HANRYU）」現象は、2002年のワールドカップ共催とともに土台が構築され、その後、NHK地上波とBSで韓国ドラマ'冬のソナタ'が4回放送され、日本における韓流文化の火付け役となりました。平均38％の視聴率を占めた'冬のソナタ'の影響もあって、韓国文化が爆発的に紹介されるようになります。特に2004年はどの雑誌やメディアも韓流で沸騰し、正月の首都圏の放送局は元旦からまる20時間の韓国ドラマを一気に放送する熱気ぶりでした。しかし、一方では韓流も流行が好きな日本人の物珍しさによるもので、一過性の文化現象に過ぎないだろうと考えた人も少なくありません。ところが、韓流は一時的な現像を超えて、我々の生活文化の一部として定着しつつあります。歴史問題などでひずみが出ているにもかかわらず、今でも新しい韓流ドラマや音楽、映画が紹介され続けております。2004年のあの異様なメディアの韓流騒ぎからも時間が経っていますが、韓流は未だに衰えることなく、ジャンルや素材を変えながら我々を楽しませてくれる文化要素になっているのは否めません。いまや韓流は、日本や中国、台湾、香港、シンガポール、タイ、ミャンマ、ベトナム、エジプト、アラブ諸国、メキシコ、そしてヨーロッパなど、地球の各地で人気をあつめています。一例を挙げると、2005年9月11日にメキシコを訪問した盧武炫（ノムヒョン）大統領の宿泊ホテル前には大型ブロマイドを掲げて韓流スターをどうかメキシコに来させてほしいと唱える韓流ファン達の声が注目を浴びました。さらには同年10月に中国で'宮廷女官チャングムの誓い'（李英愛（イヨンエ）主演）の視聴を巡って自殺を図ろうとした主婦のニュースが韓流の熱気ぶりを物語ったりもしました。2005年11月には映画'武影剣（ムヨンゴム）'がヨーロッパや南米、中央アジアなどの23ヶ国に配給され、1,000万ドルの輸出販売額を記録しました。また、日本では2005年、「僕の彼女を紹介します」「四月の雪」「私の頭の中の消しゴム」などが20～30億円の興行収入を記録し、経済的効果を高めました。そのようにエネルギッシュに変化し、ファンを楽しませてくれる韓流文化は、現代アジア社会を考える際、重要なキーワードとなっています。

(2) アジアが育んだ文化と韓国独自の素材の活用

　では、そこまで人気を得ている韓流文化の魅力とは一体何でしょうか。それは一言で言えば'殺風景な現代社会の癒しと潤滑剤'だといえます。韓流文化の素材は実に多様です。中でも韓流ドラマや映画などには現代社会が失いつつある家族や地域社会のほのぼのとした人間愛と調和の美しさが画かれています。また、相手に対する思いやりや敬愛の姿勢、言葉の重みと暖かい感情を醸し出す人間関係なども魅力です。

　それは視聴者を何となくホットさせる癒しにもなりますし、生活への潤滑剤にもなってくれます。80年代後半からそれまでの軍事独裁政権から民主国家へと転じた韓国は文化産業政策とIT産業の促進によって多種多様な表現の自由を得るようになり、韓国的素材とも言える南北分断、激しい受験戦争とチマパラム（教育ママ）、男尊女卑思想が500年以上続いた儒教社会に起因するさまざまな諸素材などを活用・風刺すると同時に、現代社会において希薄になりつつある人間的社会への復帰を促す内容が国境を越えて愛される結果になっているといえます。例えば、'冬のソナタ'のようなドラマは、物静かな画面の中に流れる美しい風景にみる哀愁、相手に対する礼儀正しさと丁寧な表現、一度は聞いてみたいキザで詩的な台詞、二人の恋をめぐる家族やその周辺関係の暖かさなどから、人情味が欠けた索漠とした現代社会に厭世的となっていた人々に郷愁や癒しを覚えさせました。

(3) 日本社会の韓流文化

　日本の場合、特に、儒教的影響を享受してきた家族社会であっただけに、急変する近代化の過程で核家族化と少子化が進み、経済的豊かさを得る一方、家族関係・人間関係は崩れ、家庭の団欒さや純愛を失ってきました。即ち、戦後の高度経済産業時代の支えとなった両親の社会進出は'鍵っ子'現象を生み出し、親の不在を癒す'テレビゲーム'に熱中することで自分の趣向中心主義と社会への無関心な子供が増えました。ポケットベル時代を経て先端かつ多機能の携帯電話とインターネット時代へと突入し、多くの携帯・ネット使用者が生まれる中で、自己中心で自分が共感する趣向の空間にこもろうとする若者が急増しています。このような社会動向はいわゆる'超自己中'で礼節を軽視する若者を生み出し、2003年度のフリーター数は417万人に、2002年の内閣府の推計では進学も仕事も職業訓練もしない15歳〜34歳までの独身若年層の非労働者を称すニート族が約85万人に上ることが明らかになりました。さらに、80年代後半からのバブル経済の崩壊による経済不況とSARSや鳥・新型インフルエンザなどの伝染病や、9・11テロ以後続く戦争とテロから来る不安などが社会全体に暗い雰囲気を醸し出しています。これらの動きの中で紹介された韓流ドラマや映画などは、物はなくても豊かな心と生きる目標を持たせてくれた時代や家族主義の良さを思い出させ、新鮮かつノスタルジーな魅力に多くの人が見入るようになりました。その一方、厳しい身分社会・家父長社会であった朝鮮王朝時代を背景にした時代劇ドラマの'宮廷女官チャングムの誓い'が2004年のNHK－BS放送に続いて2005年10月からNHK地上波でも放映され、それまでの現代的ドラマとは一味違った内容と素材で新たに視聴者を魅了し続けました。因みに、'宮廷女官チャングムの誓い'とは『朝鮮王朝実録』に出てくる宮廷医女'長今'をモデルにしています。封建的な儒教社会の中で、男尊女卑による女性の社会進出が極限されて

いた朝鮮王朝時代に生きた一人の人物を通して、社会の様々な受難に立ち向かって成功する女性像を画いた画期的なドラマだといえます。厳格な宮廷作法と16世紀の朝鮮の文化、華麗な伝統服'韓服(ハンボク)'の数々、一度は食してみたい豪華かつ健康的な宮廷料理、'食＝薬(医食同源)'に基づく民間療法の手解きをも盛り込むなど、その複雑な物語の他にも見どころ満載の'宮廷女官チャングムの誓い'は、食生活が乱れがちな現代人の日常生活にも密接な素材を提供しました。なお、ドラマで紹介された料理の一部は2005年11月に韓国の釜山で行われたAPECの各国の首脳らの夕食にも登場して好評を得るなど、外交の場でも影響を及ぼしました。今は宮廷料理を学ぶことも楽しみにする外国人観光客が増えています。

　このような韓流文化にはいくつかの考えるべき点もありますが、世界各地にアジアの文化と社会を知らせたその功績は評価すべきところがあります。また、最近は韓国の高級化粧品などの紹介や韓国車の市場も拡大しつつあり、一つの国レベルではなく、国境を越えた国際ビジネスにも文化コンテンツとのコラボレーションが強まっています。国際化といえば、これまで欧米からの流れが多かったのですが、北東アジアの平和共同体を構築するためにも、「韓流文化」を我々アジア文化が生み出した財産の一つとして、やがては全地球との文化交流に繋がる胎動として育てていく必要があります。もちろん、日本の文化も同様です。その意味で韓流文化は、同じアジアの一員として共生すべき韓国と日本の'歩み寄り'の機会を作ってくれた架け橋として、より豊かな内容で我々の生活の拠(よりどころ)の一つに成長し続けてほしいものです。

あふれる韓流情報（韓国大使館提供）

> **考えてみよう**
>
> 　あなたは「韓国の文化」といえば何を思い浮かべますが。韓国も日本同様、受験戦争とIT産業の発展、高齢者社会などによってさまざまな課題を抱えています。それらは日本の問題、韓国の問題といった一国の問題ではなくなっており、相互が協力し、その解決の方法を模索することも必要となっています。両国の共通する社会的課題は何か、考えてみましょう。

【参考文献・資料】

　李修京「'韓流'は人間社会への復帰促すアジアの財産」『週刊新社会』2006年1月1号、8頁の初出を修正・加筆。

　李修京『この一冊でわかる韓国語と韓国文化』(明石書店、2005年)、122～125頁参照。

　李修京「日本の'韓流'現象と日韓交流の諸課題」『東京学芸大学紀要　人文社会学系。』第57集、2006年1月、85～96頁参照。

　李修京「時想・韓国映画　なぜ人気」『中国新聞』2004年7月4日、1頁。

(担当：李修京)

15 日韓関係を微笑みでつなぐペ・ヨンジュンの努力

　日本では1990年代末から韓国に対する関心が高まり、2002年にサッカー・ワールドカップが日韓共同開催されたこともあり、「韓流ブーム」と呼ばれる現象が出現しました。とくにこの年、韓国のKBSテレビで制作・放送され大ヒットしたドラマ「冬のソナタ」が、翌2003年に日本で放送されると空前の「韓流ブーム」が巻き起こりました。主演のペ・ヨンジュン（裵勇俊）は、礼儀正しく誠実な人柄とともに東洋的で穏やかな雰囲気をかもし出すその容姿と人々を魅了する微笑から「微笑みの貴公子」といわれていますが、日本では「ヨン様」と呼ばれ熱狂的なファンを生みだし、新たな文化交流のきっかけを作りました。

(1) 生い立ち

　ペ・ヨンジュンは1972年8月29日、ソウル市に生まれました。「男は強くなければならない」という父の教育方針で、6歳のときから柔道とテコンドーを習い始めます。1979年、明逸（ミョンイル）小学校に入学しますが、3年生のとき父が脱サラをして天安（チョンアン）（ソウルから車で2時間ほどの街）で牧場を始めたため、週末にはそこを訪れたといいます。しかし2年後、父は牧場経営に失敗、自宅を売り払って明逸洞のアパートに引っ越し、以後も何度か転居を繰り返しました。
　1988年、培材（ペジェ）中学校を卒業し有名なエリート校である漢栄（ハンヨン）高等学校に進学しますが、小学校では成績優秀だった彼も、中学高校に進むにしたがいスポーツと遊びに明け暮れる少年へと変身していきました。大学受験に二回失敗しますが、とにかく好きな映画の世界に飛びこんでみようと、当時韓国を代表する映画会社「合同映画」を訪ね、系列会社の「シネマ・ファミリー」で裏方のスタッフとして働くことになります。またこの時代には仕事をしながら俳優学校や演技塾に通ったこともあったといいます。
　1994年、「若い男」「初恋白書」という映画に端役で出演しますが、これで認められたわけではありませんでした。そこで俳優になろうと決意し映画製作会社を辞めて、KBS青春ドラマ「愛の挨拶」のオーディションを受けますが、みごと合格し主演デビューすることになります。この後、釜山放送開局特集ドラマ「海風」(95年)、KBSドラマゲーム「分かれる6つの段階」(同)に出演。以来、「パパ」(96年)、「初恋」(96年)、「裸足の青春」(98年)、「愛の群像」(99年)、「ホテリアー」(01年)、そして「冬のソナタ」(02年)に出演しました。
　この間に「愛の群像」以後2年間休養を取り、ペ・ヨンジュンは成均館（ソンギュングァン）大学の自己推薦試験を受け、映像学科に入学しています。この大学は、朝鮮王朝時代（1392〜1910年）の初期に創建された儒学教育機関である成均館を母体にした伝統ある学校です。彼はここでデジタル映画の制作や写真撮影などについても学びましたが、そのため彼の写真技術はプロ級のものといわれます。

(2) 「冬のソナタ」で空前の韓流ブームに

　2002年、ペ・ヨンジュンはKBSに戻り、ユン・ソクホ監督とドラマを作ることになりますが、これが「冬のソナタ」です。1月14日に放送が始まると、同時間帯に放送されていた大河ドラマ「女人天下」の視聴率を上回り、インターネットサイトへのアクセスも第1位となるなど、大きな反響を呼びました。

　日本では、翌2003年4月から7月にかけNHKのBS（毎週木曜日夜22時から）で最初に放送されましたが、番組は徐々に口コミで広がり、話題を呼んでいきました。そこで同年末から翌2004年初めにかけてBSで再放送されますが、この年4月のペ・ヨンジュンの来日を機に、いっきに「冬ソナ」ブームが巻き起こりました。この後、地上波放送で再々放送されると視聴率は上りつづけ、最終回には関東で20・6パーセントになったといいます。そのためNHKは同年末から翌2005年初めにかけて「冬のソナタ」の完全版を放送しました。

　作品は、主人公チュンサンが春川高校に転校してくるところから始まります。ピアニストの母に育てられたチュンサンは、父親を探すためにやってきたのですが、屈折して翳(かげ)のある彼を仲間たちは敬遠します。ユジンはそんなチュンサンのなかにある別の面を知ってしだいに惹(ひ)かれていきますが、突然、交通事故で死んだという知らせを受けます。そして10年後、チュンサンにそっくりなミニョンがユジンの前に現れ、幼馴染のサンヒョクと婚約していたユジンの心は激しく揺れ動きます。ストーリーのドラマティックな展開とともに映像や音楽の美しさなどともあいまって、ドラマは高い視聴率を獲得、空前の「冬ソナ」ブームともいうべき現象をもたらしました。

　その清新な純愛物語は視聴者、とくに中高年の女性の心をとらえ、韓流ドラマには珍しい新しいキャラクターともいえるチュンサン役を演じたペ・ヨンジュンの熱狂的なファンを生み出しました。しかし、実はそうした人々の多くは単なるファンにとどまることなく、韓国の社会や文化に関心を持ち、韓国語を学び、実際に韓国を訪れるという新たな文化交流現象をも生み出したのです。

(3) アジアの架け橋として

　「冬のソナタ」以降のペ・ヨンジュンは、2003年に映画「スキャンダル〜朝鮮男女相悦之詞」（イ・ジェヨン監督）でスクリーン・デビューし、17世紀の李王朝時代の文芸や絵画、武芸に秀でた両班(ヤンバン)（貴族）チョ・ウォン役で、それまでのイメージとは全く異なったプレイボーイを演じ、第24回青龍映画祭新人男優賞など数々の賞を受賞しました。

　2004年には映画「四月の雪」（ホ・ジノ監督）で、人妻との不倫の愛に苦悩する男性役で演技の幅を広げ、これが日本で2005年に公開されるとヒット作となりましたが、韓国国内での評価は厳しく、彼の演技上の課題と可能性を考えさせる作品となりました。この後ペ・ヨンジュンは大河ドラマ「太王四神記」（キム・ジョンハク監督）への出演を決め、2006年秋から放映される予定になっています。これは朝鮮半島の古代国家高句麗(コグリョ)（前1世紀後半〜668年）の時代に領土拡大の偉業を成し遂げた広開土王(クァンゲドワン)（374〜413年）の物語で、ドラマ史上最大の制作費300億ウォン（約30億円）を投入した超大作でもあり、大きな期待がかけられています。

ペ・ヨンジュンはこれまでほぼ一年に一度のペースで作品を取り続け、ＣＦ（宣伝用フィルム）出演以外の活動は行わず、インタビューを極端に避けるなど自身の仕事に対しては独特の姿勢を保ち続けてきました。時にはブラウン管から遠ざかり、わがままと批判されたこともありましたが、自分の納得のいく方法で仕事に向き合い、引き受けた役は完璧にこなそうと努力してきました。

　またペ・ヨンジュンは、彼を支えてくれるファンを「家族」と呼んで大切にしています。2004年3月「スキャンダル」のプロモーションのためアジア各国を訪問、4月に日本にも初来日しましたが、このとき成田空港には7000人ものファンが出迎えました。その後も現在（2006年6月）までに二度公式来日していますが、二回目の来日のときは宿泊しているホテルの周りにつめかけて来ていたファンがけがをするという事故が発生しました。しかし、そのとき心を痛めるペ・ヨンジュンの姿がメディアによって伝えられ、その誠実な人柄を改めて印象付けました。

　2005年3月、「四月の雪」の公開撮影後に行われた記者会見で、竹島問題（竹島は韓国では独島（トクト）と呼ぶが、ここを韓国あるいは日本のいずれの領土と考えるかで対立している問題）についてたずねられとき、ペ・ヨンジュンは明確な回答を避けながらも「私に役割があるとすれば、国家や領地の線を引くような発言をするよりも、アジアの全家族の心と心の線を結ぶことだと考えています。私が今まで受けてきた愛情を、もっと大きな愛で返せるよう努力します」と語っています。

　今や彼は韓国を代表する俳優というより「アジアを象徴する文化的アイコン（偶像）」として、彼の生みだす波及力、産業的価値は金額では容易に換算できないといわれています。今後も日本と韓国のみならず、アジアの人々の架け橋として大きな役割を果たしていくことが期待されています。

ペ・ヨンジョンの様子を報じている日中の各新聞雑誌（撮影李修京）

> **考えてみよう**
>
> いま、日本で韓国の文化が注目を集め、いわゆる「韓流ブーム」が巻き起こっていますが、この「韓流ブーム」は日本と韓国の関係にとってどのような意味を持っていると思いますか。また、これからのアジアの国々の関係にどのような影響をもたらすと思いますか。

【参考文献】

毛利嘉孝編『日式韓流』せりか書房、2004年
小倉紀蔵『韓流インパクト』講談社、2005年
韓国パブリッシング『オール オブ ペ・ヨンジュン』コアラブックス、2005年
ムン・イルソク『ヨン様の作り方―「ペ・ヨンジュン」を生んだ12人の証言』廣済堂出版、2005年
『韓流スター STYLE』VOL. 5、廣済堂出版 2006年

(担当:岡野幸江)

「ヨン様」の様々な報道ぶり (撮影李修京)

16 アジアをつなぐ歌姫・BoA

　現在、韓国や日本のみならず、アジアの歌姫として2005年釜山アジア大会でその歌唱力を披露した歌手・BoA。彼女の本名は権宝雅（クォンボア）で、1986年に韓国の京畿道で生まれました。
　2000年、13歳の時に 'ID:Peace B' で韓国でデビューし、翌年5月に日本でもその実力で 'One Soft Multi Use' の期待を背負ってデビューを果たしました。語学力に秀で韓国語の他に日本語と英語を自由に操り、中国語でも歌う彼女は現在、アジア各国で活躍しつつ、成長し続けているアジア文化の象徴的アーティストの一人だといえます。

(1) 努力家のBoA

　2006年2月6日現在、インターネット検索サイトの一つであるYahooで 'BoA' を検索すると、約32,500,000件という数字が現れました。BoAのその人気の理由は容貌はもちろん、歌や踊りが上手く、また外国語を流暢に話すことだといえます。なぜ、BoAは歌も踊りも上手で、その上、日本語まで流暢に話すことができるのでしょうか。もって生まれた才能だけでしょうか。いいえ、その秘密は並々ならぬ努力にあります。
　BoAはデビューの2年前から所属事務所でトレーニングを受けています。歌や踊りのレッスン、そして英語と日本語など語学の勉強にも励みます。学校のある日は、放課後の4~5時間、週末は7~8時間のハードなトレーニングを受けました。デビューの2年前というと、まだBoAは当時、わずか小学5年生です。また、BoAは学業に対しても意欲的です。芸能活動が忙しくなり、学校に行く時間はほとんどありませんでしたが、勉強も両立させ、1999年にソウルのサムユク中学校にトップで入学します。しかし、途中で退学し、韓国の外国人学校（Korea Kent Foreign School）へ転校し、特に英語教育を受けながら高校卒業資格を取得しています。
　BoAは日本でデビュー当初から、日本語による歌を歌い、テレビやラジオなどの日本のメディアに出演する時も全て日本語で対応して来ました。その人気ぶりはこれまで出した4枚のアルバムが合計470万枚以上の売り上げを記録していることからよくわかります。また、今までの3年間に行った約30回のコンサートのチケットは全てが完売状態でした。
　このようにBoAが韓国だけではなく日本を代表するトップ・アーティストになることができたのは外国人歌手としてではなく、日本の歌手と同じ立場で勝負したこと、また、少女ではなく強いプロ意識を持った一人の歌手として勝負したことが挙げられます。

(2) 韓国と日本を繋ぐBoA

　今まで韓国の歌手が日本で人気を集めるのはそれほど珍しくはありませんでした。李成愛(イソンエ)やチョ・ヨンピル、ナ・フナ、桂銀淑(ケウンスック)、金蓮子(キムヨンジャ)などを一例としてあげられます。しかし、これまで流行したのは主に演歌や歌謡曲が中心でした。また、日本か韓国のどちらかの国で活動する場合がほとんどでしたが、BoAの場合、日本と韓国を行き来しながら活躍しています。多い時には1ヶ月に2つの国を十数回も往復することもあるといいます。今は昔とは違い、社会的状況の変化や科学技術の発達などで日本と韓国は互いが行き来しやすい国になりましたが、それにしても月に十数回というのは肉体的にも精神的にも大変なことです。いくらその国の言葉が上手く話せるとしても、異なる文化に慣れるのにはかなりの時間がかかります。それは他の国に何度も行ったり来たりする経験のある人でもそうだと言います。BoAはしばしば、「日韓の架け橋」「日韓親善大使」などと言われることがありますが、本人がそのように意識しているかは別にして、日本と韓国を繋(つな)ぐ役割を果たしていることは否定できない事実です。BoAは自ら実際に韓国と日本を行き来しながら、両国を「近くて遠い国」から「近い国」に変えました。

　また、それはBoA本人だけではなく、日本と韓国のファン同士の交流にも広がって行きます。BoAのファンサイトは日本と韓国に公式的なものだけではなく、私的なファンサイトも数多く存在します。その中には日韓のコミュニティーを兼ねたファンサイトもあり、BoAに関する情報交換だけにとどまらず、オンライン上だけではなくオフラインでもファン同士の交流が行われ、ファン同士の交流のために韓国語を勉強するコーナーなども設けられています。このように日韓のファンによる交流が活発に行われているのはBoAが日韓の国境に拘(かか)らないで両方で同時に活躍していることが一つの理由としてあげられます。また、現在韓国では日本文化はほぼ全面的に開放されていますが、2004年以前は段階的な開放政策が行われていました。そのため、それ以前には韓国で日本語のCDが店頭に並ぶことや日本語で歌った曲やその様子がテレビで放送されることはありませんでした。BoAも韓国人歌手でありながら、日本語の曲を韓国で発表することはできませんでした。そのような状況により、韓国のファンは「日本で歌っている曲を韓国でも早く聞きたい」という要望も多かったと言います。このような動きをメディアは「日韓の交流」として取り上げますが、これらの交流は今までの日韓交流とは性質を異にしています。今までは、日本と韓国の不幸な歴史のため、「近くて遠い国」というイメージや海外旅行ブームによる「グルメ・エステ・ショッピングの国」などというステレオタイプのイメージが前提にあって、「日本と韓国は交流を深め、互いの国を正しく理解をしなければいけない」というような交流でした。しかし、このようなファン同士の集まりは「歌手BoAが好き」という共通の趣味を持つ人たちの個人対個人の交流です。即ち、この構図からすると私たちが誰かと友達になる過程と同じです。

　最近は韓流ブームにより、BoAが「韓流ブームの先駆け」と言われることがありますが、日本で人気を得ることができたのも、「韓国の歌手」だからではありません。BoAは日本で韓流ブームが始まる前から人気がありました。「韓流の先駆け」というのは、BoAのがんばりにより後からついてきた評価に過ぎません。BoAが日本を代表するアーティストになったのは彼女自身の努力とその魅力にあります。

　また、前述のように、これは友情を築く仕組みと同じだといえます。あくまでも個人と個

人の関係が大切だからです。そして、その友達が自分の国や宗教、肌の色が違う人であれば、その国や民族などについて興味を持ち、理解する努力をしていくこと。積極的に相手を分かり合おうとする姿勢と信頼関係を築いていくことがこれからの日韓関係の友好的在り方でもあります。BoAは私たちにそのような一つのきっかけを与えてくれた架け橋として評価できます。

　2006年にはOlypus韓国の専属モデルとしてますます活躍しているBoA。国を越えた文化交流の場を作ってくれる世界のBoAとして、今後もその努力に注目していきたいものです。

アジアの歌姫となったBoA（韓国大使館からの提供）

考えてみよう

あなたは現在、韓国との草の根交流、青少年交流、文化的交流に関わっていますか。また、韓流文化に関連して何か接したことがありますか。あったとすれば、どのように感じましたか。

【参考文献・資料】

『BoA 幸せになろうよ』BoA, エイベックス株式会社, 2003
日本公式サイト　http://www.avexnet.or.jp/boa/index.html
SM ENTERTAINMENT(韓国)　http://boa.ilikepop.com/
日本版『朝鮮日報』2005年5月25日　インターネットニュース
http://japanese.chosun.com/site/data/html_dir/2005/05/25/20050525000000.html
http://epg.epg.co.kr/star/profile/index.asp?actor_id=4843
http://boa.giveu.net/

(担当：湯野優子)

17 共通歴史認識への試み

　現在の日本と韓国の関係において、過去の歴史についてどのような歴史認識を持つのかということが、これからの関係をより良いものにしていくために重要な問題になっています。双方の歴史認識・相互理解を深めていくために、様々な交流が行われています。ここではいくつかの代表的なものを紹介します。

(1) 日韓合同歴史教科書研究会(日本では日韓歴史教科書研究会)によるシンポジウム

　ドイツ・ポーランドの歴史教科書改善の二国間協議をモデルとして、日本の藤沢法暎と韓国の李泰永が中心となり、1991年3月から1992年10月にかけて半年に一回のペースで東京・ソウルで交互に計4回の公開シンポジウムを開催してきました。対象を近代日朝関係史に限定し、日韓でも特に日本の高等学校の歴史教科書の問題点・改善点を検討してきました。このシンポジウムには、両国の50人以上の歴史研究者・教育者が参加し、積極的に歴史について討論の場を設けました。このシンポジウムでは全体的な提言や統一の教科書に関するアウトラインは示されませんでしたが、NHKによってこのシンポジウムが紹介され、大きな反響をよんだことなど、日韓の共同研究にとって重要な活動となったとされています。

(2) 歴史教育研究会による歴史教科書シンポジウム

　1997年から日本の歴史教育研究会と韓国の歴史教科書研究会の間で、日韓歴史教科書シンポジウムが行われています。このシンポジウムは、日韓合同歴史教科書研究会からひきつがれているものであり、歴史教科書について議論しながら、日韓の歴史共通教材を作ることを目標にしています。日本側の事務局を東京学芸大学に、韓国側の事務局をソウル市立大学校におき、年2回のペースでシンポジウムを開催しています。両事務局のある大学教員や大学院生、高校教員を中心に各30人ほどの小規模なシンポジウムですが、研究会の成果は、すでに2冊の本として出版されており、教員や学生の交流とともに現在も継続しています。

(3) 比較史・比較歴史教育研究会によるシンポジウム

　比較史・比較歴史教育研究会は、1983年に開催された日米の歴史学会議の準備のために吉田悟郎を中心に組織されたのが始まりとなります。その後、1984年8月に日本・韓国・中国の参加者によって東アジア歴史教育シンポジウムを開き、歴史教育での自国史と世界史の扱い方を討議する初の試みを行いました。第2回となる1989年8月のシンポジウムには日本・韓国・北朝鮮・中国からの参加者が、第3回となる1994年8月のシンポジウムでは日本・韓国・中国・台湾・ベトナムからの参加者がいました。一貫して自国史と世界史との関連について討議されており、アジア共通の歴史教科書の作成は目指すべきではなく、対話は民間で行う

べきであるという立場をとっているのが特徴だといえます。4回のシンポジウムを既に行っており、今後も世界各国から参加するシンポジウムの開催を目指している研究会です。

(4) 日韓合同歴史研究シンポジウム

2000年に検定を合格し、日本の教育現場の一部で採択されている『新しい歴史教科書』によって日本と韓国の間に起こった問題に対して、学問的対話によって歴史認識と相互理解を広めるために、日本の歴史学研究会や韓国の歴史学会をはじめとする両国の10の歴史学関連諸団体によって開催された学術会議です。第1回シンポジウムを2001年12月に、第2回シンポジウムは2003年に行われました。日本・韓国それぞれの教科書に対する分析や日本の教科書問題の動向、歴史対話の様々な活動について討議されました。シンポジウムで合意されたものは、合意文として発表されています。

(5) 日韓共通歴史教材制作チームによる共通歴史教材制作の試み

2001年から日本・広島県教職員組合と韓国・全国教職員労働組合大邱支部の間で交流が始まりました。この交流が進むにつれ、共同で共通歴史副教材を作ることに相互に合意し、その成果として、2005年に『日韓共通歴史教材　朝鮮通信使』が出版されました。戦争と平和という大枠で検討できる時代ということ、また広島と歴史的に関わりの深いものということで、文禄・慶長の役と朝鮮通信使をテーマとすることになりました。2002年2月から計7回にわたる会合を経て完成・刊行され、両国の教職員によって、両国の子どもたちが歴史を学ぶ際の教材として制作されたものです。この試みの最大の課題は、両国の歴史認識の大きな隔たりは克服できるのかということであり、この試みによって、両国教職員の友好と連帯、そして相互への理解が深まったとしています。

(6) 日韓「女性」共同歴史教材研究

日本と韓国の女性研究者によって2001年10月からはじまった「日韓女性による共通歴史教材づくり」は近代からの日本と韓国の関係を「女性」の動きから注視し、歴史的に位置づけるとともに、日韓両社会の市民レベルの連帯と相互のあゆみよりを試みる取り組みの一つとなりました。

女性の立場からみた近代史を通して戦争と平和を考えるその努力を形にすべく日韓の研究者ら65人によって生れた『ジェンダーの視点からみる日韓近代史』(梨の木舎日韓同時出版)の発刊はこれまでの共同歴史研究に親た問題提起となりました。

この他にも、多くの民間団体によって相互の歴史を乗り越えようとする作業や学校交流、親善活動が活発に行われています。日中韓3国共通歴史教材委員会は2005年に『未来をひらく歴史　東アジア3国の近代史』を出版しています。この本は日中韓3国共通の歴史教材を意図して作成されたもので、3国で同時に出版されているのが特徴です。日韓合同授業研究会は日韓の教育・文化に対する関心を高め、研究・交流を深めることを目的に活動しており、教

育実践の積み重ねの上に、日韓で歴史観の共通認識を見出そうとするテキスト作成をめざしています。また、現在も相互の歴史に対する共同研究や認識への歩み寄りを試みる動きは少なくありません。これらの動きへの努力によって、北東アジア共同体への実現に近づけることになるでしょう。

> **考えてみよう**
>
> 　両国の間でなぜこんなに歴史の共通認識を持とうとする動きが出ているのでしょうか。また、なぜ、互いの歴史に隔たりが出ているのでしょうか。歴史の中でもどの時代が特に関心を集めているのでしょうか。

日韓共同歴史研究書（韓国版）

【参考文献】

歴史学研究会編『歴史教科書をめぐる日韓対話——日韓合同歴史研究シンポジウム——』大月書店、2004年。
李修京「韓国の近現代史と韓日共同教科書作り」(2001. 3. 14、立命館大学平和友の会主催の講演資料)
日韓「女性」共同歴史教材編纂委員会編『ジェンダーの視点からみる日韓近現代史』梨の木舎、2005年。

(担当：前田洋子・李修京)

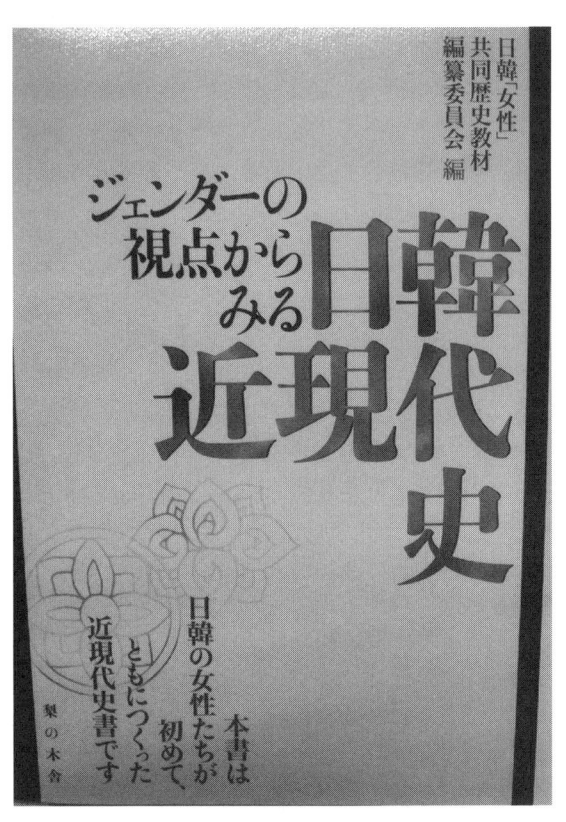

日韓共同歴史研究書（日本版）

18 在日・在韓米軍について共に考える

日本と韓国には、それぞれ、日米安全保障条約（1951年締結・1960年改定）、米韓相互防衛条約（1953年締結）に基づいて、各3万7千人強の米軍が駐留しています（2005年現在）。両国に駐留する米軍を、それぞれ'在日米軍''在韓米軍'とよびます。

(1) なぜ米軍が駐留しているのか

日米安全保障条約の第6条によれば、米国は日本を防衛するために、そして「極東における国際の平和及び安全の維持に寄与するため」に、日本の基地を使用することが許されるとされています。しかし、現実問題として、日本に対する本格的な武力攻撃の可能性は低いために、これまで在日米軍の関心は常に日本の外にありました。そして、「極東の平和及び安全」という範囲はその後次第に拡大され、1996年の「日米安全保障共同宣言（安保再定義）」では、日米安保の守備範囲をアジア・太平洋全般に拡大することが謳われました。つまり、米国にとって日本の基地は、アジア・太平洋地域に米軍を展開するための重要な拠点だったのです。

他方、韓国に駐留する米軍は、あくまでも北朝鮮の侵攻から韓国を防衛することが主任務となっています。それは、在韓米軍の主力が軍事境界線のすぐそばに駐留していることからも分かります。そのために、在日米軍の部隊は、頻繁に日本の領域外にも移動するのに対し、在韓米軍はそう簡単には動かせません。1990年の湾岸危機時には、世界各地の米軍が湾岸地域に集結しましたが、在韓米軍は公式には一兵たりとも動かされませんでした。

(2) 米軍再編の影響

米国は現在、米軍の戦術や組織の再編（トランスフォーメーション）と、海外に展開する米軍基地のあり方の見直し（グローバル・ポスチャー・レビュー）という2つの大改革を進めています（米軍再編）。この再編により、日本は米軍の最重要拠点の1つとして位置づけられ、米国が今後、紛争やテロの危険性が最も高い地域として位置づけている「不安定の弧」（東欧から中東、南アジア、東アジアと辿る地域）を睨む、前線司令部としての機能が強化される見通しです。

他方、在韓米軍は、現在の兵力の3分の1（1万2,500人）が削減され、さらに軍事境界線沿いに集中していた部隊を、ソウル南部（平沢・烏山）と韓国南東部（大邱・釜山）の2地域に移転することが決まりました。この兵力削減と移転の理由はいくつかありますが、最も大きな理由は、米軍の効率性重視の考え方にあります。米国は、トランスフォーメーションによって、世界各地に展開している米軍の効率的な運用を目指しています。そのために、現在の在韓米軍のように、一地域にのみ張り付けるような部隊の運用方法を出来るだけ避け、必要な時に、必要な場所へ、必要なだけ兵力を機動的に投入するといった運用方法を構築しようと試みています。

(3) 両国に共通する基地被害の問題

　両国ともに、特定の地域に米軍基地が集中しています。日本では沖縄県、韓国では京畿道、特にソウル以北が米軍基地の集中する地域です。両地域とも、それぞれの国に存在する米軍基地の7割以上を抱える基地過密地域です。このような地域に暮らす人々は、騒音、事故、犯罪・環境問題といった米軍がもたらす危険性と隣合わせの生活を強いられています。

　実際に、これらの地域では痛ましい事件や事故が頻繁に起こっています。沖縄では、これまで数えきれないほどの事故、あるいは米兵による事件が起こっていますが、その中でも特に沖縄全体が怒りに震えた事件として、1995年の海兵隊員による少女暴行事件があります。この事件によって、長年にわたって基地の負担を強いられている沖縄県民の米軍や日本政府に対する怒りが爆発し、8万人以上の人々がこの事件に抗議する集会に参加しました。

　最近では、2004年に普天間基地に隣接する沖縄国際大学に、米軍のヘリコプターが墜落するという事件がありました。幸い、けが人はありませんでしたが、いつ事故が起きても不思議ではないといわれ続けていながらも、状況が改善されないまま放置されていた普天間基地周辺の住民の怒りと不安は、計り知れないものがありました。

　韓国に目を転じてみましょう。韓国（特に京畿道）も沖縄と同様に米軍による被害があとを絶ちません。そのなかでも、2002年に起こった米軍装甲車による女子中学生轢死事件とその後の米側の対応は、韓国人の怒りに火をつけました。この事件は、京畿道楊州郡（ヤンジュグン）の農村で、友人宅に遊びに行く途中の女子中学生2名が、村内の一般道を使って訓練を行っていた米軍の装甲車にひき殺されるというものでした。この楊州郡の事件も、普天間での事故同様、村内を走り回る米軍車両の危険性が再三指摘されていたなかでの事件でした。その後、ソウルでは米国に対する抗議デモ（「ろうそくデモ」）が展開され、多いときには10万人がこのデモに参加しました。

　前述のように、米軍再編の一環として、京畿道北部に集中していた米軍部隊は、南方に再配置されることになりました。これにより、これまで米軍の基地被害に苦しんできた同地域の人々は、ようやく米軍による被害から解放されることになるでしょう。しかし、喜んでばかりいられません。次に米軍が配置される地区に住む人々にとっては、青天の霹靂（へきれき）ともいえる事態です。今回の再編が、米軍の基地被害のたらい回しとならないよう、注意しなければなりません。

平沢移転反対（撮影李修京）

過程表

```
1950年  朝鮮戦争勃発
1951年  日本の独立回復・日米安全保障条約（旧安保）の締結
1953年  朝鮮戦争休戦・米韓相互安全保障条約の締結
1960年  日米安保条約の改定（新安保の成立）
1965年  日韓国交回復
1972年  沖縄の日本復帰
1994年  米朝核開発危機
1995年  沖縄少女暴行事件・台湾海峡ミサイル危機
1996年  日米安保再定義
2000年  梅香里反基地闘争の展開
2002年  女子中学生轢死事件（京畿道楊州郡）と「ろうそくデモ」の展開
2003年  韓国軍のイラク派兵・自衛隊のイラク派遣
2004年  米軍再編の本格化・普天間で米軍ヘリの墜落事故
```

考えてみよう

　日本政府も韓国政府も、米軍の駐留がなければ国の安全は守れないといいます。米軍による反撃を恐れることで、他国は日本、韓国に対する武力攻撃を思いとどまるだろうし、万一戦争になった時でも、世界最大の軍事力を誇る米国が救援にくるので安心だ、というのがその理由です。ただし、米軍の駐留があるからこそ、平和と安定が保たれているという見方については賛否両論さまざまな考え方があり、明確な「答え」はなかなか出てきそうにもありません。

　しかし、早急に答えを出さなければならない問題があります。それは、基地被害に苦しむ特定の地域の人々の安全についてです。たとえ、日米安保条約、米韓相互防衛条約のおかげで、それぞれの国の平和と安全が守られているとしても、その陰で、沖縄や京畿道北部など、多くの基地を抱える地域で暮らす人々の日々の安全や平和が損なわれている現状を、私たちはどのように考えるべきなのでしょうか。

　例えば、本土に住む日本人の多くは、沖縄の基地負担を軽減するべきだといいます。ただ、そのために沖縄にある基地が自分の町に移転するとなれば、猛烈に反対します。日米安保は必要だけれど基地が自分の町に来ることは反対だ、という態度はあまりにも無責任に過ぎます。

　国の安全を守るために、一部の人々の安全を犠牲にしている現状についてみなさんはどう思いますか。そして、これをどう改善すればよいと思いますか。みんなで話し合ってみましょう。

【参考文献】

村田晃嗣（1998）『大統領の挫折：カーター政権の在韓米軍撤退政策』有斐閣。

日本弁護士連合会（1998）『日本の安全保障と基地問題－平和のうちに安全に生きる権利』明石書店。

豊下楢彦編（1999）『安保条約の論理－その生成と展開』柏書房。

梅林宏道（2002）『在日米軍』岩波書店。

藤本博・島川雅史編著（2003）『アメリカの戦争と在日米軍－日米安保体制の歴史』社会評論社。

江畑謙介（2005）『米軍再編』ビジネス社。

（担当：松村博行）

19　韓国において日本語教育に貢献している団体

　ソウル日本語教育研究会（1991年設立）は、主に韓国の高校で第2外国語として日本語を教えている教師が中心となって活動している団体です。韓国での日本語教育に関する研究及び普及、また日韓交流のための活動を積極的に行っていますが、現在では広く他のアジアの国々との国際交流も進めています。韓国の中等教育（中学校・高校）における日本語教育の発展に多大な貢献をしています。

(1) 韓国における日本語教育事情

　韓国では戦後日本の植民地支配から解放され日本語を追放しようという動きがしばらく続きました。しかし、韓国の経済発展のためには日本から経済技術について学ぶ必要があるという考えから、外国語としての日本語教育が行われるようになりました。1961年に韓国外国語大学に日本語学科が設置され、1973年には高校の第2外国語科目に日本語が導入されました。このように戦後韓国での日本語教育は、反日感情を抱きながらも自国の成長のため経済的な理由によって開始されました。

　国際交流基金の2003年の調査によると、韓国では約89.4万人が日本語を学習しており、この数は世界一です。韓国の日本語教育機関は、大学や大学院・高校・中学校等の学校教育機関の他に民間の日本語学校等が挙げられますが、学習者の中で一番多いのが、第2外国語として日本語を学ぶ高校生です。韓国では国際化のため外国語教育に力をいれており、高校では必修科目として英語の他にもう1つ第2外国語を選択して勉強することになっています。第2外国語科目（フランス語、ドイツ語、スペイン語、ロシア語、アラビア語、日本語、中国語）の中でも日本語は非常に人気があり多くの人が選択しています。2001年からは中学校でも選択科目として第2外国語が教えられるようになり、中学校での日本語学習者も増加しました。

高校での日本語の授業様子

　このような背景には、日本語と韓国語の文法構造が似ているので勉強しやすいこともありますが、日本のアニメ・音楽・マンガ・コンピューターゲーム等の大衆文化の人気により日本語学習に関心を持つ人が増えたということがあります。韓国では反日政策により日本の大衆文化の流入が禁止されていましたが、1998年からの「日本大衆文化開放政策」によって段階的に解禁され、日本の映画が映画館で上映されたり、日本の歌手によるコンサートが行われたりするようになりました。また2002年のサッカーワールドカップ日韓共催等により日韓

交流が盛んになり、若い人達の間で日本語学習ブームが起こりました。

(2) ソウル日本語教育研究会の日本語教育普及活動

①日本語教育研究及び教師研修

　最近の若い人達の間での日本語学習者急増の背景には、高校で日本語を教えている教師達の長年の日本語教育にかける情熱と努力がありました。1991年に設立されたソウル日本語教育研究会の教師達は、生徒に興味を持って日本語を勉強してもらうために授業研究や教材研究を活発に行ってきました。生徒に中には第2外国語が必修科目なので卒業単位を得るためにやむを得ず日本語を勉強するという学習動機の低い人もいます。また、韓国では日本以上に大学入学試験が厳しく、日本語が「修学能力試験」（日本の大学入試センター試験）の科目に入っているかどうかで学生の学習動機も変わります。

　ソウル日本語教師研究会では、毎年教師を対象に研修会を企画し、夏休みや冬休みに実施してきました。教師達は楽しい授業にするために教材を作成したり、生徒達に実際の日本に

研究会主催の夏季教師研修：コンピューターを使った日本語授業について

冬季教師研修：授業で使う教材について発表

ついて知ってもらうために情報収集したり、教師自身の日本語能力の向上のために勉強したりして様々な努力を積み重ねてきました。このようにソウル日本語教師研究会は日本側の関係機関（国際交流基金や日本大使館等）と協力しながら韓国での日本語普及のために活動してきました。そして2003年には各地域の中等教育の日本語教育研究会の連合体である「韓国日本語教育研究会」が設立され、毎年夏休みに「授業発表大会」を中心とした全国規模の研修会が行われています。

　中等教育での日本語教育は、生徒達がその後大学に入ってから、または社会人になってから日本語の勉強を続けるきっかけを作るという意味で非常に重要な役目を果たしています。一人でも多くの韓国の若い人達に日本について知ってもらい、関心を持って日本語を学んでもらうことが日韓交流の発展のために必要なのです。

②日韓交流のための活動

　日本語教育研究の他にソウル日本語教育研究会では、韓国と日本の両国間の高校の教師、そして生徒との交流活動も行ってきました。

日本の姉妹校との交流では、お互いの学校を訪問し合ったり、ホームステイをして文化体験をしたり、キャンプをしたりするプログラムを実施しています。このような交流プログラムでは、日本語や韓国語や英語が飛び交いますが、日韓の学生や教師が実際に会って、話をして、共に行動をして、お互いを理解し合っています。

　日韓両国間には過去の歴史認識や領土問題など様々な問題がありますが、このような若い人達の心の交流が今後の日韓関係において非常に重要になってきます。その意味でソウル日本語教育研究会の教育・研究及び交流活動は単に「日本語を教える」ということを越えて意義深いものがあります。

研究会役員の先生方と研究会事務所
（2001年当時、筆者左から2番目）

韓国における日本語教育をめぐる主な動向

1961年	韓国外国語大学に日本語学科が設置される
1973年	高校で第2外国語として日本語が導入される
1975年	大学入試に日本語が導入される
1986年	高校での日本語学習者数が他言語(独語・仏語・スペイン語・中国語)を抜いてトップになる
1991年	ソウル日本語教育研究会が設立される
1994年	大学入学試験の「修学能力試験」で第2外国語が除外される
2000年	大学入試「修学能力試験」に第2外国語が選択科目として導入される
2001年	中学校で日本語を含む第2外国語が選択科目として導入される
2003年	韓国日本語教育研究会が設立される

考えてみよう

(1) 韓国では多くの中学生や高校生が英語以外に第2外国語としてもう一つ外国語(日本語やドイツ語等)を勉強しています。これについてどう思いますか。もしあなたが中学生や高校生のときに第2外国語を学ぶとしたら、どんな言葉を学びますか。

(2) 最近日本では修学旅行で韓国や中国など外国に行き、現地の学校を訪問し学生と交流するケースが増えています。韓国の学生とどのような交流をしたいと思いますか。また、そのときのコミュニケーションはどのようにしますか。交流するためにどのような準備をしていったらいいと思いますか。

本資料の活用例

* 中学校・高校での国際理解のための授業
  韓国で日本語を学ぶ中学生・高校生との交流について考える。
* 中学校・高校での外国語教育の授業
  英語やその他の外国語の授業で外国語を学ぶ意義について考える。
* 小学校・中学校・高校で国際理解及び外国語の授業を担当する教師
  教師対象の教師研修について考える。

【参考文献】

門脇薫(2003)「韓国の高校における日本語教育の現状と課題」『山口大学留学生センター紀要』創刊号　山口大学留学生センター

国際交流基金(2005)『海外の日本語教育の現状　海外日本語教育機関調査2003年』凡人社

ソウル日本語教育研究会(2005)『日本語教育研究会』第14号　ソウル日本語教育研究会

朴且煥(2003)「韓国における日本語教師現職者研修の概況」『海外における日本語教育活動の概況』日本語教育学会

森田芳夫(1991)「戦後韓国の日本語教育」『講座日本語と日本語教育　第15巻日本語教育の歴史』明治書院

http://www.sejata.or.kr 「ソウル日本語教育研究会」

http://www.kojata.or.kr 「韓国日本語教育研究会」

http://www.jpf.go.jp/j/japan_j/oversea 「国際交流基金　日本語教育機関調査」

http://www.jpf.go.jp/j/urawa/world/kunibetsu 「国際交流基金　世界の日本語教育国別情報」

(担当:門脇薫)

20 「在日」初の弁護士・金敬得のJ＆Kに秘めた日韓友好への願い

　日本で生まれてきた在日韓国・朝鮮の人が日本社会で受けた様々な差別を一つずつ取り除き、共に生きる国際化社会に見合った日本を法的視点から追究してきた在日初の弁護士・金敬得（キムキョンドク）（1949～2005）。
　指紋押捺や地方参政権問題、サハリン在住朝鮮人の帰還問題、在日差別問題などの解決のために全力で努めてきた彼の願いはひたすら日本と韓国の友好と在日外国人の地位向上。そのために、多くの日本人や在日、韓国の友らの支援に支えられ、日本と韓国を繋ぎたい一心で活動しました。

(1) 在日韓国・朝鮮人のアイデンティティに

　金敬得は1949年、6人兄弟の次男として和歌山市で生まれました。父親は植民地下の慶尚北道軍威（キョンサンブクトクンウィ）の農家の3男として生まれ、日本には下水道にも米が流れる豊かさだと聞いて1927年、18歳の時に単身で日本に渡り、大阪天満のメッキ工場で丁稚（でっち）として働きました。その後、メッキ職人となって大阪などを転々しますが、知人を頼って住み始めたのが和歌山でした。金敬得が生まれ育った周辺は良い環境ではなかったため、幼い金敬得の心には在日の惨めさと劣等感が芽生えます。当時、周りの「在日」は経済的に余裕がなく、昼間から酒を飲んで夫婦喧嘩などで騒ぐといった印象が少年の心を苦しめ、その環境からの逃避に「金沢」という通名で日本人になろうと努力します。しかし、日本の学校では金敬得に韓国や朝鮮のことを何時間も罵倒する心ない教師や周辺によってさらに傷が深まります。徹底した日本人になろうともがけばもがくほど、日本人の視線を盗み見る萎縮の気持ちが強くなり、一方では、在日としての自分への執着も深まり、社会からの在日への目線と自分との狭間で揺らぐ葛藤の日々を過ごします。
　早稲田大学法学部に入学し、自分のアイデンティティ探しに孤独な4年間を過ごした金敬得は、一つの結論に至ります。即ち、一人の人間として生まれ、社会で常に他人を意識し、人との違いが緊張と不安につながる日常生活の中で偽りの自分を装い続けることとは、その社会に潜んでいる「差別意識」に根本的な原因があり、何よりも自分の現実を隠そうとする不自然さや劣等感、卑屈な自分の姿勢に問題があるのだと悟るようになります。
　1972年、大学卒業を機に金敬得は本名を使用しますが、就職差別の現実にぶつかります。しかし、自分が生まれた日本社会の民主化・国際化のためにもこれらの差別をなくすことが自分がやるべきことだと考えて、法学部出身を生かして司法試験に挑みます。実家の和歌山で半年ほど土木作業員をしながら備蓄した金で司法試験の準備をします。最初から日本人ではないため司法研修も無理だとはわかっていても、そのような無理だと思うことが差別を生み出す意識であると考えます。そして、きっとこの社会のためであればわかってくれると確信し、金敬得の「自分探し」への闘いが始まります。1976年10月9日、司法試験に合格しますが、韓国籍である限り司法修習生になれないという最高裁の通達を受けます。その時、自

分が「金沢敬得」という名前で日本人を装ってきたその努力が偽りの自分であったことや、もっとも自分が自然体で生きることが差別をなくすことだと認識し、差別と闘うことを決心し、請願書を入れます。一部を要約すると、「在日の自分が日本人として帰化したらどうやって在日同胞の信頼を得たり、在日の子どもに胸を張って生きろと言えるか、日本社会の朝鮮人差別がなくならない限り、自分の帰化は所詮は暗い影がつきまとう。日本の朝鮮人差別の解消が、日本の民主化、祖国の統一、アジアの連帯、世界の平和につながるものだと信じており、大韓民国籍を有したままで、司法修習生に採用してほしい」と訴えます。新聞の読者投稿欄には、自分がそれまで'韓国的なもの'を拒否し、道で母に会っても知らない振りをしなければならなかった過去のそんな生き方はしないと宣言します。アルバイトで早稲田大学の庭掃除をしつつも、司法当局への地道な訴えを続ける中、多くの法曹家が彼を支援することになり、司法部はついに国籍条件を緩和します。そして、1979年、ついに在日韓国人初の弁護士が誕生します。その弁護士へのいばらの道により、現在では40人余の在日コリアンの弁護士が法曹界で活躍しています。

(2) J（日本）＆ K（韓国）法律事務所と日韓友好への希望

　1979年に開業すると、金敬得弁護士の仕事は山積そのものでした。在日コリアンへの偏見と差別を身を以て体験してきただけに、そのような差別をなくして、みんなが自然体で暮らせる国際化社会をめざすべく、身を粉にして働きます。多忙の中でも金敬得は、自称'自己奪還'の第二歩として（第一歩が弁護士資格取得）韓国の政治・経済・文化などの社会事情を通して朝鮮人（韓国人）としての内実を作り上げることや韓国法を知ることを目的に、1981年から1985年までソウルに留学します。1969年に一度、韓国民団の推薦で韓国を訪れていますが、その時は朝鮮人としての劣等感に煩悩する時であったため、祖国に対する意識はほとんどありませんでした。しかし、在日初の弁護士として韓国と在日同胞を紡ぐために、韓国の延世大学の周辺で下宿しながら韓国語学堂で韓国語習得に努めつつ、韓国内の旅行や韓国法曹との交流も積極的に行います。その間、日本では在日韓国人弁護士を認めたものの、韓国では韓国人のみの司法修習制であることに国際化社会への対応が必要だということ、韓国における在日橋胞の疎外、父系血統、男性優位主義や同姓同本禁婚制度の社会背景についても知ります。ちなみに、日本では1985年に日本国籍法の父母両系主義が実現するようになりました。それは、1965年の日韓法的地位協定の際、在日の法的地位や人権問題を配慮した内容は確立されなかったため、在日コリアン二世以降は国際人権条約や難民条約の批准など、日本の国際化を触発する努力による実現でもありました。

　韓国で愛を育んだ金敬得は1983年1月、孫永蘭（ソンヨンラン）と結婚し、家庭と社会について改めて考えるようになります。そして、1985年4月4日、韓国での様々な経験を胸に、在日としての自分探しの旅から東京の事務室に戻った金敬得は、日本の将来と在日の地位向上、人権問題の擁護こそ自分の役割であり、大事な家族を守ることだと再認識し、寝る間も惜しんで精力的に活動します。

　国民年金訴訟や指紋押捺（おうなつ）拒否裁判（1999年、在日外国人の指紋押捺全廃決定）、元日本軍慰安婦の戦後補償裁判、サハリン残留朝鮮人帰還問題、教員採用や東京都管理職試験受験資格確認訴訟などの公務員の国籍差別訴訟、日本における人権擁護と差別是正に尽力します。そ

の合間に、新潟大学法学部・一橋大学法学部・社会学部の講師などを歴任しつつ、在日の法的地位に関する現状と差別問題や日本という国際的社会の在り方と在日との共生について講義するなど、寸暇を惜しんで活動します。

「我々」という意味の「ウリ法律事務所」を設立後、日本と韓国を繋ぐ架け橋になりたい趣旨で、「J（Japan）＆K（Korea）法律事務所」と改めます。そして、定住外国人の地方参政権を実現させるための日本・韓国・在日ネットワークにも取り組むなど、目まぐるしく変化する日韓社会の現状に対応すべく、金敬得も激務に走ります。情報・通信技術の発達と人類の移動が激しくなっている現代社会における様々な課題は多く、その対応に追われて自分の健康に顧みる暇さえありませんでした。そのため、胃ガンに襲われた金敬得は闘病生活とともに仕事を怯むこともなく活発に働きましたが、結果的に急ぐ死となってしまいました。

「二一世紀を生きる若者の時代には、世界のどんな国においても、国籍や民族による差別なく、各人の能力を発揮できる社会が実現することを夢見たいが、在日コリアンにはその夢を現実のものとする牽引者的役割を期待したい。」（金敬得『新版在日コリアンのアイデンティティと法的地位』（明石書店、2005年）、111～112頁。

弁護士・金敬得の生涯は、日本社会の国際化を妨げるさまざまな差別運動との闘いであり、日本と韓国、そして在日コリアンの和合と連帯を紡いだ人生でした。その26年間の人権弁護士としての活動は、日韓社会が歩むべき国際化への指南として生き続けるでしょう。

考えてみよう

　日本の最高裁は在日韓国人でも有能で社会のためになると考え、司法修習生を許可しましたが、韓国の最高裁は韓国の国籍しか許可しません。一方、日本では主権問題を理由に、日本で生まれ育ったとしても、永住権を有しても参政権を与えておりませんが、韓国は2005年6月に19歳で永住権を持つ者には地方参政権を与え、国際化・少子化に対応しつつあります。日本も韓国も民主化・国際化を進めながら、経済・IT先進国であると主張しています。しかし、真の民主化・国際化社会になるためには課題が少なくありません。みなさんは日頃、まだまだ国際化社会にはこの点が足りないといったことがありますか。あるとすれば、その問題の解決のためにどうしたらいいでしょうか。考えてみましょう。

【参考文献・資料】

金敬得『新版　在日コリアンのアイデンティティと法的地位』明石書店、2005年。

若宮啓文「在日韓国人の弁護士1号　金敬得さん『同胞』の苦悩と向き合う」『朝日新聞』2006年2月13日、夕刊、5頁。

孫永蘭夫人からの写真および内容の一部提供を受けた。

『朝鮮日報』日本版インターネットサイト

http://japanese.chosun.com/site/data/html_dir/2006/01/03/20060103000000.html

『中央日報』日本版インターネットサイト

http://japanese.joins.com/article/article.php?aid=71268&servcode=400&sectcode=420&p_no=&comment_gr=article_71268&pn=11

http://www.han.org/a/half-moon/hm117.html#No.871

（担当：李修京）

金敬得　（孫永蘭夫人提供）

21 サッカーを通して北東アジアの友好的交流に努める安英学

　2002年ワールドカップ共催以来、日本ではサッカーに対する関心が一層高まっています。特に、アジアでは韓国と日本、北朝鮮、中国などの国家別の試合だけではなく、東アジアにおけるクラブ別のサッカー大会も開かれ、国境を越えたサッカーの親善交流が活発になっています。しかし、これらのアジアサッカーの活性化の中でも政治的立場によって、北朝鮮とのサッカー交流は未だ自由にできる状況ではありません。過去の実績からしても十分な力量を持っている北朝鮮のサッカーですが、対外的な活動が少ないため、東アジアのサッカー交流など、積極的に国際社会でのスポーツ交流に加わることができないのが現状です。しかし、アジアサッカー界をより刺激し合い、さらなる発展の契機を作ることが、アジアサッカーが世界的に評価されることに繋がることになります。そのためにも政治を離れた純粋なスポーツ精神にもとづいた国際交流が望ましいものです。そのような状況を認識しつつ、アジアサッカー界の発展のために、常に自分にできることに最善を尽くし、自分の役割を追求し続けている在日コリアンの安英学(アンヨンハッ)選手を考えてみます。自分のアイデンティティ探しに苦悩しつつ、簡単とは決していえない北朝鮮と韓国・日本サッカー界の交流と友好のために尽力している安選手。スポーツを通して自分のベストを尽くすことにプロとしての意義を持っており、日本と韓国のプロサッカー選手として、北朝鮮の国家代表選手として、その異色の経験を生かし、東アジアサッカー交流への架け橋となっています。

(1) 安英学の略歴

　安英学は1978年、岡山県の倉敷市で在日コリアンとして生まれました。国籍は朝鮮籍となっているため、李漢宰(リハンジェ)選手とともに北朝鮮の代表チームとして活躍しました。

　安英学の名は、大地にしっかり根を張り、美しい花や実をつける'花根'に学べという意味で祖父が名付けました。英学は東京朝鮮中・高級学校を通い、立正大学の経営学科に特別推薦者ではない、一般入試を受けて進学しました。同大学を卒業後の2002年にJ2リーグ所属であったアルビレックス新潟チームに入団し、ミッドフィルター(MF)として活躍します。そして、J2リーグ戦の通算68試合中に4得点を取って2003年にJ2リーグで優勝し、チームのJ1リーグ昇格にも貢献しました。2004年には前半期、Jリーグのベスト11に選ばれるほど評価された英学は、J1昇格後もチームの主力選手として精力的に活動しました。

　しかし、より自分を厳しく鍛える意味でJ1リーグの名古屋グランパスエイトの方に移籍します。34試合中の21試合に出場することで、ネルシーニョ韓国から'安英学の体力と精神力は日本で最高の水準である''マルチプレーヤーとしての資質まで持っている'と、大々的に評価され、チームに信頼されました。しかし、左足首の怪我もあって不本意ながらも戦列から離れて治癒する間、自分の今後の活躍の場や限られた選手生活などで苦悩した結果、韓国での活動を試みるようになります。その道のりは決して順風満帆なことではなく、国籍問

題による壁もありましたが、2006年1月19日、韓国釜山のプロサッカーチームの釜山アイパークに1年間、移籍することになります。釜山アイパークは13チームで構成されるKリーグの前期1位の実力でしたが、後期には最下位に落ち込んでおり、また、釜山を地元とするプロ野球のロッテチームの成績が低迷するなど、釜山スポーツ界に明るいニュースがない中で、英学の入団は各メディアが期待をもって詰めかけた明るいニュースとなりました。韓国に入国直後に行われた記者会見で英学は、なめらかな朝鮮語・韓国語で自分の抱負を語り、その努力と好印象に韓国では既に多くのファンクラブやサポーターサイトが登場しています。

(2) 韓国のスターとして

　韓国で'北朝鮮の星'と評価される安英学が注目を浴びるようになったのは、ドイツワールドカップが開催される2006年の新年からでした。

　身長182cmの端正な顔立ちと繊細かつ精密なボール処理、洗練された試合マナー、そして、試合をリードして行くポジションであるMFとして、ドイツワールドカップのアジア地域最終予選では2得点2アシストの実績を残した安英学選手は、北朝鮮の代表選手の中でも注目を集め、平壌（ピョンヤン）では一躍のスターとなった人気の高い選手でした。その情報が彼の入団ニュースとともに流れると、北朝鮮や日本のイメージまでがより近くなる社会ムードを醸（かも）し出したりしました。

　韓国に来る前、ある記者とのインタビューで英学は、2002年ワールドカップ共催を見ながら何を考えていたかを聞かれました。すると、「友人がくれたホン・ミョンボ選手のユニホームを着て、自宅でテレビを見ながら韓国を応援した。僕が'テーハンミングッ（大韓国民）'をあまりにも大きな声で叫んだため、下の階に住んでいた子供が驚いて泣いたりもした。同じ民族が世界の強豪に勝つのが愉快で応援をし続けた。その際、'僕も必ず朝鮮を代表としてワールドカップに出なくちゃ'と覚悟した」と抱負を語る英学は、帰化をしていない朝鮮国籍の選手として韓国のKリーグで活躍する最初の朝鮮籍の選手として注目を浴びています。

(3) サッカーを通して紡ぐアジア連帯

　英学の趣味はインターネットだと自分の公式ホームページを通して明らかにしています。そのため、オンライン上では多くのサポーターによる応援と交流を持続しているだけではなく、韓国における在日コリアンや北朝鮮のサッカーに対するイメージも変わりつつあります。韓国は1997年にIMF経済危機に陥り、翌1998年に就任した当時の金大中大統領によるIT文化産業政策で今やADSL普及率が世界のトップレベルのIT先進国として評価されています。そのネット社会における象徴的事例として、指名度が低かった盧武炫（ノムヒョン）候補がインターネットのサポーターの支援によって第16代大統領として選ばれたことだと言えます。それほどネットの影響力は無視できなくなっているのが現状です。

　英学の韓国チームへの入団ニュースが流れると、英学の公式インターネット掲示板だけではなく、韓国内の有名なポータルサイトのインターネット上でも2006年から始まる彼への期待の声や、ファンクラブが次々と開設されています。これらの人気は、英学を迎え入れた釜山アイパークチームのファンだけではなく、既存の韓国の有名プレーヤーと違った経歴、礼

儀正しさ、さわやかな好青年である同胞選手、また、日本で磨かれて実績を持つ彼のサッカー内容に大きく期待する声などが要因になっています。このような動きを察知した釜山アイパークチームは、「今後は北朝鮮の実業チームなどとの親善試合など、多方面から南北サッカーの新たな歴史を開いていくつもりである」「北朝鮮が彼を代表選手として指名する場合、いつでも要請に応じる」と明言しています。

　考えれば一人のサッカー選手にすぎない英学にあまりにも大きな期待を背負わせる発言かも知れません。しかし、1953年の朝鮮戦争休戦以来、南北が対峙する分断国家の傷を持っている韓国にとっては、このまま互いが銃口を向かい合う事自体が時代にそぐわないことだと痛感しているだけに、小さな糸口でも大事にしようとする動きが韓国側にはあります。そのため、日本で在日として差別や偏見の中で民族学校を卒業し、自分の実力で入試に臨み、一般入試で大学に進学し、日本のJリーグでも好成績を残している英学選手に対する韓国世論の期待は大きいです。そして、英学の誠実に努力する姿勢や活躍ぶりによって、南北関係の交流にもつながる大きなエネルギーとして影響をおよぼすことができます。

　韓国の政府もまた、2008年の北京オリンピックには単一チームの'One Korea'を参加させようとする内容を北朝鮮側と合意しています。また、国際体育機構（IOC・OCA）が積極的に支援することを明らかにし、開催国である中国も仲裁者を自任するなど、今後の北朝鮮をめぐるスポーツ交流が活発になる見込みがあります。このような期待の中で単身、韓国チームに飛び込んだ英学を、故郷の日本だけではなく、韓国と北朝鮮のサッカー界を超えて、今後、北東アジアの平和を紡ぐ架け橋としてみんなが見守ろうとしています。その重荷を感じるからこそ、英学もさらなる活躍と自己啓発に邁進することでしょう。

考えてみよう

　安英学選手のように、スポーツを通して他の国や民族と友好に貢献する選手について考えてみましょう。例えば、1936年8月1日、ヒットラーのドイツ民族の威信をかけて開かれたベルリン・オリンピックのサッカー試合で認知度がなかった日本チームの初戦の相手は優勝候補であったスウェーデンでした。日本の取材記者さえも強豪スウェーデンとの結果を諦めて参加しなかったあの試合を日本チームは強い精神力と結束力で3-2のスコアーで勝利へと導かせました。いわゆるベルリンの奇跡を起こしたわけですが、その中でも金容植（キムヨンシク）選手の決して怯まない、際だった闘志力はスウェーデンだけではなく、日本や韓国のサッカー史に刻まれています。

　日本の植民地支配下にあった朝鮮は当時、サッカーでは日本より強かったのですが、日本チームに朝鮮の選手を多く起用することは体面上できず、金容植（キムヨンシク）と金永根（キムヨンクン）の二人だけを代表に入れました。その決定には日本の思惑や様々な事情があったものの、二人は必死で闘い、よい成績を出せば民族を示すことにもなると決意して参加し、誰もが負けると思った日本チームを勝利へと導かせました。彼らの貢献はその後、'ベルリンの奇跡'と呼ばれ、当時参加した日本人選手達や周りから高く評価され、日本の国際大会のサッカーにおいては忘れることができない存在になっています。その歴史に触発されたのも一因となり、2002年の日韓共催のワールドカップ大会へと繋がったといっても過言ではありません。

　地球上に存在する多数の民族にはそれぞれの優秀性が存在します。しかし、今日の国際社

会は一つの民族性だけを主張するだけでは存在しにくくなっています。他文化を理解し、多文化を受容しつつ、より平和的で相互協調する共同体意識を高めなければ一つの地球に限られた資源を享有して共生することはできません。金容植らは不幸な歴史を背負いましたが、自分らの能力を国際社会で存分に披露し、日本はもちろん、世界へ自分らの存在を知らしめました。その彼らがもっとも強く思うことは、日韓相互が歩み寄って共生を模索し、未来志向で共に不幸な過去を乗り越えて新たな歴史を紡ぐことだと思います。

金容植や金永根、また、同じベルリン・オリンピックのマラソンで日本を優勝に導かせた孫基禎(ソンキジョン)らの活躍を思い起こす際、彼らは日韓両社会が手を取り合って世界平和への寄与と未来への在り方の指南として存在することも忘れないでほしいです。そして、その平和的シンボルとしての安英学の国境を越えた友好的活躍が期待されます。

このような人物には期待以上に孤独と文化の違いなどの壁も多かったはずです。それらを乗り越えて社会の架け橋になった人々について考えてみましょう。

【参考文献・資料】

安英学日本語公式サイト http://www.yeonghag.info/j/
安英学韓国語公式サイト http://www.yeonghag.info/k/diary/nicky.html
http://nk.chosun.com/news/news.html?ACT=detail&cat_id=5&res_id=75118&page=1
http://japanese.chosun.com/site/data/html_dir/2005/02/02/20050202000073.html
http://headlines.yahoo.co.jp/hl?a=20060119-00000104-mai-spo
http://www.asahi.com/sports/fb/KYD200601240011.html
http://www.sanspo.com/soccer/top/st200501/st2005011803.html http://terms.naver.com/item.php?d1id=7&docid=412
http://news.naver.com/news/read.php?mode=LSD&office_id=081&article_id=0000074888&section_id=107&menu_id=107
http://www.magnussoccer.com/board/read.cgi?board=news&y_number=5497

(担当:李昌燁)

安英学 (釜山 I'PARK 提供)

韓国との未来を築くために

1 韓国最初の近代新聞『漢城旬報』創刊と井上角五郎

　備後の国深津郡野上村（現、広島県福山市）で生まれた井上角五朗（1860～1938）は、韓国政府の要請で師匠の福沢諭吉の推薦を受けて韓国に渡り、韓国最初の近代新聞『漢城旬報』の創刊に貢献した人物です。韓国近代史は実に紆余曲折の波瀾万丈な歴史だと言えますが、その混沌とした動きの中で生まれた近代新聞の胎動は当時の言論の土台を築きはじめます。

(1) 近代新聞の誕生と当時の時代的背景

　韓国最初の近代新聞は1883年10月31日に旬刊紙（月3回発行）として生まれた『漢城旬報』でした。ちなみに、日本初の日刊新聞は1871年1月に外国人が多く住んでいた横浜で発行された一枚刷りの『横浜毎日新聞』です。今は当り前のように各様各色の新聞が様々な論調で発行されていますが、当時としては時代の状況や時事問題、生活情報などを享有できる新聞の発行は画期的な出来事でした。では、韓国で初の新聞となった『漢城旬報』の創刊の時代的背景と刊行過程について概括してみましょう。

　1875年9月、欧米列強に先立って韓国を手に入れようとした日本は、軍艦雲揚を派遣して、無警告で江華島砲台などに武力攻撃を加え、翌年の1月には陸軍中将の黒田清隆を全権弁理大臣とし、軍艦6隻と陸軍300名を派遣します。そして、韓国に対し、賠償と修交条約を強要するようになります。それは1858年に日本がアメリカから「砲艦外交」によって強いられた不平等条約と同様のものでした。江華島事件を口実として1876年に丙子修好条約（日朝修好条規）を締結した日本は、朝鮮の門戸を開放することに成功します。

　最初で釜山（1876年2月）が開港され、同年8月には「修好条規ニ付属スル往復文書」と「修好条規付録」を結びます。そして、1880年に日本の公使館が漢城（現在のソウル）に設けられ、各港湾には日本から移住してきた日本人居住者が急増し始めます。釜山に次いで元山（現在の北朝鮮の港町）が開港されたのは1880年5月のことでした。

　また、1883年1月には第3の開港地として仁川が開港されました。これを契機にして1882年にはロシアと日本勢力を牽制して、韓国に対する宗主権の国際的承認を受ける機会を狙った清国の斡旋で朝米修好通商条約が締結されました。その後、多くの日本人商人が韓国に移動して来るようになります。

　当時、韓国における日本人居留民の人口記録をみると、1894年の日清戦争前の統計では、ソウル823名、元山794名、釜山4,644名、仁川2,564名の合計8,825名で、1886年の4.8倍の約1万人近くまで増えています。日本の居留民が増え続けると、相互情報交換及び権益擁護のために新聞発刊の必要性が求められるようになります。そこで、1881年12月10日、韓国では初めて釜山在中の日本人居留民のための新聞として『朝鮮新報』が発行されます。これは「在釜山港商法会議所」の大石徳夫の手によって月3回発刊されたものでした。そのため、日本では『朝鮮新報』が最初の新聞だと主張する研究者もいますが、韓国で最初に発刊

された情報紙だということだけで韓国最初の近代新聞として規定するのはいささか無理があります。なぜなら、『朝鮮新報』は日本人の商人同士で情報交換及び権益擁護をはかる目的で、一部の日本人向けの日本語情報紙だといった性質があるからです。

(2) 『漢城旬報』創刊における井上角五郎の役割

　1882年7月、漢城でアジア最初の反日暴動である壬午軍乱（イモグンラン）が起こりました。これは開化政策と外国勢力の侵略に対する反発であり、儒生層だけではなく旧式軍人らが起こした抵抗でもありました。同事件は、閔氏政権が新式軍隊であった「別騎軍」を優遇し旧式軍隊を差別したことに対する不満によって生じた軍乱でもありました。それは日本が軍事教官を派遣して朝鮮の新式軍隊を訓練していた事実に起因する兵士の反日的反乱事件で、日本公使館などが襲撃され、堀本礼造ら13人が殺害されました。この事件の解決策として8月に「済物浦条約」（チェムルポじょうやく）を締結した韓国政府は、日本に修信使（スゥシンサ）を派遣することになります。その一団として正使の朴泳孝（パクヨンヒョ）、副使の金晩植（キムマンシク）、徐光範（ソグァンボム）、閔泳翊（ミンヨンイク）、金玉均（キムオッキュン）等が随行しました。1882年12月、朴泳孝の帰国に際し、韓国政府の教育・軍事顧問として福沢諭吉の推薦を得て慶應義塾出身の弟子であった牛場卓蔵（うしだたくぞう）、井上角五郎（いのうえかくごろう）、高橋正信（たかはしまさのぶ）、松尾三代太郎、原田一（はらだはじめ）、真田謙蔵（さなだけんぞう）、三輪廣蔵（みわこうぞう）、本多清太郎（ほんだせいたろう）が漢城に派遣されるようになります。その時、井上角五郎は顧問として招請されたというよりも、韓国見学の名目で同行するようになります。朴泳孝一行は印刷機と活字を購入・配送後、日本人顧問等と共に帰国しましたが、金玉均と徐光範等は日本を視察することと次官の交渉のために日本に残ることになります。

　一方、日本から帰ってきた朴泳孝は漢城判尹（パユン）（現在のソウル市長）に任命され、日本留学から戻った兪吉濬は主事として漢城府で新聞発刊の準備に着手するようになります。しかし、朴泳孝は周囲の嫉（ねた）みなどによって漢城判尹の座から左遷され、広州（クァンジュ）留守に任命されると、新聞発刊の実務を担っていた兪吉濬（ユキルチュン）も新聞発刊作業を中止してしまいます。これによって、日本人顧問である牛場卓造、高橋正信、松尾三代太郎、原田一は間もなくなすところなく日本に帰国してしまいますが、井上角五郎だけはそのまま残ります。

　一連の動きの中で、井上角五郎は朝鮮政府に雇われるようになります。そして、新聞発刊業務は漢城府から統理衙門（トンニアムン）へと移管され、同文学の傘下機関として博文局が設置され、井上角五郎は新聞の実務製作を担当し、1883年10月31日（創刊一号には'朝鮮開国四百九十二年癸未十月初一日'と記されています）に最初の近代新聞『漢城旬報』が創刊されるようになりました。

　『漢城旬報』は官報形式ではありましたが、開化と啓蒙に発刊目的をおき、民衆に世界情勢を知らせるとともに、先進国の政治・経済及び文化制度を紹介して科学知識の普及に努め、近代的な言論媒体の生成契機となった点では重要な意味があります。

　一方、1884年12月4日に日本に支援された開化派の金玉均、朴泳孝らが起こした甲申政変（カプシンせいへん）を竹添進一（たけぞえしんいち）公使や井上角五郎が組織した日本人壮士団らも応援していたのでそれが失敗に終り、博文局は甲申政変によって消失され、『漢城旬報』の発行も中断されます。なお、日本に亡命した金玉均、朴泳孝らは福沢諭吉のもとで数ヵ月、三田の福沢邸に隠れていました。

(3)『漢城周報』の復刊とハングル使用

　甲申政変の直後、通理交渉通商事務衙門督辦として金允植が昇進し、新聞社を廣印社に移して復刊準備をしました。その時、以前からハングルに興味を持っていた福沢諭吉は井上角五郎に手紙を送り、ハングル使用の新聞作りを勧誘し、井上は督辦の金允植にその旨を伝えます。また、1883年末、『漢城旬報』発刊に関与していた姜瑋が井上にハングルを教えていたことと、当時の開化派の人々が国漢文混用体を使用していたことが影響したのもあります。これらの経緯で督辦の金允植はハングル使用の件を高宗に上奏し、高宗は今後の新聞紙に（ハングル）使用を内命しました。そのため、1885年6月に井上が印刷機とハングル活字の購入のために日本に帰国した際、既に福沢が築地の活字工場からハングル活字を購入して持っていたため、それを購入した井上は再び韓国へ戻りました。

　井上は韓国へ戻って新聞社の翻訳人として雇用されました。そして、博文局を再建し、復刊作業の14ヶ月ぶりの1886年1月25日に『漢城周報』（1886年1月25日〜1888年7月14日）第1号を発行しました。

　毎号の面数も20頁内外で、冊子型に近く、記事は漢文中心でしたが、まったく見られなかった朝鮮語と漢文の混用を使ったり、時には純ハングル使用の記事を載せるようになりました。創刊号の紙面は週報序、私議、内国記事、外報、本局公告の五つの欄で構成され、第3号からは集録が追加されました。

　しかし、『漢城旬報』同様に購読料に依存していたため、購読料の未納が多くなり、財政的に困難となった博文局は赤字運営が続きます。そのため、1888年7月14日に博文局は廃止を余儀なくされました。また、新聞も廃刊に追い込まれる結果となりました。

　以上見てきたように、韓国における新聞発刊には福沢諭吉の対朝鮮への政治的思惑も見え隠れします。その中で、彼の弟子であった井上角五朗が韓国政府に雇用され、その協力を受けて韓国で近代新聞が誕生するに至りました。なお、井上は復刊の『漢城週報』ハングル活字の使用に尽力した一人として、韓国の言論史を語る際、その貢献は評価されています。

考えてみよう

　我々が住むこの社会におけるメディアの役割が如何に重要か、また、その影響力は如何に大きいかを近い事例から考えてみましょう。

【参考文献・資料】

井上角五郎先生傳記編纂會『井上角五郎先生傳』、1943年。

井上角五郎君功労表彰會『井上角五郎君略傳』、1919年。

井上園子『井上角五郎は諭吉の弟子にて候』文芸社、2005年。

韋庵張志淵先生記念事業会『韓国近代言論の再照明』ソウル、コミュニケーション・ブックス、2002年。

春原昭彦『日本新聞通史』新泉社、2003年。

小泉信三『福沢諭吉』岩波新書、2004年。

桜井義之『明治と朝鮮』龍渓書舎、1995年。

高崎宗司『植民地朝鮮の日本人』岩波新書、2003年。
鄭晋錫『韓国現代言論史論』ソウル、田芸園、1987年。
朴仁植『日帝の朝鮮統治と言論』、ソウル、弘益企画、2004年。
『朝鮮新報』1881年12月10日創刊号。
『漢城旬報』1883年10月31日付創刊号。

(担当：朴仁植)

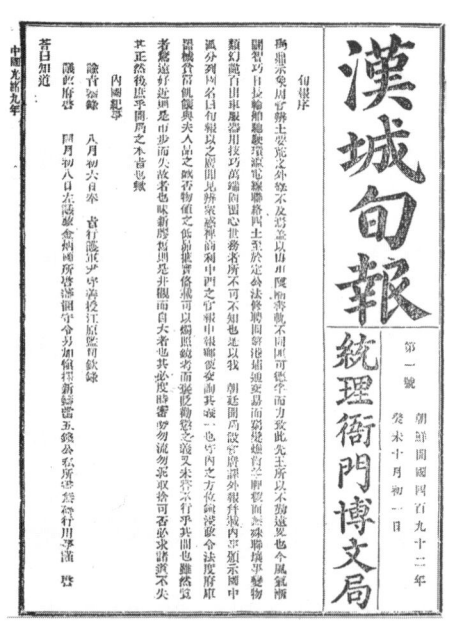

◀『漢城旬報』創刊号

井上と『漢城周報』の写真（『併合記念朝鮮写真帖』（明治43年発行）より）

2 他国への侵略政策に反対した内村鑑三

内村鑑三（1861～1930）は、さまざまな分野に影響力のあった思想家であり、「非戦」を貫く立場から朝鮮に対する日本の植民地政策を批判し、また、自身の信仰である無教会主義を朝鮮の人々にも広げました。

（1）日清戦争から日露戦争までの葛藤

内村は幕末の江戸で高崎藩武士の子として生まれ、東京外国語学校などで英語を学んだ後、新渡戸稲造などとともに札幌農学校に入学しました。そして、「少年よ大志を抱け」で有名なクラークが起草した「イエスを信ずる者の誓約」に署名し、同級生とともに洗礼を受けています。札幌農学校を卒業した後は北海道開拓使御用掛や農商務省農務局水産課に勤務して自然科学の研究をしながら、キリスト教信仰に励むようになります。その後仕事をやめてアメリカへと渡り、キリスト教の理解を深めていきました。

帰国した内村は第一高等中学校の教師となります。しかし1891（明治24）年、キリスト教的良心に従って、天皇・皇后御真影と教育勅語に最敬礼をせず、周囲から多くの批判を浴びて学校を辞めました（不敬事件）。その後、大阪、熊本、名古屋などに移り住みながら、ジャーナリストとして、日本語と英語の両方で執筆活動を行いました。

その頃、日清戦争が起こっています。彼が当時書いた文章"Justification of the Korean War"（「日清戦争の義」）のタイトルからもわかるように、この戦争は朝鮮をめぐる清と日本との戦争です。日清戦争は、1894（明治27）年に朝鮮南部の農民が起こした閔氏政権に対する反乱（甲午農民戦争）を発端に起こりました。農民の反乱を鎮圧するために、朝鮮政府が清国に軍の派兵を要請したことに対抗して、日本もまた軍を朝鮮に送りました。以前から朝鮮の主導権を争っていた両国は衝突し、翌年に下関条約が締結するまで戦争が続きました。

内村はこの戦争を「義戦」ととらえ、東洋の平和と進歩のためには朝鮮の独立が不可欠であるにもかかわらず、旧文明国の清が支配しているので、新文明国の日本が朝鮮を救済しなければならないという論を展開しました。しかし、戦争の結果は彼の予想と大分異なり、日本が朝鮮を実質的な支配下に置きました。そのため、内村は、あれは「義戦」として始まったが、結局は「欲戦」として終わった、と自分の考えを改めるようになりました。そして、日露戦争のときには「非戦」を唱えるようになります。「余が非戦論者となりし由来」（『聖書之研究』1904年9月）では、「非戦」の理由を4点挙げています。聖書の教え、無抵抗主義、平和主義といった信仰・思想的な理由が主ですが、過去十年間の世界の歴史動向も入っていました。というのも、内村は日清戦争が終わっても朝鮮の独立という目的が果たされずにいることを重要視していたからです。

(2) 領土なき人々への関心

　1910（明治43）年の日韓併合に対しても、内村は批判的な見方をしていました。たとえば、「領土と霊魂」（『聖書之研究』1910年9月）という文章では、朝鮮を獲得した日本の喜びも、それによって国を失ってしまった朝鮮の悲しみも、神の前では一時の感情にすぎず、もし日本が領土を拡張していつしか全世界を支配するようになっても、魂を失ってしまったらいったい何の利益があるのか、という信仰心に基づく批判をしています。当時、日韓併合に反対する意見を公にする人は多くありませんでした。そのなかで彼は日清戦争後の立場を変えることなく、朝鮮の人々の将来を案じていました。

　内村と朝鮮の人々との絆は、自身の信仰する無教会主義を広めるために創刊した雑誌『聖書之研究』と聖書研究会によって築かれました。そのなかにはYMCAの仕事で東京に来た金貞植や、留学のために日本に来た金教臣などがいました。たとえば、1920（大正9）年に来日した金教臣は、内村鑑三の『求安録』を読んで感動し、聖書研究会に参加するようになり、帰国した後には、聖書研究会に参加していたメンバーとともに、無教会主義に関する朝鮮語の雑誌『聖書朝鮮』を創刊しています。また、雑誌『聖書之研究』にも朝鮮の読者から投稿が寄せられました。1930年に内村は亡くなりますが、しばしば彼らに対する期待を述べていました。

過程表

1861（万延2）年	江戸に生まれる。
1877（明治10）年	札幌農学校に入学。
1881（明治14）年	北海道開拓使御用掛の官吏となる。
1884（明治17）年	アメリカに渡る（1888年に帰国）。
1891（明治24）年	第一高等中学校不敬事件。同校を辞職する。
1894（明治27）年	"Justification of the Korean War"（「日清戦争の義」）を発表
1900（明治33）年	『聖書之研究』創刊
1904（明治37）年	「余が非戦論者となりし由来」を発表
1906（明治39）年	金貞植と出会う。
1910（明治43）年	「領土と霊魂」を発表
1920（大正9）年	金教臣と出会う。
1930（昭和5）年	亡くなる。享年69歳。

> **考えてみよう**
>
> ①正義のためという名目で始まった戦争が結果的に他国の侵害でしかなかったことを知って、内村は「義戦」から「非戦」へと立場を変えました。では、みなさんは「義戦」や「非戦」といった考え方をどのように評価しますか。また、彼の意見の変化に反対する人はなぜ反対し、賛成する人はなぜ賛成するのか話し合ってみましょう。
>
> ②内村の周囲に集まった朝鮮の人たちは内村から何を学ぼうとしたのでしょうか。また、彼らとの出会いを通して、内村は朝鮮の国と人々についてどのように考えたでしょうか。それぞれ調べたうえで話し合ってみましょう。

内村鑑三（今井館教文会提供）

【参考文献・資料】

『内村鑑三全集』全40巻、岩波書店、2001年

小川圭治・池明観編『日韓キリスト教関係史資料』新教出版社、1984年

富坂キリスト教センター編『日韓キリスト教関係史資料Ⅱ 1923-1945』新教出版社、1995年

新堀邦司『金教臣の信仰と抵抗　韓国無教会主義者の戦いの生涯』新教出版社、2004年

「内村鑑三と朝鮮」http://uchimurakorea.hp.infoseek.co.jp/

（担当：波潟剛）

3 朝鮮民族の芸術を愛した柳宗悦

　柳宗悦（1889～1961）は、大変才能豊かな人でした。英文学者であり、民芸運動の提唱者であり、宗教思想の研究者としても活躍しました。そのような人が、朝鮮半島とかかわったことがあります。植民地支配に対して異議を申し立て、朝鮮民族の芸術に独特の美しさを認めたのです。柳宗悦の多彩な生涯の中から、その足跡をたどってみましょう。

(1) 才能ある人物

　柳宗悦は、海軍の軍人だった父柳楢悦（1832～1891）の家に生まれました。母は柔道で有名な嘉納治五郎（1860～1938）の姉でした。父は海軍の軍人でしたが、若い頃は日本独特の数学、和算の研究者としても知られていました。軍人としては日本の地図作りに活躍し、軍人をやめてからは水産業の振興に尽くした人です。宗悦は軍人の家庭に生まれたのですが、軍人への道を進まず、学者への道を歩みます。

　学習院高等部（今で言えば高校生から大学生）の時代、青年柳は志賀直哉などの作った文学のグループ「白樺派」の人たちと交流します。この交流が、柳を文学の世界へ歩ませることになります。学習院を首席で卒業した宗悦は、東京帝国大学の哲学科へ進学しました。22歳で最初の著書『科学と人生』を出し、大学を卒業した翌年の1914年には、イギリスの詩人ブレークについての研究『ヰリアム・ブレーク』を出版し、英文学者としても知られるようになります。

　柳の才能はさらに花開きます。宗教哲学と仏教の美術についての研究にも打ち込み、この研究は生涯つづけられていくことになります。仏教美術については国際的にも活躍しました。1929年から1930年まで、アメリカのハーバード大学で「大乗仏教と美術」という講義をしています。講義の最終日、柳の授業は大きな歓声で迎えられたといいます。

　柳宗悦をもっとも有名にしたのは、「民芸」というものを見つけたことでしょう。宗悦は普通の人々が作り出した、生活のための道具の中に美しさを見出し、これに「民芸」と言う言葉を与えました。このための雑誌『工芸』を創刊し、後には「日本民芸館」という博物館を作りました。この活動の中で、柳は朝鮮半島を知ることになるのです。

(2) 朝鮮民族への理解

　柳宗悦が朝鮮半島へ行ったのは、1916年、浅川伯教（1884～1964）、浅川巧（1890～1931）などの案内で訪れたのが最初でした。しかし、目的は純粋に「芸術」のことでした。宗悦がより深く朝鮮半島とかかわったのは、1919年の三・一運動がきっかけでした。この年の5月、宗悦は新聞に「朝鮮人を想ふ」を発表しました。当時の日本では、三・一運動は「暴動」だと非難されていました。しかし宗悦は「我々日本人が今朝鮮人の立場にゐると仮定してみたい。恐らく義憤好きな吾々日本人こそ最も多く暴動を企てる仲間であらう」と、朝鮮

の運動に理解を示したのです。更に翌年には、雑誌に「朝鮮の友に送る書」を書きました。この文章では「私は虐げられる人々よりも虐げる人々の方が、より死の終りに近いと思ふ。前者に対しては人間の味方が起ち上るだらうが、後者には必ず自然の刑罰が加へられる」と、きびしく日本の植民地統治を批判したのです。

　宗悦は全面的に朝鮮の独立運動を支持したわけではありませんでした。「朝鮮の友に送る書」では、暴力的な独立運動はすべきではない、と呼びかけています。別の文章では、朝鮮総督府(ふ)の役人はよい政治を行おうと努力していると書いたこともあります。宗悦を突き動かしたのは、植民地朝鮮でわがもの顔に振舞う日本人への怒りでした。このことは、1920年に発表した「彼の朝鮮行」という文章によく現れています。ソウル市内の電車で、かぶりものをした朝鮮人の老人が座っていました。そこに現れた日本人は、いきなり老人からそのかぶりものを取り上げ、「中々うまく出来てゐる帽子だらう」などと話していたのです。何もできなかった宗悦は深く恥じ入りました。このような経験が、宗悦を朝鮮人とその文化への理解へと進めました。1922年には、ソウル市内の光化門取り壊しに反対して文章を発表しています。

　独立を主張しなくても、植民地統治を批判したことは、宗悦にとって危険なことでした。一時宗悦は朝鮮総督府によって周囲を監視されました。しかし宗悦は、1920年、「朝鮮民族美術館」をつくることを提案します。「民族」という言葉を取りはずすようにという総督府の要請を、宗悦は受け入れませんでした。そして1924年、ソウル景福宮(キョンボクグン)で「朝鮮民族美術館」がオープンしたのです。この後も、宗悦は何度も朝鮮を訪れ、たくさんの生活用具や美術品を集めました。このようにして集められた美術品は、現在の韓国まで伝わることができたのです。

柳宗悦『朝鮮とその芸術』序文
（春秋社版『新装柳宗悦選集』第四巻、1972年より）

3　朝鮮民族の芸術を愛した柳宗悦　97

(3) 続く研究

　柳宗悦のこうした活動については、独立後の韓国でも評価されました。宗悦がなくなったとき、韓国からもその死を惜しむ声が上がりました。宗悦の書いた本は、韓国語に翻訳され、読まれたのです。

　ただ、宗悦の活動や、発言については、きびしい見方をする人もあります。宗悦は朝鮮半島の芸術品の美しさを「悲哀の美」、「線の美」であると言いました。しかし、このような評価は、朝鮮民族を弱々しいものと見ていたからではないか、という意見が出されたのです。

　また、朝鮮総督府をきびしく批判する文章を発表した宗悦が、だんだんと変わっていったことも分かってきました。実は「朝鮮民族美術館」を作るときには、当時の朝鮮総督斎藤実(さいとうまこと)(1858～1936)から寄付をもらっていたことが分かっています。その後宗悦が朝鮮半島で美術品を集めるときには、朝鮮総督府の役人が協力していました。そのころになると、宗悦は朝鮮総督府について何も言わなくなっていました。第二次世界大戦後、宗悦は朝鮮半島へほとんど渡っていません。

　このように、宗悦は完璧な人物ではありませんでした。しかし、宗悦は朝鮮半島の美術品を差別なく扱い、そのよいところを率直に評価しました。韓国で、きびしく批判されながら宗悦の本が読まれているのは、そのためではないでしょうか。

柳宗悦（日本民芸館提供）

> **考えてみよう**
>
> 柳宗悦はなぜ、朝鮮に対して対等であろうとすることができたのでしょうか。考えてみましょう。

【参考文献・資料】

幼方直吉「日本人の朝鮮観―柳宗悦を通して―」『思想』448 号、1961 年。

鶴見俊輔『柳宗悦』平凡社、1976 年

同「失われた転機」『柳宗悦全集』第六巻解説、筑摩書房、1981 年。

高崎宗司『妄言の原形』増補三版、木犀社、2002 年。

水尾比呂志『評伝柳宗悦』ちくま学芸文庫、2004 年。

柳宗悦の著作は『柳宗悦全集』筑摩書房があります。朝鮮について書いたものは、第六巻です。

(担当：井竿富雄)

4 朝鮮の工芸文化に魅せられた浅川巧

浅川巧（あさかわたくみ）（1891〜1931）は、林業技術者として朝鮮の山に木を植え、朝鮮民族が長い歴史の中で育てた工芸（民芸）を公正に評価し、朝鮮の人々と信頼し合う関係で結ばれていた人です。

(1) 木を植えたこと

朝鮮では、多くの「山」は人々の共有地として利用されていました。厳しい寒さを防ぐ工夫のオンドルの燃料のまきも、この「山」でとっていました。しかし、政治が乱れてくるとこの「山」の管理も不十分となり、多くの「山」の緑が失われていました。

浅川巧は、1914（大正3）年に朝鮮に渡り、朝鮮総督府（ちょうせんそうとくふ）農商工務部山林課林業試験所に勤めました。朝鮮産の主要樹木と輸移入樹種の、養苗に関する試験と調査を担当しています。朝鮮の「山」に合う樹木を見つけ、その樹木の苗を育てて、そして、それを朝鮮各地の「山」に植えるのです。苗を育てるのが困難といわれていた、チョウセンカラマツやチョウセンマツの養苗にも成功しました。

人の力で樹木の種を発芽させることは、大変難しいことでした。種をまいてもその年には発芽せず、うまくいってその翌年に芽を出すという不安定なものでした。巧は、そんな樹木の種をまいたその年に発芽させる方法を見つけ出しました。この方法は「露天埋蔵法」と呼ばれています。樹木から種をとって、その年（秋）の内に砂と混ぜて6cmから15cm位の深さに埋めておくという方法です。そうすると翌年の春、種をあらためてまくと、よく発芽するというものです。今では当たり前の技術ですが、当時としては世界的な発見でした。「露天埋蔵法」の発見だけでなく、「山」の緑化にはミヤマハギが最も適していることを明らかにしたり、植樹によって山地の土砂崩れを防止する方法を開発するなど、朝鮮の「山」のために活躍しました。

(2) 朝鮮民族の工芸（民芸）を公正に評価したこと

浅川巧には、7歳年上の兄・伯教（のりたか）がいます。伯教は朝鮮の美術工芸品に強く引かれ、朝鮮に渡ることを決意します。（巧が朝鮮に渡ったのは、この兄を慕ってのことです。）彫刻家になる夢もありましたが、朝鮮陶磁器の研究を進め、後に「朝鮮古陶器の神様」と言われるようになりました。巧は林業技手として勤めながら、この兄の陶磁器の研究・調査を助けています。そして、兄の研究・調査を通して、朝鮮陶磁器の美しさに気付いていきました。

朝鮮陶磁器を始め朝鮮民族の工芸（民芸）品を展示する「朝鮮民族美術館」を、1924（大正13）年、兄と友人の柳宗悦（やなぎむねよし）と三人で設立します。しかし、当時の日本の植民地政策は、朝鮮の民族意識や伝統などを認めないというものでした。「民族」という言葉をつけ、その「民族」の長い歴史の中で育てた工芸（民芸）の美しさを展示する（公正に評価する）施設が「朝

鮮民族美術館」なのです。美術館を設立し運営していくことは、大変に勇気が必要なことでした。兄の影響を受けた陶磁器の研究から、普段の食事に使う膳にも関心を広げていきました。1929（昭和4）年には、その研究を『朝鮮の膳』として発表しました。陶磁器の研究に関しては、その2年後の1931（昭和6）年に、『朝鮮陶磁名考』として発表されています（この著作は死後の出版）。

浅川巧（浅川伯教・巧兄弟を偲ぶ会提供）

(3) 朝鮮の人々と信頼し合う関係で結ばれていたこと

　日本の植民地政策は、朝鮮の人々に朝鮮式の姓名のあらわし方を日本式の氏名に改めさせたり（創氏改名）、日本語の使用や神社への参拝などを強制していきます。これを皇民化政策といいます。浅川巧は、1931（昭和6）年4月、急性肺炎により亡くなります。そのため、この政策は知りません。しかし、すでに亡くなる前から、朝鮮「民族」を認めない政治の姿勢がありました。また、多くの日本人の心の中に、朝鮮の人々を差別する気持ちがありました。
　たとえば、1929（昭和4）年に光州で起きた日本を非難する学生の運動は、日本人男子学生が朝鮮人女子学生をからかったことがきっかけでした。からかいを注意した朝鮮人学生を捕まえ、からかった日本人学生を捕まえなかった日本の警察へ、抗議を示す運動になったのです。また、巧の友人の柳宗悦は、旅行中の電車の中で、朝鮮人の老人の帽子をいきなりつかんで話をしている日本人の姿を見て、腹立たしい感情になったことを書いています。からかったり、人のものを勝手にいじったり。そんな当たり前にしてはいけないことが、平気で行われていたのです。もちろん、日本人であることは、からかう側で、勝手にいじる側です。
　浅川巧は、そんな日本人ではありませんでした。日本人にむりやり安く買われてしまった野菜を高く買ってあげたり、学費がない人に奨学金を与えたりしていました。朝鮮の人々に対する態度に差別がないため、林業試験場内の巧の家には、多くの人が集まっていたといいます。巧自身も朝鮮語を話し、朝鮮服を好んで着て、食事も朝鮮式だったそうです。亡くなった時も多くの人が集まりました。棺おけを担がせてほしいという人が多く、あまりの申し出の多さに対応できなかったという記録があります。
　1984（昭和59）年、浅川巧のお墓に林業試験場の人々の手によって記念碑が立てられました。そこには次のように書いてあります。

　韓国が好きで、韓国人を愛し、
　韓国の山と民芸に身をささげた日本人、ここに韓国の土となる

　「朝鮮を植民地にした日本」と「日本に植民地にされた朝鮮」という関係を超えて、「日本人」と「朝鮮人」が同じ人間として信頼しあう関係で結ばれることは、とても難しいことです。それができた浅川巧は、人間として、本当に素晴らしい人だったと言えるでしょう。

4　朝鮮の工芸文化に魅せられた浅川巧

過程表

1891（明治24）年　山梨県北巨摩郡甲村（現：高根町）に生まれる
1914（大正3）年　朝鮮へ渡航、朝鮮総督府農商工務部山林課林業試験所に勤務
1917（大正6）年　チョウセンカラマツの養苗に成功
1924（大正13）年　露天埋蔵法を発表（朝鮮山林会報「苗圃担当の友に贈る」で）、朝鮮民族美術館を設立
1927（昭和2）年　山の利用法を提案（朝鮮山林会報「禿山の利用問題に就いて」で）
1929（昭和4）年　『朝鮮の膳』を発表
1931（昭和6）年　亡くなる。享年40歳。『朝鮮陶磁名考』が出版される。

考えてみよう

あなたは電車で座っていました。後からやってきた人が、「どけ！」と言って無理にあなたを立たせ、あなたの席に座ろうとしています。もちろん、後からやってきた人は、席を譲るべき、お年寄りや身体の不自由な方ではありません。あなたはどうしますか。どんな気持ちになりますか。当時の朝鮮では、座っている朝鮮人に、「どけ！」と言う日本人がとても多かったそうです。

浅川巧はそんな朝鮮にいました。朝鮮服を好んで着ていたため、電車の椅子に座っていると、「ヨボ（朝鮮人に対する軽蔑をこめた呼びかけ）、どけ！」と言われたそうです。朝鮮人に間違われたのです。「私は日本人だ」と言えば、座り続けることができるでしょう。では、そうしたのでしょうか。

巧は、無言で席を立ったそうです。この時の巧の考え方が、「朝鮮を植民地にした日本」と「日本に植民地にされた朝鮮」という関係を超えて、同じ人間として信頼しあう関係を築いていく考え方です。どう考えたのか、話し合ってみましょう。

本資料の活用例

中学校社会科歴史的分野「(5) 近現代の日本と世界」で
・植民地政策の実情（同化政策など）を紹介する
・日本人が朝鮮人に対して持っていた差別意識を紹介する
中学校道徳「4 主として集団や社会とのかかわりに関すること」で
・朝鮮の人々と信頼し合う関係で結ばれていたことを考える
中学校『総合的な学習の時間』「国際理解に関すること」で
・浅川巧の調べ学習を通して、日本と韓国の交流について考える

【参考文献・資料】

浅川　巧『浅川巧全集』草風館、1996 年。

浅川　巧『朝鮮民芸論集』岩波文庫、2003 年。

浅川　巧『浅川巧　日記と書簡』草風館、2003 年。

高崎宗司『朝鮮の土となった日本人』草風館、1998 年。

高崎宗司『植民地朝鮮の日本人』岩波新書、2004 年。

椙山　彩『日韓交流のさきがけ　浅川巧』揺籃社、2004 年。

李　尚珍「浅川巧の朝鮮観」『人間文化論叢 第 4 巻』お茶の水女子大学、2001 年。

(担当：金子哲也)

浅川巧朝鮮の土となる（浅川伯教・巧兄弟を偲ぶ会提供）

5 日韓の和合に生きた李方子

　日本は当時の大韓帝国（1871年に、朝鮮王朝が国の名前を変えたものです）との間で「韓国併合条約」を結ぶという形で、朝鮮半島を植民地にしました。これによって日本による36年間の植民地統治が始まったのです。朝鮮王朝の王族たちは、形式的に日本の皇族に準ずる扱いを受けることになりました。そして朝鮮王朝の最後の皇太子、李垠（あるいはイ・ウン、1897～1970）は、日本人女性と結婚させられることになるのでした。その妻として選ばれた女性こそ、李方子（あるいはイ・バンジャ、1901～1989）だったのです。しかし、李方子はこのような強いられた結婚を、日韓の和合のために生かす人生として送ることになります。

(1) 生い立ち

　李方子は、皇族梨本宮守正王（1874～1951）と母伊都子（1882～1976）の間に生まれました。父は陸軍の軍人、母は江戸時代佐賀の藩主だった鍋島侯爵の娘でした。当時、このような身分の女性は、自由に結婚することはできず、結婚相手は周囲の人々が決定するものでした。方子の両親の結婚もそのようにしてきめられました。そして、華族女学校（学習院の前身）の生徒だった梨本宮方子は、ある日新聞で自分の結婚と、結婚相手についての記事をいきなり読むことになったのです。

　結婚相手の李垠も、大変に複雑な運命を持った人でした。韓国が日本の保護国になった後、日本に「留学」していたのです。留学とは名ばかりで、事実上は日本に人質に取られていたのでした。李垠が日本に行くとき、父高宗（在位1863～1907）は、息子に「忍」の一字を書いて与えたといわれます。何があっても耐え忍ぶこと、ということでした。日韓併合によって朝鮮が日本の植民地になった後は、日本陸軍の軍人になるよう教育を受けていました。そして梨本宮方子と結婚を決められたのです。李垠の甥、母違いの妹も日本人との結婚を決められていきました。

　実は李垠には閔甲完（1897～1968）という結婚相手が決まっていました。しかし、朝鮮総督府は閔甲完との結婚の約束を強引に取り消させました。さらに、閔甲完からは李垠から贈られていた指輪まで奪い取り、別の男性と結婚するよう迫ったのです。これを拒んだ閔甲完は、中国の上海へ亡命し、植民地支配が終るまで帰りませんでした。李垠と方子の結婚式は、1919年と決まりました。しかしこの年に結婚式を挙げることはできませんでした。父高宗の死去が理由です（この高宗の葬儀をきっかけにして、三・一運動が発生しました）。

(2) 二人の結婚生活

　李垠は、朝鮮王朝の王族でしたから、日本が朝鮮を植民地にした後でも、朝鮮人としては特権的な地位を与えられていました。李垠は日本の陸軍軍人として育てられ、最後は陸軍中

将になっています。

　しかし、方子と李垠の結婚は、あまり幸せなスタートとはいえませんでした。結婚が発表された後、方子の実家梨本宮家には脅迫電話や電報が送りつけられました。1921年に長男晋が生まれたのですが、翌年朝鮮訪問中に突然なくなったのです。方子や、祖母であった伊都子は、晋は毒殺されたと考え、後に生まれた次男李玖（あるいはイ・ク　1931〜2005）を朝鮮に行かせませんでした。大韓帝国最後の皇帝純宗（在位1907〜1910）が毒殺されかけたことを知っていたからです。

　夫李垠は、優秀な軍人であり、また、大変部下や仲間の軍人にも親切な人であったといいます。方子に対しても、心優しい夫だったそうです。外から見ると、まったく「日本人」となりきっているように見えました。しかし、李垠はやはり父の「忍」の教えを守っていました。李垠は日本人には日本語を使い、朝鮮人には朝鮮語を使って話しました。しかも、このような李垠も、日本人から朝鮮人であるための差別を受けたといわれます。関東大震災のとき、多くの朝鮮人・中国人が殺されました。李垠・方子夫妻すら安全ではないといわれ、家族は避難しなければなりませんでした。李垠は、方子だけに時折「何かにつけ朝鮮人は悪いと決められてしまうのは実に情けない」「この私が自分の自由意志でふるまえることといったら、いったい、いくつあるだろうか」と本心を語ったといわれます。それでも、李垠は外では本音をもらさず、陸軍の軍人として、二・二六事件や日中戦争で、日本軍の一員として出動することになりました。一見きらびやかでしたが、非常に重苦しい暮らしでもあったことが想像されます。

　しかし、このような李垠・方子夫妻の結婚生活は、日本の敗戦で一変することになります。

李方子の結婚記事（東京朝日新聞 1916年8月3日）

(3) 新しい道へ

　1945年、日本の敗戦で、朝鮮は解放されました。しかし、李垠・方子夫妻にとっては、日本の敗北は、大きな試練を意味しました。もともと外国の王族であった李垠は、皇族に準ずる扱いを受けられなくなりました。韓国の初代大統領李承晩(イスンマン)は、朝鮮王朝の王族が韓国に帰ることをよく思っていませんでした。韓国でも、朝鮮王朝の王族について意見が分かれていました。「日本の植民地支配に苦しんだのは王族も一緒だ」という人もありましたが、「彼らは日本で特別待遇を受けていた民族の裏切り者」という考えもあったのです。李垠・方子夫妻は、敗戦後の日本で、無国籍の在日外国人になってしまったのです（その後一時日本国籍を取得した時期もありました）。李垠は病気で倒れてしまいました。息子李玖は、このような中でアメリカにわたり、苦学して建築家になります。

　1960年、李承晩の政権が倒れます。その後朴正熙(パクチョンヒ)の軍事政権が李垠・方子夫妻の帰国をみとめたことで、1963年2人は韓国へと向かいました。ここから、方子の韓国人としての人生がスタートします。しかし、植民地経験を持つ韓国人は、日本人であった方子を最初は受け入れませんでした。朝鮮王朝の王族が創立した学校で、理事に方子を迎えようとしたとき、学校では反対のデモが起きました。そのため方子は理事就任をあきらめなければなりませんでした。

　方子は韓国で、知的障害児の自立支援の活動を始めました。当時の韓国では、障害のある子供は家に閉じ込められていたのです。方子はこのような子供たちが、将来自立して生きていけるようにするための学校と、住み、働くための施設を作ることを思い立ちます。こうして、「明暉園(ミョンフィウォン)」と「慈恵学校(ジャヘハッキョ)」という二つの施設ができました。しかし、このような施設を運営するためには、たくさんのお金が必要です。方子は自ら七宝焼を焼いて売り、募金を募るためのファッションショーに自ら王朝時代の服を着て出演したりしました。旧皇族出身者がなりふりかまわず募金集めに走る姿を嫌がる人もありました。また息子李玖も、李垠が寝たきりでありながら家をかまわず走り回る方子を責めたことがあります。しかしながらこのような努力の結果、韓国政府も経済支援をするようになりました。その傍ら、方子は韓国全土を歩いて障害児を家から外に出すよう説得するのでした。

　李方子は、政治の犠牲者であったといえます。しかし、晩年には「私の祖国は二つある。生まれ育った国（日本）と骨をうずめる国（韓国）」と話すほど、韓国を自分の国として愛し、そのために働きました。このような活動は、韓国国民の反日感情をも乗り越えさせるほどのものでした。1989年、李方子は、大変尊敬される日本出身者として、その生涯を韓国で終えました。李方子のお墓は、ソウルにあります。

　ちなみに、李垠と引き離された女性閔甲完は、朝鮮戦争で釜山に避難し、苦しい生活の中、生涯独身を守り通しました。李垠は病気で意識のないまま帰国し、1970年にソウルでなくなりました。アメリカにわたった息子李玖は、その後韓国に戻り実業家となりますが、経営していた会社がつぶれてしまい、家族を捨てていったん日本に去りました。そして2005年、李玖は東京のホテルで、ひっそりとなくなりました。

> **考えてみよう**
>
> 李方子が、強制的に結婚させられた夫の国を、自らの故郷と定めるほどに愛することができたのは、はたしてなぜでしょう。

【参考文献・資料】

李方子の自伝
『動乱の中の王妃』講談社、1968年
『すぎた歳月』自費出版（ソウルで）1973年
『流れのままに』啓佑社、1984年
『歳月よ王朝よ』三省堂、1987年

　このうち『歳月よ王朝よ』以外の3冊は、内容はほとんど同じ。下に示した、本田節子氏の著書によると、ゴーストライターが李方子の日記（非公開）をもとに執筆したもの。

梨本伊都子『三代の天皇と私』講談社、1975年。
本田節子『朝鮮王朝最後の皇太子妃』文藝春秋、1988年
渡辺みどり『日韓皇室秘話　李方子妃』中公文庫、2001年改訂版
李王垠伝記刊行会編『英親王李垠伝』共栄書房、2001年

（担当：井竿富雄）

奈良智辯学園生を迎える李方子（奈良智辯学園提供）

6　生涯を朝鮮の孤児とともに生きた田内千鶴子

　田内千鶴子（韓国名は尹鶴子、1912～1968）は、日本の植民地時代に朝鮮人と結婚し、日本の敗戦や朝鮮戦争など度重なる試練を乗り越え、生涯を通じて3000人もの朝鮮人（韓国人）孤児を育てました。そして、日本人として初めて、韓国の文化勲章を授賞しました。

(1) 朝鮮人との結婚

　1910（明治43）年、日本は朝鮮を併合します。併合して最初に行ったことの一つが、「土地調査事業」です。これは、朝鮮の土地制度を「調査」して、近代的な土地所有制度にかえるという「事業」でした。当時の朝鮮には、人々がみんなで利用する共有地がありました。また、境界線が不明確な土地もありました。「事業」とは、これらを所有者の不明確な土地として、有無を言わせず没収することでした。土地を奪われた朝鮮の人々は、日本や当時「満州」と言っていた中国の東北地方に流れていきました。生死をかけたこの旅に、幼い子どもを連れて行くことは困難です。こうして、多くの孤児が残されたのです。

　全羅南道の港町木浦に、「共生園」という孤児院がありました。尹致浩という人が、橋の下で震える7人の孤児を育てるために始めた施設なのです。致浩は子どもたちに必要なもの、特に食べ物を得るため、物乞いをするように歩き回りました。そのため「乞食大将」と呼ばれました。

　田内千鶴子は、朝鮮総督府の役人であった父にしたがって、1919（大正8）年、7歳の時から木浦で暮らしました。26歳の時、恩人から「共生園」を手伝うようすすめられます。日本の植民地政策で、たくさんの孤児が生み出されたことをよく理解しての手助けでした。しかし、「日本人」である千鶴子に、子どもたちはなかなか心開いてくれません。それでも黙々と雑用をこなし、2年の歳月を経る頃には、なくてはならない存在になっていました。

　そんな時、致浩からプロポーズされたのです。周囲の日本人のほとんどは反対しました。朝鮮人の、しかも「乞食大将」と馬鹿にされているような男と結婚するなんて、日本人の恥さらしだというのです。「結婚は国と国がするものではない。人と人がするもの。朝鮮人も日本人もない。」こんな母の言葉で、初めての出会いから心引かれていた千鶴子は、致浩との結婚を決めたのです。1939（昭和14）年のことでした。

尹と田内の結婚写真
（InKAS 鄭愛里代表提供）

108　韓国との未来を築くために

(2) 度重なる試練にも孤児を見捨てなかったこと

　ひたすら愛する人との結婚を選んだ千鶴子は、さらに大きな選択を迫られます。それは、1945（昭和20）年8月15日、日本が戦争に負け、朝鮮が日本の支配から解放された日のことでした。日本人は引き揚げることになったのです。年老いた母に帰国命令が出ました。千鶴子は悩みますが、朝鮮に残ることを選びます。致浩は、この時千鶴子が子どもを身ごもっていたことや、朝鮮では何より親を大事にすることが大切との考えから、帰国をすすめました。千鶴子は母と2人の子どもの手を引いて、大きなおなかで引き揚げたのです。このような状態になった日本人と朝鮮人の夫婦の多くは、そのまま別れて連絡も途絶えることが多かったです。しかし、千鶴子は1年足らず後、木浦へ帰るのです。致浩への愛と、共生園の孤児たちの自分を呼ぶ声が聞こえたのでしょう。「オモニ（お母さん）が帰ってきた‼」。共生園の子どもたちは、大変な喜びようで、千鶴子を迎えたといいます。

　致浩とともに、孤児たちに精一杯の愛情を注ぐ日々が続きました。しかし、またも大きな試練が千鶴子をおそいます。1950（昭和25）年6月25日、朝鮮戦争が始まったのです。多くの子どもたちを抱えて、避難することなどできません。共生園は、北朝鮮軍、そして国連軍（韓国）と交互に支配されました。それぞれに疑いをかけられました。最も困ったことは子どもたちの食べ物がないことでした。致浩は食べ物を得るため、戦いの続く最中に出かけました。そして、2度と帰ってこなかったのです。その時、共生園には300人の孤児がいました。お金もなく、もちろん食料もなく。そして、千鶴子は満足に朝鮮語を話せませんでした。好意的な人でさえ、千鶴子の帰国と共生園の閉鎖を促したほどでした。しかし、千鶴子はあきらめません。売れるものはすべて売り、子供たちも靴磨きや袋張りなどして、食費の足しにしました。千鶴子はリヤカーを引き、恥も外聞も捨てて、食べ物をもらい歩いたといいます。

(3) 生涯を通じて3000人もの孤児を育てたこと

　度重なる試練に耐え、千鶴子は生涯を通じて約3000人もの孤児を育てあげました。その功績が認められ、1963（昭和38）年、韓国文化勲章が授与されます。日本人として初めてのことでした。植民地支配を行った日本人への授与には、大きな反対がありました。しかし、朴大統領は「田内千鶴子は、私たちと同じ民族の血が流れた人ではない。それなのに、われわれの孤児を守ってくれた。これは国を超えた人類愛だ。」と言って、反対する人々を説得したそうです。

　授章後日本に一時帰国し、盛大な歓迎を受けて有名になります。しかし、それからわずか4年後には、肺がんで亡くなりました。葬儀は木浦市民葬でした。韓国全土から集まった元孤児など3万人が、その死を悲しんだといいます。園児を代表して17歳の李在植（イジェシク）さんが悲しみの言葉を読みました。そこには次のような言葉がありました。

　「日本に故郷を持っていながら、言葉も風俗も違うこの国に、あなたは何のためにいらっしゃいましたか。40余年前、弾圧政治が続いていた日本時代に、泣きながらひもじさを訴えている孤児たちを集めて、あなたは学園をつくりました。そして自分の手でご飯を炊いて、子どもたちに食べさせました。着物のない者には着物を作ってやりました。…あなたは、か細い体の中にと

ても強い意志を持っておられ、その意志ひとつで、私たちを育ててくださったのです。(後略)」

「日本人」「朝鮮人(韓国人)」と言う前に、目の前の孤児を見つめ、愛情を持って抱きしめた田内千鶴子の生涯を、どう考えたらいいのでしょう。「3000人の孤児を育てた」と、簡単に言ってしまってはいけない気がします。子どもたちが健やかに育つ社会を築いていかねばならないし、「日本人」「朝鮮人(韓国人)」といがみ合ったり、差別しあったりするような社会であってはならないと、田内千鶴子の生涯が教えてくれるように感じます。

尹と田内のその崇高な人道的精神はその子や孫にまでしっかりと受け継がれています。彼らの孫である鄭愛里(チョンエリ)は朝鮮戦争などで急増した戦争孤児ら20万人以上が海外養子として国を離れた後、成長して親やルーツ捜しに苦労していることを知り、それらの本格的な支援のためにInKAS(国際韓国入養人奉仕会)を設立します。1999年3月に設立されにInKASは12ケ国の団体への支援や多くの国内の子供の教育、孤児の内外養子縁組支援に尽力しております。InKASは献金や趣旨を理解する有志・諸機関などの支援を受けて営まれています。そのため、大規模の事業とは言えませんが、今まで多くの人の親や親類捜しを行い、また、里子への支援を続けてきました。鄭代表は給料もなしに献身的に養子たちの支援活動を通して国際交流にも力を注いでいます。博愛精神、助け合いの心は現代のこの索漠な社会にも暖かく生き続けています。

過程表

1912(大正1)年	高知県土佐郡下知村(現:高知市若松町)に生まれる
1919(大正8)年	朝鮮へ渡航
1936(昭和11)年	共生園での奉仕活動を始める
1938(昭和13)年	尹致浩と結婚する
1945(昭和20)年	日本敗戦 朝鮮が解放される
1950(昭和25)年	朝鮮戦争始まる
1951(昭和26)年	尹致浩が行方不明(北朝鮮に?)となる
1963(昭和38)年	韓国政府から「大韓民国文化勲章」を贈られる
1968(昭和43)年	共生園で亡くなる、享年56歳。 木浦市民葬で送られる

InKASの夏期研修団の様子(正面から右が鄭愛里代表　InKAS 鄭愛里代表提供)

考えてみよう

　1950（昭和25）年に始まった朝鮮戦争は、戦場が南に北にまるでローラーをかけるように移動した、同じ民族どうしの戦争でした。死者は126万人。家族が離れ離れになった離散家族は、1000万人と言われています。悲惨な戦争だったのです。共生園には、戦争で身寄りを無くした子どもたちが、次々に収容されました。

　この戦争の最中に、尹致浩が行方不明になります。千鶴子は泣いている子どもをあやして、一晩中一睡もできない状態だったといいます。そして、日が昇ればリヤカーを引いて、食べ物をもらい歩いていたのです。子どもたちの多くは栄養失調でした。共生園で亡くなる子どももいました。そんな時、千鶴子は動かなくなった小さな身体をきれいに拭いて、同じ布団の中で一晩、一緒に過ごしたそうです。

　一晩、どんなことを考えて過ごしたのでしょう。なぜ、そんな毎日を続けることができたのでしょう。どう考えたら、3000人もの孤児を育てることができるのか、話し合ってみましょう。

本資料の活用例

中学校社会科歴史的分野「(5) 近現代の日本と世界」で
・植民地政策の実情（土地調査事業など）を紹介する
中学校道徳「2 主として他の人とのかかわりに関すること」で
・多くの試練を超えて孤児を愛し育てたことを考える
中学校『総合的な学習の時間』「国際理解に関すること」で
・田内千鶴子の調べ学習を通して、日本と韓国の交流について考える

【参考文献・資料】

奥山忠政「田内千鶴子－3000人の韓国孤児を育てた日本女性－」『日韓の架け橋となった人びと』赤石書店、2003年。

八木哲郎「韓国の孤児三千人を育てた田内千鶴子」『ボランティアに生きる』東洋経済新報社、1993年。

木村成宏「日韓の懸け橋・木浦の母田内千鶴子」『日本人の足跡三』産経新聞社、2002年。

村中李衣「田内千鶴子　韓国の孤児3700人を育てる」『20世紀のすてきな女性たち8』岩崎書店、2000年。

（担当：金子哲也）

7 教育・信仰事業で全羅北道の地を愛した枡富安左衛門

植民地時代の朝鮮で教育や信仰活動に尽力し、当時の全羅北道金堤・月鳳里(チョルラプクトキムジェ ウォルボンリ)で枡富(マストミ)農場を経営する傍ら、農地開発が遅れていた山村に学校を設立し、多くの学生を輩出することに貢献した日本人がいます。朝鮮の独立を望んだ枡富安左衛門(ますとみあんざえもん)(1880～1934)。彼の功績は戦後の反日の波の中でも讃えられ、後に韓国政府から国民勲章まで受章しました。荒廃の地を開拓しつつ、学校設立や窮民支援、教会設立の建設などを通して、教育事業や農地開発、信仰活動に尽力した彼の熱意と功績は今でも現地の人々の心に強く残っています。

(1) 植民地時代の全羅地方に種蒔き者として移住

福岡県門司市の醤油製造業の家で生まれた枡富安左衛門は、1896年に下関商業学校に入学しますが、翌年の1897年に父親が他界し、家業の醤油醸造業を継ぐことになります。1899年に同学校を卒業後、志願兵として従軍し、除隊後は早稲田大学の商科に進学しますが、農業の移民政策を考えて中退します。しかし、日露戦争が勃発して参戦中、兵站(へいたん)地域としての調査を兼ねた出張で韓国の全羅地方の広大な平野と農地を目撃するようになります。戦争が終わればこの土地で何かをしたいと考えていた枡富は1906年7月、日露戦争後に韓国の郡山(クンサン)港へ上陸し、自宅と事務所をかまえ、金堤郡月村面月鳳里の農地を購入して農場を経営します。

翌年の1907年4月3日に東野照子(ひがしのてるこ)と結婚し、1908年5月11日に郡山で二人は生活を始めます。妻の照子は1888年に福岡で士族の娘として生まれ、福岡英和女学校を卒業後、洗礼を受けた敬虔なクリスチャンでした。結婚3年後、枡富安左衛門もクリスチャンとして洗礼を受けます。信仰に邁進(まいしん)するのも妻・照子の影響が大きかったといえます。

二人は農場を経営しつつ、経済的利潤だけを目的として労働者を搾取する他の農場主とは違って、植林事業や小作人らの福祉に気を配っていたため、現地の人に信頼されました。また、1911年には高敞郡富安 面吾山里(コチャングン プアンミョンオ サンリ)に枡富農場を開き、リンゴを中心に果汁園事業を拡大していきます。当時の吾山という村は123軒ほどの集落がある僻地であり、日本人住民は農場の職員以外に数百メートル離れた市場の周辺に5～6軒がいるほどで、電気もないランプ生活の中で、交通も大変不便なところでした。しかし、リンゴ栽培には適した環境で、良品のリンゴが収穫されました。

その前年、妻の説得によって信仰をより本格的に学習するために、1912年4月に神戸神学校の本科に入学します。その際、いずれはこの地域における布教・伝導活動は現地の人によって行われるべきだと考え、3人の奨学生(ヤン・テスン、ユン・チビョン、キム・ヨング)の留学費用を出して同年9月に同じ神学校の予科に留学させます。

信仰の布教と教育を真摯に考えていた安左衛門はその後、学校と慈善病院などを通しての信仰活動を考えて、学校設立などを模索します。また、経済的に困窮な学生の学資金や病院の入院費などを提供し、独立運動の関連で危うい立場にいた人の保証人になるなど、農場の

経営で得た収入から様々な人の支援活動をも行いました。そして、文化的施設がままならない当時の吾山に教育の場が必要だと思い、神戸神学校に在学中の1912年11月21日に私塾の興徳学堂(フンドクハクタン)を仮設校舎で開きます。この学校は基礎教育の場として無料で教育を提供する塾として、神戸から帰ってきた3人の奨学生を専属の教師としました。その後、生徒数も増加し、1918年に校舎を新築し、1919年に私立吾山普通学校へと変わります。そして、後に富安(アン)国民学校(小学校)となり、吾山地域の初等教育に貢献するようになります。

(2) 布教活動と教育事業

　当時は1910年の日韓併合条約によって日本が朝鮮を植民地として支配していました。そのため、日本人の移住促進のため、総督府は日本人に格安に土地を提供し、生活に有利にしていたため、農場などを営んでいた日本人の多くは莫大な財産を得る仕組みになっていました。しかし、日本と朝鮮は一体であると国策で掲げていても、古くから独自の風習が残っていた朝鮮は彼らにとって文化が異なる異国であり、馴染めなかった病弱な妻の照子は体調不良でしばし日本に戻って静養し、愛妻家であった安左衛門はその看病のために次第に日本での生活が多くなります。

　1917年に日本での静養から戻った妻とともに安左衛門は、伝導活動を積極的に展開しようと思い、同年11月30日に富安面吾山里の一角で吾山教会を始めます。そして、翌年の1918年4月1日、より積極的な布教活動のために教育が必要だと思った安左衛門は、吾山教会に仮の学校として生徒8名を集めて授業を始めます。学校としては1919年4月14日に私立吾山学校として正式に認可され、道内初の正規の中学校が誕生しました。翌1920年3月27日に4年制の私立吾山高等普通学校の設立を認可され、安左衛門は吾山普通学校と吾山高等普通学校の二つを経営することになります。しかし、戦後の経済恐慌の影響によって農場の経営困難に陥っていた安左衛門は、それ以上の学校経営や経済的支援が出来なくなり、1921年12月をもって普通学校の土地・建物及び施設を寄付して公立普通学校に改編するとともに、吾山高等普通学校の廃校を決定します。しかし、既に学生が存在し、吾山初の教育施設となった学校の廃校に異を唱え、学校の財団化による引き継ぎを模索する動きが出できます。高敞郡守のチョン・ザンウクと高敞郡内の地主13人が資金を出し合うことになり、また、安左衛門が学生たちの他学校への移動費として用意した資金を合わせて学校の維持に尽力しました。そして、貴重な教育施設を吾山のような僻地に置かないで、より多くの学生ら利

1920年吾山学校の教師　真ん中の黒いスーツが升富安左衛門
(『高敞高六十年史』より)

用できるように、高敞郡所在地の方に移動するようになります。そのため、学校名も高敞高等普通学校と変えました。現在の高敞高等学校です。

　安左衛門は初代理事長兼校長として迎えられました。1926年の本館の落成式には当時の朝鮮総督府の総督であり、1919年の三・一運動後、いわゆる文化政策を行った斎藤実(さいとうまこと)総督も参加し、安左衛門の金堤郡月村面にあった農場にも寄ります。その翌年にその農場があった月鳳里に移りますが、教育現場での活動と妻の看病などで安左衛門も健康を害していました。そして、1931年6月24日、韓国人による韓国式の教育をすべきだとして、校長及び理事を辞任し、教育職から退きます。また、翌年に吾山のリンゴ農場を学校の財団理事長のホン・ジョンチョルに安価で譲渡し、1934年7月から9月まで韓国の地を踏んだのを最後に、同年11月6日に54歳の生涯を閉じます。彼が選んだ奨学生として神戸に留学し、後に高敞高等普通学校の2代目校長となったヤン・テスンが「先生の韓国での業績は決して何かで成功をしたとか、あるいは名声を残したとか、それらの類とは異なることを記憶しています。」と述べた追悼文からもわかるように、枡富安左衛門の韓国に対する愛着は、よくある事業家が現地で得た利益を教育施設や奨学金として還元したのではなく、無条件的に韓国の自立と発展、そして、伝導生活を実践する中で学校設立や苦しむ多くの韓国人を支援しています。彼の死を偲び、東京では在東京高敞出身者による追悼式が、高敞の校庭でも追悼式が行われました。さらに、1994年11月6日にも他界60周年追悼式がソウルの永世教会で行われ、翌年の12月15日には枡富安左衛門の功績を讃えて韓国の国民勲章牡丹章が贈られました。

　枡富安左衛門が蒔いた種は現在の高敞中高等学校へと成長し、2006年2月現在、約15,000人の卒業生を輩出し、様々な社会分野で活躍する人材を育てています。また、高敞高等学校卒業生による交流も積極的に行われており、年間を通していろんな文化行事が開催されつつあります。安左衛門が韓国の将来を案じて、学校教育や福祉活動、農業改良などのために行った崇高な精神は彼への厚い信頼と尊敬として高敞地方に生き続けています。

考えてみよう

　枡富安左衛門が多くの韓国人に慕われているのはなぜでしょうか。単純に学校を建てただけではこんなに評価されることはないはずです。
　当時の全羅北道は19世紀末におこった甲午農民戦争(カボのうみん)と義兵(ぎへい)の乱などで荒廃化していた地域であり、同じ韓国の他地域の人でも移住することがなかった地域でした。そのような保守的な僻地にもかかわらず、枡富安左衛門夫妻はその地の人と同様に地域開発のために努力し、現地の人々を支援したことが多くの人の心に感動を与え続けている要因だといえます。最初の韓国行きは移民農業の趣旨でしたが、現地で居を構えるうちに現地人の立場に立って社会の発展のために努力を惜しまなかったこと、多くの人を支援しつつも決して自らそれの見返りを求めることもなく、独立運動の関係者でも迷わず保証人となること、農場の利益を小作人の福祉のために支出するなど、人々と愛で接したことが、彼への尊敬へと現れています。皆さんはこのような慈悲的で献身的な人として誰を思い浮かべますか。

【参考文献・資料】

60年史編纂委員会編『高敞中高60年史　1979』韓国ソウル、高敞中高等学校・高敞高同窓会、1982年。

高敞高等学校聖山学友会事務局による内容協力。

高敞高等学校公式ホームページ　http://gochang.hs.kr/

高敞中高28・58同門会公式ホームページ　http://go2858.netian.com/

北出明『風雪の歌人』（講談社出版サービスセンター、2001年）、32〜34頁参照

奥村明美「韓国の文化勲章を受章した枡富安左衛門」名越二荒之助『日韓共鳴二千年史』明成社、2002年、548〜557頁参照。

（担当：李修京）

升富安左衛門が設立した学校は、現在高敞高等学校に成長（高敞高等学校聖山学友会提供）

8 朴烈の妻として生きた金子文子

　金子文子（1903〜1926）をここで取り上げることには、反対する人もあるかもしれません。金子文子は、パートナー朴烈（あるいはパク・ヨル、1902〜1974）とともに犯罪者として逮捕された人だからです。その理由は、「皇太子（後の昭和天皇）暗殺のための爆弾テロを計画した」ことでした。しかし、実は日韓の不幸な歴史と文子の不幸な人生は重なっているのです。果たして、金子文子がこのような人生を送ったのは、なぜだったのでしょうか。

(1) 存在しない子供

　金子文子は、1903年（日露戦争の前年）に生まれました。ところが、文子は長い間、「法律の上では存在しない子供」でした。日本では1871年に戸籍制度がつくられ、子供が生まれると出生届を出し、戸籍に登録しなければなりません。しかし、文子の父は、文子を自分の娘として戸籍に入れなかったのです（1912年になってから、1902年生まれ、実母の妹として届けられた）。そのため文子は、小学校も十分に行くことができませんでした。文子の父はやがて、家族を捨てて逃げてしまいました。

　文子は母とともに、母の故郷へ向かいました。しかし、文子はさらに大きな苦しみを味わうことになりました。文子の母は、文子を実家に置き去りにして、別の男性と再婚してしまったのです。こうして文子は、両親に捨てられてしまいました。文子は、後に予審判事に取り調べられたとき、「私には真の家庭はありませぬ」と答えています。

(2) 復讐を誓う

　1912年、父方の祖母が文子の前に現れます。文子に対し、朝鮮にある自分の家に来れば学校にも行かせるし、十分な暮らしをさせると約束したのです。文子は幸せになれると信じて、今の韓国忠清北道へ渡りました。

　しかし、文子への約束は守られませんでした。文子は「無籍者」（戸籍のないもの）と差別されました。この家は、文子が朝鮮人や貧乏な家の子供と友達になることを許しませんでした。学校へは行かせてくれましたが、学校で農業について授業があったことを文子が話すと、学校を休まされてしまうことになります。

　そして家の中では、文子は一日中こき使われました。ある日文子は言いつけを拒んだため、ひどい暴力をふるわれて、家から追い出されてしまいました。このとき、近所に住む朝鮮人の女性は、追い出された文子を自分の家に入れ、一杯の麦飯をすすめました。このとき文子は生まれてはじめて、人間に愛情があることを知ったのだと言っています。あまりの苦しさに、文子は一度は自殺することを考えましたが、「復讐をただ一つの希望として」（自伝）生きのびることを誓いました。文子は朝鮮時代の思い出を話し始めると、いつも大声で泣き始

め、誰にも止められなかったといわれます。このような経験が、文子が朝鮮独立運動へ共感をもつきっかけとなりました。日本人に愛されなかった文子は「私は日本人ですけれども、日本人が憎くて憎くて腹のたぎるのを覚えます」と述べています。

(3) 東京へ

朝鮮での7年間の生活を終えて1919年、文子は日本へ追い返されます。一度は母の実家に戻ったのですが、やがて上京を決意しました。女性が一人で働いて生活するのは、恐らく今以上に厳しかった時代です。文子は働きながら学問をはじめます。この生活の中で、文子はキリスト教や、社会主義運動家の人々と出会うことになりました。

しかし、文子にとっては、みんな結局は自分のことしか考えない人々でしかないと思えるようになりました。キリスト教信者の紹介で女中として働いたときに見たものは、できるだけ給料を払わずに人を働かせようとする主人の姿でした。新しい世の中を作ろうと主張する社会主義運動家に対しても、権力を握れば同じようなことをするのだろうという疑いを持つに至りました。文子は取り調べの時「私の思想に基づく私の運動は生物の絶滅運動」という、絶望的な言葉を発しています。しょせん人間は弱肉強食やエゴイズムを捨てることはできない、そのようなものがない理想に達することを求めるのならば、みんなで滅びるしかない、というのでした。

ある日、文子は一つの詩を読みました。「犬コロ」と題する詩は、文子の心を揺さぶりました。その詩の作者こそ、朴烈でした。朴烈は、もともと近代的な日本にあこがれていたのですが、朝鮮で学校に行き始めて疑問を持ち、日本の植民地支配に反対するようになった人物でした。こうして二人は思想活動を共にしながら暮らし始めるのです。

(4) 朴文子として

ふたりは「不逞社」を作りました。当時、日本に抵抗する朝鮮人は「不逞鮮人」と呼ばれました。日本に従わずにいる生意気な朝鮮人、という意味です。この言葉をわざと使ったのです。ここで出た新聞や雑誌は、毎号激しく日本の植民地支配や、日本人の朝鮮人差別を批

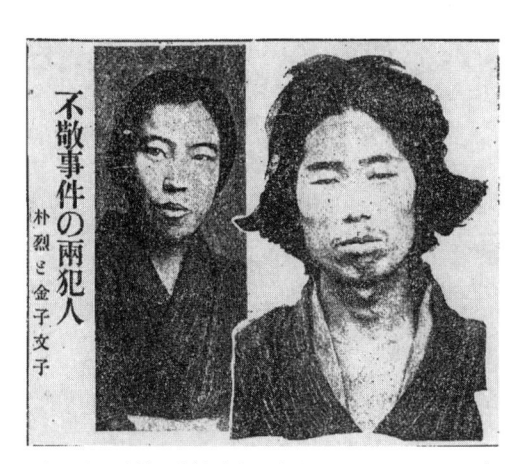

金子文子逮捕記事（東京朝日新聞 1925 年 11 月 25 日）

8　朴烈の妻として生きた金子文子

判する記事を書きました。文子は「朴文子」と名乗って、朝鮮人参を売りました。文子は、朝鮮人に同情的な日本人に対してもきびしい態度を取りました。新聞の中で、文子は「不徹底な人間愛を安ッポク振り廻す」のはやめろと書いたこともありました。日本人が朝鮮人を対等な人間として見ていないことを知っていたからです。

　しかし、二人の行動は問題がありました。場合によっては日本の会社を脅してお金をもらったりしていました。

　この頃朴烈は朝鮮の独立運動家と会っていました。この独立運動家が、朴烈に爆弾を手に入れたいと話したことが、二人の逮捕へとつながったのです。

(5) 裁判から自殺へ

　1923年、関東大震災の直後、二人は逮捕されました。容疑は「皇太子暗殺のための爆弾テロ計画」でした。当時の日本の刑法では、天皇や皇族に危害を加えることは、計画するだけで必ず死刑になる重大な犯罪でした。二人は罪を認めたのですが、本当にそのような暗殺を考えていたのかどうかは不明です。「不逞社」にいたほかの人々を助けるために、二人が罪をかぶって死刑になる決意をしたのではないかという説があります。3年間にわたる取調べと裁判のあと、1926年3月、二人は死刑の判決を受けました。文子は死刑を言い渡されたとき、「万歳(ばんざい)」と叫んだと伝えられています。

　ところが、日本政府は二人を無期懲役に減刑しました。朝鮮人の反日感情をやわらげる目的でした。文子はこの後、栃木の刑務所に移されたのですが、1926年7月、突然なくなりました。自殺と言われていますが、理由は今も不明です。文子の遺骨は、朴烈の家族によって韓国へ運ばれ、朴烈の故郷に葬られました。お墓が立ったのは、植民地支配が終ってからのことですが、今は朴烈の生家の向い側にお墓がきれいに立てられています。文子が書き残した自分の生い立ちは、1931年、『何が私をかうさせたか』という題で出版されました。逮捕後文子の書き残したものは、この自伝と、刑務所で書いた詩や手紙、そして取り調べの際の記録だけです。次に紹介する、文子のこの詩こそ、孤独の中にあった文子の心の風景かもしれません（山田昭次氏の本に出ています）。

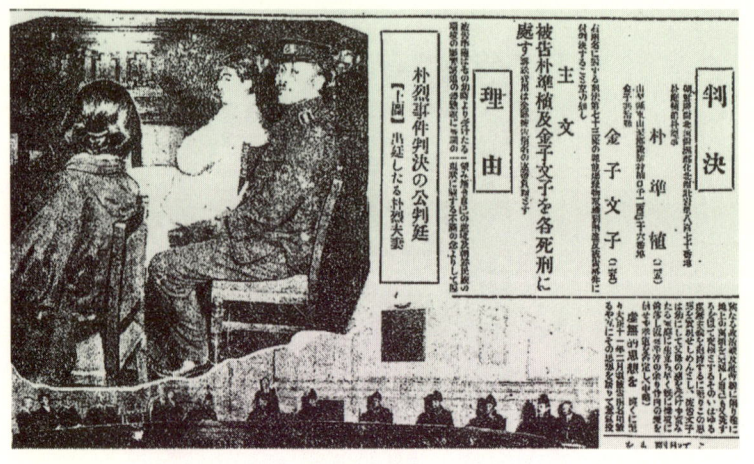

金子文子判決（東京朝日新聞 1926年3月26日）

赤い入陽に背を向けて…
　　　青い木陰にたたずめば
　　　うすむらさきの悲しみに
　　　くろくおののくわが心
　　　銀の色して鐘がなる

　さて、朴烈は、1935年にこれまでの考えを捨てて日本に従うことを誓いました。日本の敗戦後朴烈は、韓国へ帰りました。ところが朝鮮戦争の最中に、突然北朝鮮へ渡ります（拉致されたのではないかと言われています）。この後1974年に北朝鮮でなくなったといわれていますが、朴烈がどのような後半生を送ったのかはよくわかっていません。

考えてみよう

すべてが信じられなかった金子文子が、朴烈とだけは信じあえたのはなぜだろうか。

【参考文献・資料】

金子文子『何が私をかうさせたか』増補版、1975年、黒色戦線社。
『朴烈・金子文子裁判記録』1991年、黒色戦線社
山崎朋子『アジア女性交流史　明治・大正編』筑摩書房、1995年
山田昭次『金子文子』影書房、1996年
鈴木千鶴「金子文子の朝鮮観」『橘史学』19号、2005年

（担当：井竿富雄）

9 人道主義者として生きた布施辰治弁護士

　布施辰治（1880〜1953）は、人権が充分保障されていなかった戦前日本社会や、それ以上に無人権に等しい植民地・韓国朝鮮にあって、あくまで弱者の立場に立って弁護士の活動を行いました。彼の墓碑に刻まれている「生きべくんば民衆とともに、死すべくんば民衆のために」という言葉をモットーにして、各地の労働争議、農民小作争議をはじめ、戦後の三鷹事件、松川事件などの冤罪事件の弁護も引き受け精力的に活動しました。そして、植民地統治下時代、率先して朝鮮独立運動家たちの弁護に奔走し、韓国では「われらの弁護士」「日本人のシンドラー」とよばれ、2004年には、すでに故人となっていますが日本人としてはじめて韓国建国勲章を受章しました。

(1) 生い立ち

　布施は、1880（明治13）年11月13日、宮城県牡鹿郡蛇田村（現在の石巻市）の農家の次男として生まれました。1899年に上京し明治法律学校（明治大学の前身）に学びました。1902年同校を卒業、判事検事登用試験に合格、司法官試補として宇都宮地方裁判所に赴任しますが、わずか10ヶ月足らずで突然辞職し、東京で法律事務所を開き弁護士活動をはじめます。彼の信条とするする墨子の「兼愛主義」（自他の区別なく愛すること）「自己完成」の理想から、裁判所では権力の立場にありながら実は農民や労働者の味方であろうとしたため、不起訴を連発し、ついには幼児三人と無理心中をはかり思い直して自首した母親を殺人未遂で起訴するに忍びず、潔く職を捨てたのでした。

韓国建国勲章　愛族章（明治大学法学部『布施辰治・自由と人権』より）

120　韓国との未来を築くために

1905（明治38）年平沢光子（ひらさわみつこ）と結婚した頃からトルストイを学びはじめ、普通選挙運動を始めました。さらに「自己革命の告白」を発表し、今後は弱者救済の社会運動の一環として弁護士活動に従事することを決心します。1906年の電車賃上げ反対騒擾事件の弁護を皮切りに、米騒動（こめそうどう）事件、神戸三菱・川崎両造船所の大ストライキ、朝鮮独立運動義烈団（ぎれつだん）事件、関東大震災下の朝鮮人虐殺事件と亀戸（かめいど）事件、朴烈（ぼくれつ）・金子文子（かねこふみこ）事件、福田大将狙撃事件、共産党関係事件、農民組合事件などと、数多くの社会運動弾圧事件にかかわり、国家権力の横暴と果敢に闘いました。また一方では自由法曹団（じゆうほうそうだん）結成に参加、個人雑誌『法廷より社会へ』や『生活運動』を発行したり、借家人同盟を創設し、法律知識の啓蒙と借家人の団結を提唱しました。
　その過程では、しばしば懲戒処分により弁護士活動を停止させられ、治安維持法違反で入獄を余儀なくされることもありました。
　戦後は三鷹事件の弁護団長を務め、一貫して人権擁護の立場を貫き、1958年9月13日に永眠する直前まで、弁護活動を精力的にこなしました。

(2) 朝鮮人のために

　布施は少年時代、漢学塾（かんがくじゅく）に入って学問を通して中国・朝鮮に対し敬意を抱いていました。日清戦争から帰還した村人から朝鮮の人たちの悲惨な状況を聞き痛く同情を寄せ、明治法律学校時代も日本人学生より朝鮮、台湾からの留学生と親しく接したといいます。また「朝鮮の独立運動に敬意を表す」という論文を書き、官憲から注意を受けたこともありました。
　1919年2月8日、東京での朝鮮独立宣言ビラ配布事件を無報酬で弁護した布施は、「今や『民族自決』は世界の趨勢であり、日本の裁判官が内乱罪等の重罪に処するなら、世界の笑いものになる」と熱弁をふるい、被告の留学生たちを感動させたのでした。この裁判を契機に、留学生らは布施に信頼を寄せ、1923年7月、留学生思想団体・北星会（ほくせいかい）の弁士として渡朝し、十数回の講演を行い、朝鮮独立を目的とするテロリスト結社・義烈団事件のため、弁護人の一人として京城（ソウル）地方法院の法廷にも立ちました。
　同年9月1日に発生した関東大震災下、約六千人といわれる朝鮮人虐殺に対しては、真相究明と抗議に奔走し、その関連で天皇暗殺の大逆罪（文子は皇太子を狙ったともいうが、実際は何も具体化していなかった）で起訴された朴烈・金子文子夫妻の裁判も担当、かねてより朴たちの思想と行動を知っていた布施は、法廷が朝鮮民族を代表し対日憎悪をぶちまける舞台になるよう配慮したりしました。朝鮮各地では、日本政府が強制的に農民の土地を取り上げる事件がおき、この闘いにも布施は援助を惜しんでいません。
　1923年から27年にかけて、布施は都合4回渡朝し、数々の弾圧裁判の弁護をして、かたわら各地を講演、「朝鮮人の友」として搾取と虐待、差別問題などを糾弾し多くの朝鮮人を擁護しました。その活動は、戦後になっても変わらず、在日朝鮮人・韓国人関連の弁護を買って出ました。また、1946年4月、彼は「朝鮮建国憲法草案（ちょうせんけんこくけんぽうそうあん）」なるものを発表し、解放された朝鮮半島に自由・人権・民主主義が行き渡ることを熱望したのでした。布施は朝鮮・韓国の人たちから「われらの弁護士ポシ・ジンチ（布施辰治）」と永く慕われました。

(3) 思想的本質

　布施は、一時「社会主義弁護士」といわれましたが、彼自身はそれを否定しており、トルストイの弟子として人類救済、人道主義、博愛主義に徹した人であったといえるでしょう。戦後の弁護士法第1条にあるように弁護士の使命は「人権の擁護と社会正義の実現にある」という条文を戦前すでに先取り実践しており、社会主義者も、テロリストも、農民も、労働者も、外国人も、みな差別なく公平に弁護すべきという心情を持っていたのです。「正しく弱き者のために余を強からしめよ」という布施のもう一つのモットーがそれを表しています。布施の研究者である森正(もりただし)は、彼は「戦闘的人道主義者」であり、「戦闘的民主主義者」ではなかったかと述べています。

布施辰治弁護士（石巻文化センター所蔵）

122　韓国との未来を築くために

> **考えてみよう**
>
> 　布施辰治が、朝鮮独立のために、身を挺して援助を惜しまない行動をしたのはなぜか。その原動力について考えてみましょう。

【参考文献】

布施柑治『ある弁護士の生涯』岩波書店　1963年

布施柑治『布施辰治外伝』未来社　1974年

『自由法曹団物語・戦前編』日本評論社　1976年

森正「布施辰治・苦しむ人びととともに走った生涯」『韓国・朝鮮と向き合った36人の日本人』所収
　明石書店　2002年

山泉進編『布施辰治・自由と人権』明治大学法学部　2005年、

＊なお、宮城県石巻市には顕彰碑があり、石巻文化センターに展示コーナーが常設され、多くの関係資料が所蔵されている。また、明治大学図書館にも、遺族より寄贈された多くの資料が収められている。

(担当：大和田茂)

10 関東大震災の時に言論の良心を貫いた「種蒔き雑記」

「種蒔き雑記」は1923年に京浜地方で起こった関東大震災（M7.9、死者・行方不明が14万2千8百名の大惨事）の際、多くの人が一部の噂に翻弄され、集団的暴力に走る時、また、ほかのメディアもその間におこった朝鮮人大量虐殺の事実に触れようとしない時、勇気を出して虐殺は過ちであったという声が種蒔き社から発行されました。

(1) '種蒔き社'と関東大震災

1921年、秋田県土崎港で雑誌『種蒔く人』が創刊されました。フランスで反戦平和意識に目覚めた小牧近江が帰国し、友人の金子洋文や親類・知人らで発行した文芸小冊子でした。文芸活動によって民衆意識を高めようとする趣旨での発行でした。しかし、資金問題で一度休刊後、同年10月に新たに東京版『種蒔く人』が発行され、社会の不条理を批判するとともに、様々な文学作品の紹介や国際的ニュースなどを積極的に取り上げていきます。

ところが、1923年9月1日に関東一帯を襲った大震災で種蒔き社は、物質的被害と強まる思想弾圧の不安な状況で解散の予兆を漂わせるようになります。そんな動きの中で、凄惨な大量虐殺を目の当たりにした種蒔き社の有志は、「種蒔く人　帝都震災号外」を発行し、関東大震災直後におこった人災と大量虐殺の実態を伝えることに努めました。

関東大震災直後、政府当局は混乱を極める国民の不安な感情の矢が政府に向かうことを恐れ、朝鮮人が井戸に毒を入れたとデマを流し、罪もなく、ただ日本の内鮮一体を信じて出稼ぎ労働にきて、いわゆる3K（きたない、きつい、給料安い）のような仕事で苦労をしていた朝鮮の労働者ら6,000人以上が虐殺されました。標準語教育が行われていなかった当時、同じ日本人でも方言が激しく、朝鮮人に似ているだけでも攻撃の対象になるくらい、社会はまったく冷静さを失っていました。

(2) 勇気ある「種蒔く人　帝都震災号外」発行

「種蒔く人　帝都震災号外」は震災があった翌月の10月1日に発行された4頁の号外ですが、印刷所は秋田県土崎港旭町の太陽堂の名になっており、震災地の東京から離れて作ったと考えられます。発行人兼編集人の今野賢三は、「休刊に就て　種蒔く人の立場」の中では、「幾萬となく無惨なる死骸の山を積める、それ等の人々の生命、及び、過去の生活までも想起する。それ等の多数がプロレタリヤであつたとしたら、僕達はどんなに涙を手向けても足りない氣がする。」（同2頁）と、虐殺に対する憤りも露わにしています。特に、虐殺の悲しくて呪詛や憎悪すべき出来事をなるべく冷静に考えたい姿勢を見せるとともに、「果してあの、朝鮮人の生命に及ぼした大きな事実は、流言蜚語そのものが孕んだに過ぎないのだろうか？流言蜚語そのものの發頭人は誰であつたか？如何なる原因で、その流言蜚語が一切を結果したか？中央の大新聞は、青年團の功をのみ擧げて、その過を何故に責めないか？何故沈黙を

守らうとするか？」と、新聞の沈黙を痛烈に批判します。実際、東京で災害は受けたが焼失を免れた『東京日日新聞』『報知新聞』『都新聞』の三紙の中で、『東京日日新聞』や『報知新聞』は謄写版などで号外を発行し、『大阪毎日新聞』も９月１日当日に５回の号外を発行し、震源地情報や、関東では莫大な災害が生じたことは伝えていますが、朝鮮人についてはどの新聞でも触れていません。

今野がこの原稿を書いた９月17日まで中央のどの新聞も朝鮮人虐殺事件については沈黙したことや、巨大権力による言論統制が行われていたことを示唆している内容です。そのような状況の中で、本所深川の惨害などを取りあげつつ、後藤内相が要求した富豪の邸宅解放の実行についても辛辣に問い質していることから今野の良心的勇断が窺えます。また、被災者のための救済運動の訴えや、行動と批判を基にする種蒔く人の精神の不変や自分らの社会的役割にも言及しつつ、休刊せざるを得ない事情を述べている面では今野の葛藤と苦渋の決断を推察することができます。

(3) ジャーナリストの良心として真実を伝えた『種蒔き雑記』

種蒔き社は翌年の1924年１月20日に『種蒔き雑記』を発行し、亀戸署で虐殺された同志九人の名とともに、総同盟から貸してもらった亀戸事件の調査記録をもとにした九編の告発文を掲載しています。この追悼録は金子洋文の名を掲げた文章で綴ってあり、当局の厳しい弾圧を受けて惨い姿で虐殺された人の真実を訴える史料でもあります。

『種蒔き雑記―亀戸の殉難者を哀悼するために第一冊』の最初の頁には「この雑記を亀戸で暗殺された同志平澤計七　川合義虎　鈴木直一　山岸實司　近藤廣造　北嶋吉蔵　加藤高壽　吉村光治　佐藤欣治の霊に捧ぐ」と刻まれ、各自の無念な死に対する供述などを基に作成された文章が提示されています。

例えば、「平澤君の靴」では、労働運動家として知られる平澤計七（1889～1923、労働者出身の小説家）の不審な死を通して、亀戸署で朝鮮人や中国人、社会主義者などが一晩に320人が殺されたことを報じ、その死体を運ぶ巡査から教えてもらった場所に行って屍を焼いている光景を語り、それらの残酷な実態を供述する八島京一氏のインタビュー文を掲載しています。また、ほかに所収された内容として、労働組合活動をしていた川合義虎に、組合の本部に泊まっていた鈴木直一の死について、川合の母となる河合タマ氏の供述に基づいて、警察の組織的芝居と残忍さを訴えかけている「騎兵第十三聯隊の紙片」が載っています。

さらに、朝鮮人虐殺を目撃して同情の言葉を発したがために殺された山岸、近藤両氏の周辺を語った「鮮人へ同情して」、務めていた工場から不当解雇されたため、社長との交渉委員として選ばれた北島を殺した犯人が刑事であったことを知らせる「北島君と蜂須賀刑事」が掲載されています。さらには、平澤計七と一緒に亀戸署で殺された加藤高壽の誠実さを妻の供述から述べ、殺した人を「返した」と偽る安島・蜂須賀刑事に対する憤怒を記した「夫の残して行った賃金」、吉村光治の遺骨すら渡してくれずに弁明をする亀戸署長の森と吉村の実兄とのやりとりを通して、無責任で非情な警察の実態を訴えている「骨」、朝鮮人に間違えられて連れて行かれた軍隊に「佐藤欣治は日本人」である旨を伝えても、結局帰らぬ人となり、殺された理由も「革命歌を歌ったこと」だと言われるなど、権力による殺人への鬱憤を淡々と語っている「鮮人とあやまられて」が述べられています。

また、南葛労働組合理事の藤沼栄四郎が受けた亀戸署の拷問の体験と、立花春吉が亀戸署で毎晩殺される朝鮮人、中国人、日本人らの様子を綴った「地獄の亀戸署」等が、ドキュメンタリーとして記されています。中でも、立花春吉が述べた「地獄の亀戸署」で死を待つ一人の朝鮮人が哀しい声で泣きながら「自分が殺されるのは国に妻子をおいて来た罪だらうか、私の貯金は何うなるだらう」と怨言を呟く様子を描くことを通じて、出稼ぎに来て、異国の地で家族との再会も、苦労して蓄えた貯金も手にすることが出来ないまま殺されていく切なさともどかしさが、当時の狂った時代を代弁する言葉として力強く表現されています。この告発雑記は、ジャーナリスト意識が高く、事実を伝えることに徹した金子洋文らの提案で発行するようになりました。編集発行兼印刷人の名前も金子洋文でした。

　未曾有の災害を生み出した大震災に対応し切れない政府は、混乱する民心収拾のために流言飛語を流し、そのせいで行われた大量虐殺策の隠蔽のために、その後の思想活動に対して厳重な取締と統制を行います。その不条理の弾圧の中で、どの新聞や雑誌も大量虐殺の事実を述べようとしない時、種蒔き社は事実を伝えて真実を歴史に残すことに勇気ある報道を行いました。また、種蒔き社の創立メンバーの一人・小牧近江は、ILOの国際会議のために1924年6月にパリを訪れた際、雑誌『ユマニテ』社に立ち寄って『種蒔き雑記』の抄訳を渡し、同年8月17日の『ユマニテ』でその活動の様子が掲載され、国際社会にその惨さを訴える精神を見せました。

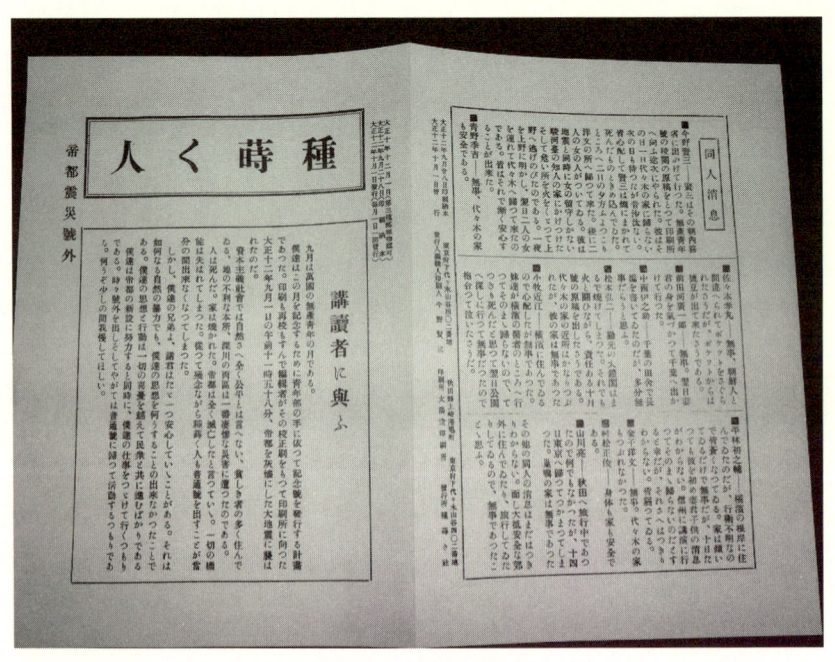

「種蒔く人」帝都震災号外

> **考えてみよう**
>
> 　周辺の多くの人が事実無根の噂を信じて、ある対象にイジメや集団暴行を行う際、その行為が過ちであるとわかっても口に出すことは容易ではありません。そこに'虐め'や'村八分'の本質が潜んでいます。そして、歳月が過ぎてそのことが間違ったと気付いた時、当時の行為を反省する人もいますが、仕方なかったと開き直る事で自分を正当化する人も少なくありません。まさにそのような心理が近代史における様々な歴史総括の壁となったり、社会問題としてのいじめの構図にも繋っている一因でもあります。
>
> 　過ちを過ちだと声に出すこと、その勇気は自分に自信を持つ人じゃないと難しい部分もありますが、ずっと後悔し続けることよりも自分を信じて、間違いを間違いだと周りを悟らせる声を発することが再発防止と問題解決に繋がることを考えてほしいです。

【参考文献】

「種蒔く人　帝都震災号外」1923年10月1日、種蒔き社。

『大阪毎日新聞号外』1923年9月1日、マイクロフィルム参照。

李修京『近代韓国の知識人と国際平和運動』明石書店、2003年。

李修京『帝国の狭間に生きた日韓文学者』緑蔭書房、2005年。

李修京ほか『フロンティアの文学　雑誌『種蒔く人』の再検討』論創社、2005年。

李修京ほか『「種蒔く人」の精神』DTP出版、2005年。

伊藤正徳『新聞五十年史』鱒書房、1943年。

（担当：李修京）

種蒔き社の活動の研究書

11 人命を重んじて真実を直視した警察の鑑・大川常吉

　大川常吉(おおかわつねきち)（1877～1940）は、関東大震災直後、デマによって朝鮮人大量殺害が行われる中、無差別殺害の不条理に警察としての信念で正義を貫いた警察官の鑑となった人物です。
　1923年9月1日に関東地方を襲った大震災後に、朝鮮人が井戸に毒を入れたなどのデマが流れ、朝鮮人の大量虐殺事件がおきました。誤報が飛び交う中、事実を見極めることもなく、いたずらに朝鮮人が殺害される中で、横浜の鶴見警察署の大川常吉署長は、その不条理に疑念を抱き、暴徒団体を説得し、301人の朝鮮の人を守りました。大川署長は現実に何が起こっているかを直視し、誤った情報で人を殺してはいけないという信念で勇気ある行動を取りました。

(1) 混乱の中でおこった暴行

　突然白昼の京浜地方を襲った激震によって、当時世界五大国入りを果たした先進国・日本の首都機能は麻痺(まひ)し、修羅場(しゅらば)となりました。同日午後1時10分、軍当局による非常警戒に関する命令が発せられ、翌日には東京近辺より戒厳令(かいげんれい)が施行されます。当局は阿鼻叫喚(あびきょうかん)の中ですべての機能が停止し、現状を伝える情報や通信が止まった状況の中で、不安な民心の感情による騒乱を恐れて、別の対象を設けてその脅威を持たせることで国民の連帯や意識の凝集、救援責任の回避などを謀ろうとします。そして、不逞鮮人(ふていせんじん)による襲撃や井戸への投毒、不逞団体の蜂起を操った社会主義者の暴動だという誇大流言が流れると、瞬く間に別の社会混乱を招きました。それらから国民を守るという理由で軍隊や警察が出動し、各地では自警団が結成され、出稼ぎの朝鮮人や中国人労働者、社会主義者、さらには激しい訛りをもつ地方出身者などまでも理不尽なデマの犠牲となる事態が生じます。ことの事実が誤りであることが明らかになった時は既に遅く、6,000人以上の朝鮮人が殺害され、中国人や労働者の低賃金問題や労働環境などを批判していた文学者などがこの混乱の中で殺されました。
　9月4日、やっと『大阪毎日新聞』が号外で、「鮮人一部の暴挙は既に完全に取締を遂行した」という題目で朝鮮人の大部分は順良であると3日付の警視庁の急告通達を載せています。同紙は9月15日に、湯浅(ゆあさ)警視総監による「多数の鮮人は順良だ」という談話や、「危ない朝鮮人を助けた四谷署長の美談」を載せており、まるで朝鮮人らの大量殺害をもみ消そうとする動きが報じられました。当時の陸軍関係史料では、朝鮮人への無法な待遇を慎むこと、噂による暴行は罪となることが関東戒厳司令部(かんとうかいげんれいしれいぶ)から呼び掛けられていますが、9月19日の陸軍情報では、習志野で収容保護中の朝鮮人が3,075名に達しており、多くの朝鮮人が保護の名目で捕らえられていました。それは朝鮮総督府(ちょうせんそうとくふ)から「万一ヲ慮ツテ収容保護シテ居ル者ニハ漸次職業ヲ世話スル考テアルカラ安心シテ将来益々内鮮人融和ノ実ヲ挙クル決心ヲシテ貰ヒタイ（中略）」という諭告(ゆこく)が提示され、保護中の人々は安心せよと述べていますが、流言による大量殺害と、朝鮮内部での反発に対する融和策としかいいようがない、鞭と飴とも言うべ

き政策を行っていました。9月15日、『読売新聞』は、'朝鮮人の噂は何所から出たか'と題として、当局で「朝鮮人にして日本人を殺した者は一人も無い」と断言しつつ、今でも流言が消えないので弱ったと報じています。

(2) 大川常吉の愚直な信念

　震災は震源地の近い神奈川にも多くの悲劇を生み出しました。横浜の鶴見臨海部の埋め立て作業が始まると、京浜工業地帯が形成されるようになり、1920年前後から潮田(しおた)地区に朝鮮半島や沖縄出身の労働者が多く移住するようになりました。当時の横浜は西洋人の出入りは馴染んでいたものの、植民地の朝鮮人に対する差別と偏見は根強く残っていました。そのため、関東大震災の際、搾取されて凄惨な生活を送っていた朝鮮人労働者らの日頃の不満による暴動を起こし、井戸水に毒を入れたという虚説が広まり、横浜でもそのデマに翻弄(ほんろう)された在郷軍人や若者らによる自警団などによって朝鮮人が襲撃されました。

　その最中、ビンを持って歩いていた中国人らしい4人の男性を朝鮮人だから叩き殺せと叫ぶ人々は彼らを鶴見署に連行してきましたが、ビンの中身は中国の醤油とビールでした。その事実を伝えても自警団らは信じないで毒だと言い張るため、それなら自分で飲んで見せるとして、次々とそのビンの中身を飲みました。その件は何とか収まりましたが、朝鮮人が次々と連行され、中には理不尽な連行に助けを求めて泣く人たちをみて、大川署長は一時的に管内の総持寺(そうじじ)に警察官を付き添わせて301名を保護しました。しかし、その噂を聞いて鶴見区の村会議に呼ばれた大川に議員たちは、「警察署長が率先して朝鮮人を取り締まり、不安を取り除くべきであるのに、反対に300人を保護するということは爆弾を抱えているようなもの」だと朝鮮人保護に抗議をします。しかし、大川は彼らを警察に来てもらい、善良な人であることを確認してもらいました。大川は朝鮮人暴動が根拠のない噂だと断言し、保護中の朝鮮人の所持品を検査しても小さなナイフ一つも出なかったこと、警察から離れればすぐに全員が殺されるため、収容人数が増えても保護する方針を明言しました。

(3) 警察署を取り巻く群衆を説得する大川常吉署長

　悪質なデマが憶測を呼ぶ9月3～4日頃は民心の不安と興奮は絶頂に達し、いわゆる'朝鮮人・中国人狩り'は最悪な状態になります。総持寺の朝鮮人保護説が広まると、自警団を含む1,000余名の日本人が、朝鮮人を見つけ次第に打ち殺せと叫びながら鶴見署に駆けつけます。既に暴徒化の動きを見せる中、朝鮮人の見方をする警察も叩きつぶせと叫く群集に向かって大川は、警察が保護している朝鮮人は皆良い人であり、それほど自分を信用できないなら自分を殺して署内に入れと訴えます。当時26歳で大川を身近にみていた門司亮(もじりょう)は、群衆が猛り狂っていた時、大川署長が突然「朝鮮人が毒を投入した井戸の水を持ってこい。私が先に諸君の前で飲むから。そして異常があれば朝鮮人は諸君に引き渡す。異常がなければ私に預けよ」と言明し、人の命を守り通したことを述懐しています。その決断力と行動力によって301人は9月9日、汽船畢山丸(かざんまる)で神戸などに移動しました。

　どこの人間でも同じ生命であり、その良民と社会を守るのが警察だという信念を貫いて命をかけて守った大川常吉の勇気ある行動は、現代社会にも示唆するものが大きいです。

その後、大川常吉は大磯警察と厚木警察の署長を経て、1927年3月に依願免官になります。大川の孫は、祖父の朝鮮人助けが辞める一因につながったのではないかと疑念を抱いていますが、明らかではないため、ここではその免官理由の推測は省きます。その後は横浜青果市場の主事などを務めました。

　1953年、大川常吉の捨身の精神に感謝し、その功徳を忘れなかった在日朝鮮人有志は、鶴見潮田3丁目にある大川家の菩提寺・東漸寺(とうぜんじ)に次の内容の顕彰碑を建てました。

　「関東大震災当時流言蜚語により激昂した一部暴民が、鶴見に住む朝鮮人を虐殺しようとする危機に際し、当時鶴見警察署長故大川常吉氏は、死を賭して其の非を強く戒め、三百余名の生命を救護した事は、誠に美徳である故、私達は茲に故人の冥福を祈り、其の徳を永久に讃揚する。」

　1940年に63歳で他界した大川の墓の横にある顕彰碑は、今でも彼を偲ぶ人々の胸に「正義」と「人間の平等さ」と「命を尊重し、人を守る警察としての信念で貫くこと」の大切さを伝えています。

大川常吉（2005年7月4日 日本版『朝鮮日報』サイトより）

> **考えてみよう**
>
> 　非常時のメディア等の情報伝達機能の麻痺と不安な状況下の群衆心理を悪用しようとする動きに惑わされないためにどうすればよいのでしょうか。基本的に、相手も自分自身と同じような状況であること、困っていること、自分の命を大事に思っていることを決して忘れないことが判断の基準になります。天災など、非日常時の不安と怖さを示唆する歴史的事例は必ずしも過去のことではありません。我々が過去の過ちを反復し、愚かな行為をしないためにも、過去のことを知ることから考えてみましょう。

【参考文献】

『大阪毎日新聞号外』1923年9月4日、マイクロフィルム参照。
李修京『近代韓国の知識人と国際平和運動』明石書店、2003年。
李修京『帝国の狭間に生きた日韓文学者』緑蔭書房、2005年。
李修京ほか『フロンティアの文学　雑誌『種蒔く人』の再検討』論創社、2005年。
李修京ほか『世界史の中の関東大震災』日本経済評論社、2004年。
キョンナム『ぽっかり月が出ましたら』三五館、1995年。
名越二荒之助「三、在日朝鮮人を救った大川常吉警察署長」『日韓共鳴二千年史』（明成社、2002年）、544〜547頁参照。
秦郁彦編『日本近現代人物履歴事典』東京大学出版会、2002年。
松尾章一監修、坂元昇ほか共編『関東大震災政府陸海軍関係史料Ⅱ巻陸軍関係史料』（日本経済評論社、1997）、770頁参照
「図説・横浜の歴史」編纂委員会編『図説　横浜の歴史』横浜市市民局市民情報室広報センター、1989年。
朝日放送「報道STATION」2004年9月1日放送内容
http://www.tv-asahi.co.jp/hst/contents/special/040901.html
http://japanese.chosun.com/site/data/html_dir/2005/07/04/20050704000033.html
http://www.city.yokohama.jp/me/tsurumi/info/kokusai/
http://news.hankooki.com/lpage/opinion/200507/h2005070319130224180.htm
http://www5d.biglobe.ne.jp/~kabataf/kantoujisin_isibumi/yokohama/yokohama_touzenji/kantouyokohama6.htm

（担当：李修京）

12 愛のオンマ・望月カズを考える

望月カズ（1927～1983）は、身内が一人もいない韓国で、貧しい中でも孤児のために一生を捧げ、日本人でありながら光復賞(クァンボクサン)を受けて、「愛の理髪師」「三十八度線のマリア」と今日でも呼ばれている人です。

(1) カズ、満州に渡る

カズが幼い頃、日本軍は満州（今の中国東北部）に新しい国「満州帝国」を作り日本の勢力を拡大させようとし、多くの日本人が新天地を求めて移住していました。そして、東京に住んでいたカズも、1931年（昭和6）に母近衛と満州の滴道(ちかえ)に移り住みました。しかし、カズが6歳のときに母が亡くなり、異国の地で彼女は孤児となってしまいました。それからのカズはある中国人の家で奴隷同然に働かされ、日本憲兵隊の所に逃こみ、そこで日本語の読み書きを教わったりしていました。16歳（1943、昭和18）のときに孤児であるため自分は日本人としての戸籍がないことを知り、偽の戸籍を買いました。そして、その翌年に永松晃、礼子夫妻と養子縁組をして日本国籍を手に入れ、「永松カズ」となりました。

(2) 孤児たちとの出会い

1945年（昭和20）に日本の敗戦により、第二次世界大戦は終わりました。カズはその終戦の混乱の中で養父母とはぐれたまま、平壌(ピョンヤン)からソウルに渡り、東京に帰り着きました。身寄りのいない日本でカズは実母の墓が旧満州にあることを思い、1948年（昭和23）、21歳のときに再び旧満州に向かおうとしました。カズは当初釜山(プサン)からソウルに行き、そこから旧満州に向かおうとしましたが、韓国、北朝鮮のどちらの警備もきびしく、38度線を越えることは出来ませんでした。当時、朝鮮半島では同じ民族が北と南に分かれて戦っており（朝鮮戦争）罪のない多くの人々の血が流れました。北と南に別れて戦っていたため、未曾有の人の血が流れました。

旧満州に渡る機会をうかがうためにカズはソウルに留まりました。そこで、カズは戦乱に巻き込まれてしまい、1950年（昭和25）、ソウルで行われた激しい銃撃戦の中でカズは、目の前で銃弾に倒れた韓国人女性に抱かれていた男児を助け出しました。それが、カズと孤児の生活の始まりとなったのです。ソウルでの市街戦が日に日に激しさを増し、ソウル市民は次々と南に向かって避難を始めました。その中でカズも孤児とともに釜山に向けて出発しました。その道中で、カズの元には多くの孤児たちが集まってきました。

132　韓国との未来を築くために

(3) 孤児たちとの生活

　貧困の中で多くの子どもたちと生活していたカズは、釜山で港湾労働者として働いていました。そして、カズは旧満州に住んでいたときに理髪店で働いていたことがあったため、避難民の多くが集まる釜山の一角で理髪店を開いて生活の足しにしていました。

　1953年（昭和28）7月、板門店（パンムンジョム）で朝鮮戦争の休戦調停がおこなわれ、同じ民族同士の戦争は休戦という形となり、南北の対峙状態へと突入し、今日に至ります。

　その間、カズが世話をし、一緒に暮らしていた孤児は17人に増えました。その多くの子どももソウルの出身だったため、翌年、カズは子どもたちとソウルに戻り、バラック小屋での生活を始めました。カズは持っていた技術を生かして露店で理髪店を開き、子どもたちもシルトク（蒸した餅）を売って、生活を助けました。

　カズは韓国で正式な理髪師の資格を持っていませんでしたが、周りの援助者や当時の朴正熙（パクチョンヒ）最高会議議長（後の大統領）の配慮で特別に試験を受けることが出来ました。そして、カズが36歳（1963、昭和38）のとき、晴れて堂々と理髪店を営めるようになりました。しかし、当時カズと一緒に暮らしていた子ども達は40人以上となっており、その生活は理髪店だけでは決して楽にはならない状況にありました。

(4) 周辺からの注目と支援

　1964年11月7日、カズは韓国の孤児を育てていることを評価され、「ソウル名誉市民章」を受賞しました。日本人であるカズが韓国で身寄りもない孤児たちと生活していることは、日本のテレビでも取り上げられました。それによってカズは養父である永松晃氏と再会することが出来ました。また、カズをモデルとした映画が韓国で製作され、日本でも上映されて国境を越えて、多くの人々が涙を流し、感動を覚えました。

　1965年には日本の敗戦以来、国交がなかった日本と韓国が正式に国交を正常化し、日本人観光客が韓国を訪ねるようになりました。

　カズは心身の過労から体調を崩し、入院することもありましたが、理髪店のほか軍手などを売って、子どもたちのために一生懸命働きました。血を売ることもしばしばありました。そのおかげで、中学や高校、大学にまで通うことのできる子どもも出て来ました。そんなカズが40歳の1967年（昭和42）、韓国政府から日本人としては異例の「光復章」（クァンボクチャン）を受けました。その評価は日本人を超えた人道的行為に対する評価として判断した結果だといえます。しかし翌年、カズと子どもたちが住んでいたバラックはソウルの都市計画のために壊されてしまいます。そのために更に困窮に追い込まれたカズは思い余った末、自殺をはかってしまいますが、幸い未遂に終わりました。そのことでカズの苦しみを知った人々は支援の輪を広げ、多くの人や団体がカズの活動の手助けをするようになりました。

　1971年（昭和46）には当時の朴正熙大統領から名誉勲章「冬柏章」（トンベクチャン）を授与されました。カズが44歳のときでした。1976年（昭和51）には日本でもカズの長年続けてきた努力と人道的な愛に対し、第10回吉川英治文化賞が贈られました。そして、1982年（昭和57）、カズが55歳の時には根元隆、粕屋芙美子弁護士の努力の結果、念願だった自分の本来の戸籍である「望月」姓にやっと変更することが出来ました。

翌年の秋、カズはソウルの自宅で脳溢血のために倒れてしまい、そのまま意識を回復することはありませんでした。1983年（昭和58）11月6日、56歳のカズは多くの子どもたちや支援者に見守られて、息をひきとりました。そして、日本政府はカズに「勲五等宝冠章」を送りました。カズが育てた孤児たちの数は133人にも上りました。

　韓国の墓地のほかに、「富士山の見えるところに眠りたい」というカズの遺志により、静岡県の瑞林寺の墓地にもカズの骨は分骨されています。その墓碑にはカズの歩んできた生涯が記されています。

　カズは韓国という異国の地で多くの孤児たちを立派に育て、自らの一生を捧げました。カズは他の誰も真似できない芯の強さと、母としてのやさしさを兼ね備えて、自分と同じ境遇に立たされた子どもたちの母親として日韓に愛と友好の種を蒔いた人物でした。

多くの戦争孤児（木浦共生園の様子、InKAS 鄭愛里代表提供）

134　韓国との未来を築くために

> **考えてみよう**
>
> 　カズは孤児たちを育てていく中で、多くの人々の支援を得ることが出来ました。その人々の中には、孤児たちを育てる施設を作ることを薦めました。しかし、カズは決してそのような薦めに応じることはありませんでした。その理由を、「公認の施設にしてしまったら、カズは園長先生になってしまい、子どもたちのオンマ（韓国語で「母」の意味）であり続けることは出来ないと考えたのだろう」と推測する人もいます。施設にして、国からの援助をもらいながら生活する方が楽だというのは明らかですが、孤児たちのために生涯をオンマとして存在し、そのために働き、彼らを育てたカズは家族らと精神的に離れることはしませんでした。カズの気持ちと立場で子供との関係を考えてみましょう。

【参考文献】

藤崎康夫『愛のかけ橋はきえず　韓国孤児をそだてた望月カズの一生』（くもん出版、1985年）

三十八度線のマリアの会『韓国孤児とともに　支援者による望月カズ追憶』（1986年）

永松カズ『愛の灯は消えず』（講談社、1971年）

永松かず『この子らを見捨てられない―韓国孤児の母―』（オリオン社、1965年）

名越二荒之助『日韓共鳴二千年史』（明成社、2002年）

『日本人名大辞典』（講談社、2001年）

『日本女性人名辞典』（日本図書センター、1993年）

（担当：小池美晴）

13 孤児養育に捧げた曽田嘉伊智の人生

　曽田嘉伊智(そだかいち)(1867～1962)は植民地下の朝鮮において、日本人でありながらも朝鮮の孤児たちの親として、彼らの養育と救援活動に専念した人物でした。そして、日本人として初めて韓国の文化勲章を受けました。

(1) 放浪の時代を経て朝鮮へ

　曽田嘉伊智は、1867（慶応3）年に現在の山口県熊毛郡で生まれました。彼は25歳頃から香港や中国などで放浪生活を送っています。その間台湾で行き倒れになるという出来事がありました。そのとき通りかかって助けてくれたのが朝鮮の人でした。命の恩人の祖国に興味を抱いた曽田は38歳のとき朝鮮に渡り、京城(けいじょう)（現在のソウル）でYMCA（キリスト教青年会）の語学教師となりました。そして、平壌(ピョンヤン)の伝道集会(でんどうしゅうかい)で改めて信仰に目覚め、京城メソジスト教会の定住伝道師となって教会の御用に奉仕するようになります。同時に、キリスト教書店を経営しながら、聖書販売伝道を始めました。

　当時、朝鮮のYMCAには、独立運動に参加する若者が多くいました。1919（大正8）年の3月1日、京城のパゴダ公園で、33人の志士たちが独立宣言文を発表したことを発端に、独

曽田嘉伊智
『韓国孤児の慈父　曽田嘉伊智翁』牧羊社より

立への動きが朝鮮全土へと波及しました（三・一運動）。その一方、独立運動に参加した人々は弾圧を受けました。曽田はすでにYMCAの職を辞めていましたが、協力者とともに警察署を回って署長を説得し、投獄されたYMCAのメンバーを助け出しました。

(2)「鎌倉保育園」での生活

　鎌倉在住の医師だった佐竹音次郎が「鎌倉小児保育園」を開設し、1913（大正2）年には旅順と京城、後には台北、大連、北京にも保育園支部を設けました。佐竹から直接京城支部の経営を依頼された曽田夫妻は、朝鮮の孤児たちの救済・養育に専念するようになりました。

　「鎌倉保育園」の経営は決して楽なものではありませんでした。それは経済的な面ばかりでなく、精神的な面においても同様でした。寄付を集めに行ってもなかなか理解されないだけでなく、朝鮮の人たちからは、朝鮮の孤児たちに朝鮮を否定するような教育をしているのではないかと疑われ、日本の人たちからは、孤児たちに朝鮮独立の思想を教えているのではないかと陰口をいわれるような状況が続きました。しかし、少しずつ朝鮮の人たちからも好意が寄せられ、奉仕の申し出がなされるようになりました。

　曽田嘉伊智が代理牧師として元山メソジスト教会に赴任して後も、妻のタキは後任の須田権太郎を支援して、「鎌倉保育園」の事業に専念していました。1945年8月の終わり、「鎌倉保育園」は物置の一部を残して全焼したため、園児たちは別の施設に移されました。ところが、園児たちはすぐに戻ってきてしまい、諭してふたたび新しい施設に連れて行っても、また泣いて戻って来たそうです。その後、支部の焼け跡に「永楽保隣院」が建てられました。

タキ夫人
『韓国孤児の慈父　曽田嘉伊智翁』牧羊社より

(3) 韓国への「帰還」

　1947（昭和22）年10月、曽田は一人で祖国日本に向かいました。というのも、戦後荒廃した日本の状況を聞いたためです。当初は半年程度の予定で日本各地を巡る世界平和運動の旅に出ました。しかし、その後朝鮮半島の政情が混乱し、曽田は長く日本に留まり、韓国に一人残ったタキ夫人は亡くなりました。葬儀にあたっては国葬に準ずる社会葬が営まれ、韓国政府高官、京畿道知事、ソウル市長なども参列しました。

　曽田は妻亡き後、小豆島で教会守生活を送り、その後明石市の愛老園に身を寄せます。そして、1955（昭和30）年には、在日本韓国YMCAに招待されて、東京での感謝会にも参加しています。この感謝会は戦後十年を記念して、韓国への功労者に感謝の意を表すもので、曽田をはじめ、須田権太郎や浅川巧夫人など、11名が招待されていました。

　そして、94歳になった曽田はかねて希望していた韓国行きを実現します。朝日新聞に掲載された記事がそのきっかけでした。「李承晩さん。あなたは、日本のこの白ヒゲのおじいさんのことを覚えておられるでしょうか。」という呼びかけで始まるこの文章は、朝鮮YMCA時代の知り合いであり、当時の韓国大統領であった李承晩に向けて書かれたメッセージです。李承晩大統領が失脚し、いったんは計画が頓挫しかけますが、1961（昭和36）年になって「永楽保隣院」から招待状が届き、ようやく韓国に招かれることになりました。歓迎のなかでソウルに戻った曽田は、翌年に「永楽保隣院」で亡くなります。葬儀は社会葬として盛大にとり行われ、翌年には日本人では初めて韓国政府より文化勲章が贈られました。

過程表

1867（慶応3）年	周防の熊毛郡曽根村隅田（現在の山口県熊毛郡平生町）に生まれる。
1905（明治38）年	朝鮮に渡りYMCAの語学教師となる。
1906（明治39）年	京城メソジスト教会の定住伝道師となる。
1908（明治41）年	上野タキと結婚する。
1921（大正10）年	鎌倉保育園京城支部長になる。
1943（昭和18）年	元山メソジスト教会の代理牧師として赴任する。
1947（昭和22）年	日本に戻り、世界平和運動の行脚をする。
1950（昭和25）年	タキ夫人亡くなる。
1961（昭和36）年	韓国に招かれる。
1962（昭和37）年	ソウルで曽田嘉伊智亡くなる。

> **考えてみよう**
>
> 　1961（昭和36）年、曽田嘉伊智は94歳という老齢にかかわらず韓国に渡ります。これは、曽田が韓国を最期の場所に選び、韓国を「ふるさと」だと考えたことを意味しています。では、みなさんにとって「ふるさと」とはどんな場所でしょうか。生まれた場所でしょうか、それとも家族や知り合いがいる場所でしょうか、それとも勉強や仕事のために長期間過ごす場所でしょうか。また、そうした場所が異国であっても、そこを「ふるさと」だと考えることができるしょうか。みなさん自身の「ふるさと」について考えてみましょう。

【参考文献】

鮫島盛隆『韓国孤児の慈父　曽田嘉伊智翁』牧羊社、1975年

疋田桂一郎「韓国こそ私のふるさと――"故郷"へはやる心」『朝日新聞』1960年1月1日

（担当：波潟剛）

14 30年越しの修学旅行で日韓交流を続ける智辯学園の藤田照清

いかなる困難が立ち塞がっても、明日を担う子供たちに国際的感覚を覚えさせ、健全な歴史的教育を通して、アジア和合への人材を育成するという教育的信念から、日韓両国への理解を深めて、隣国との交流を30年以上も続いているのが、智辯学園の藤田照清(1929〜)理事長です。藤田理事長は、韓国政府からその一途な教育的姿勢が高く評価され、二度も大統領表彰を受けました。教育界に身をおき、九州から生徒の修学旅行を韓国に変更して以来、日本との歴史的関係が深い韓国でその縁を訪ねて、様々な異文化と共通する文化の体験を通して、生きた教育を受けた生徒数は既に15,000人を超えています。

(1) 藤田照清理事長の隣国との友好への信念

　藤田照清は1929年、神戸市にある三の宮近くの仏教寺院の聖徳院の次男として生まれました。北野の小学校には外国人も多く、国際色豊かな環境で育ちますが、戦争によってすべてが一瞬に変わります。学校教育は戦争遂行のために徹底した愛国教育へと変わり、国のために死することがもっぱら愛国の証のように掲げられ、軍国少年を戦場へと向かわせる社会的構図になっていくのです。その中で藤田の2歳年上の兄が航空隊に入隊します。そのため、両親は常々、「お前まで戦争に行くな」と戒めますが、愛国心に燃えていた藤田は15歳の1944年の秋、両親には内緒に、海軍甲種飛行予科練習生（少年航空隊員、別称は予科練）を受験し、三重海軍航空隊に入隊します。その間、父親は息子を思いとどまらせようと、寺に下宿していた海軍の将官にも頼みますが、本人は結局、父の顔もみることもなく、出発することになります。後に妹から父親が泣いていたことを知らされるようになりますが、既に父親は米国の空襲によって二度と会うことはできなくなります。予科練に半年ほど経って高知航空隊にいた時、母親が汽車と船に乗り換えて面会にきました。そして、神戸は3月の空襲で半分近くが焼けて藤田が帰る頃は父も母もいないはずだから、必ず生きて帰って、兄弟3人で仲良く暮らすようにと言い残します。家族全員が生き延びるために、予科練を選択したはずなのにと寂しい思いをしますが、その年の6月5日の神戸大空襲で両親とも帰らない人となりました。16歳の藤田は焼け野原に呆然と立ちつくしながら、その無念さを噛みしめました。帰る場所もなく、孤独と痛恨にさいなまれる日々が続きますが、生前の父親が残した「これからの時代は大学を出ていないとものにならない」という言葉を思い出し、港湾労務などの仕事で学費を貯めて、何とか大学で修学することができました。そして、戦争の無惨さを体験した藤田は、これから日本を担う若者たちは、決して同じ過ちを繰り返してほしくないという信念を持つようになります。そして、生徒たちが広く世界に目を向け、全世界に戦争がない平和社会を追求し続けてほしいと願い、教育理念にも生きた国際化教育を取り入れるようになります。

(2) 修学旅行を韓国へ

　交通・通信が高度に発達している今日、日本の高校生が韓国を修学旅行で訪れるのは年間6万人を超えています。もっぱら、国際化教育や隣国との交流を通して明日を担う若者に共通する文化を持ち、異文化が体験できる外国。そして、日本とも深く関わりがある韓国を手頃な予算と負担が少ない日程で修学旅行先として選ぶ学校が増えているからです。そのため、若者の多くが韓国を知る機会を得ていると思います。

　ただ、智辯学園が最初に韓国に行った1975年は、日韓正常化から10年になる年で、韓国訪問者数が年間1万人を越す程度でした。今は年間400万人以上の往来があり、2005年8月からは羽田から一日8便の飛行機がソウルに飛び、日帰りのビジネス時代に突入しているのが現状です。しかし、当時は高度産業・経済開発の政策によって、朝鮮戦争の廃墟から立ち直る最中で、今の状況からすると社会的にもまだ混沌とした雰囲気がありました。

　智辯学園は1964年に創立し、翌年から高校第1期生が入学しました。そして、教育課程の重要な行事である修学旅行の場所を九州にし、1974年までに阿蘇山を含む九州に行きました。しかし、時代とともに海外旅行が身近になってくると同時に、阿蘇山の噴火のため、九州旅行の重要なコースが見られなくなったため、日本の古代奈良文化の源流である韓国への検討を始めます。そして、日本と近い文化を享有しつつも、九州旅行の予算5万円（当時）ほどで国際教育の場が提供できるという趣旨で韓国を新しい修学旅行先へと変更することになりました。

　その契機となったのは、1970年の奈良市と韓国の慶州（キョンジュ）市、1972年の明日香（あすか）村と韓国の百済（ペクチェ）文化が栄えた扶余（プヨ）郡との姉妹都市締結でした。そのため、現地の情報を得るために藤田は当時の奈良市長と明日香村長を訪問し、韓国への修学旅行の助言を求めます。そして、この韓国行きは意義ある修学旅行になることを確信するに至り、1973年12月21日に生徒を集めて修学旅行を韓国へ行くことを伝えます。また、23日は保護者会でその趣旨を説明し、理解を得られ、韓国行きが決定されました。

(3) 韓国での出逢いの歴史

　1975年3月28日に新幹線に乗って下関から関釜（かんぷ）フェリーで韓国に向かいます。3800トン級の小さい船で荒れ果てる玄海灘を超えると、全員は船酔いで苦しみました。その中で受けた入国審査は厳しさそのものでした。なぜなら、その前の年に在日韓国人による大統領暗殺未遂事件があり、大統領夫人が殺された事件があったからです。その国を訪問する観光客を迎える最初の顔でもある入国審査員の厳しい対応は示唆することが多いです。その対応を経験し、それに抗議するなどで始まった韓国旅行はその後、奈良市や明日香村の姉妹都市の市長らの配慮によって国賓扱いで歓迎され、充実な内容を旅行をすることができました。釜山から慶州・扶余などに寄ってソウルに行き、当時昌徳宮（チャンドックン）の李方子（イバンジャ）訪問や、ソウル高等学校、景城（キョンソン）高等学校などで交歓会を行いました。当初は麦ご飯とキムチなどの食文化の違いや宿のオンドル部屋の習慣の違いを体験しつつ、百済文化に接して懐かしさを感じる旅行となり、学生からも有意義だったと言われる旅行となりました。その後、行きは関釜フェリー、帰りはソウルから飛行機となりました。その間、紆余曲折も多く、毎年、様々な経験を経るのです

が、ロッテ観光の金基炳会長の支援で韓国の美林女子高校との交流、漢陽工業高校の金泳在校長との交流による姉妹校・日本からの短期留学などを実現することができました。その30余年の歴史はまさに日韓教育界の歴史でもあり、子供たちに決して不幸な歴史を残しては行けないという強い教育信念と辛い体験から始まった他者との出逢いでした。30余年だと言うのは簡単ですが、誰もが真似できることではありません。それは、近代の日韓の歴史を超えて、真の教育的愛を理解する多くの人々の支援によってこそ可能になった「友情」そのものです。

　どのような状況にも屈しない強い意志で少しずつ紡いできた日韓民間人交流。歴史を刻むほど厚い声援とそれを見守ろうとする動きも高まっています。それは日韓の大事な財産であり、巣立った15,000人以上の思い出が詰まった記憶のアルバムだからです。そのアルバムを作った藤田照清理事長の勇気ある行動力がなかったら、今の韓国との記憶もなかったでしょう。時代を先に取り入れた藤田理事長は、韓国での日本の植民地支配があった35年間を、少なくとも35年間の修学旅行を通してその歴史の傷跡を少しでも信頼関係で友好を紡いでいくことが当分の目標だとしています。76歳になった藤田照清の教育的信念と民間人交流への熱い思いは、凄惨な過去を経験したからこそ衰えることがありません。

韓国を訪問した藤田照清校長（智辯学園からの提供）

考えてみよう

　30余年間を一途な信念でできることがあるとすれば、私達には何ができるでしょうか。藤田照清を動かした韓国との交流、それは日本との交流を続ける韓国側の歴史でもあります。その歴史によって我々は戦争がない日韓関係の現在を享有しているといえます。その平和を築いてくれたいろんな人々について考えてみましょう。

【参考文献】

「智辯学園高校藤田照清校長」『ロッテ観光ニュース』第106号、1994年秋号。
「大統領表彰」『韓国旅行新聞』1994年9月30日。
「韓国大統領表彰を受けて」『私学時報』1994年11月20日。
「藤田校長に韓国大統領表彰」『奈良新聞』1994年9月30日。
「韓国から大統領表彰」『和歌山新聞』1994年9月30日。
『ソウル新聞』2005年4月21日。
『毎日経済』2005年4月21日。
『中央日報』2005年4月21日。
「藤田照清・智辯学園理事長」『朝日新聞』2005年9月27日。
「韓国政府　藤田智辯学園理事長に産業褒章」『奈良新聞』2005年9月25日。
藤田照清「諸君、隣人を愛せよ」『奈良新聞』連載、2004年12月〜2005年7月。本資料は智辯学園高校より提供を受けた。
http://japanese.tour2korea.com/12Home/Notice_Read.asp?oid=1138&iPageToGo=1
http://www.zenshigaku-np.co.jp/others/2003/others20030813190 10903.html
http://japanese.chosun.com/site/data/html_dir/2005/04/20/20050420000056.html

(担当：李修京)

15 朝鮮のキリスト教の布教に生きた乗松雅休

　乗松雅休（のりまつまさやす）（1863～1921）は日本人として朝鮮におけるキリスト教の布教のため身を献げた人です。夫婦ともに朝鮮の人々と苦楽をともにしながら、朝鮮各地にキリストの教えを伝播し、やがてその骨まで朝鮮の土となることを望みました。

(1) 韓国とキリスト教

　皆さんは信奉する宗教を持っていますか。世の中には様々な宗教がありますが、キリスト教の場合、現在の日本の総人口に占める割合は約1%弱であると言われています。それに比べて隣の国・韓国はキリスト教徒の割合が1999年の時点ですでに25%を超えていて、さらに増加の傾向にあります（韓国統計庁の発表による）。また、韓国における教会の数も全国に5万以上あるということですから、これは日本全国にあるコンビニエンスストアの総店舗数（2004年度のコンビニエンスストア総店舗数は4万2046店：日本経済新聞の調査〔2004年7月27日〕による）よりも多いことになります。

　日本と韓国はほぼ同時期にキリスト教の宣教が開始されたにもかかわらず、韓国でのキリスト教はわずか1世紀のあいだに目を見張るほど成長しました。その主な要因は、キリスト教が伝来した19世紀後半というのが、ちょうど欧米列強のアジア進出が活発化した時期であり、日本による植民地支配とも重なっていたからです。教会は不安定な社会情勢のなかで拠（よりどころ）のない民衆に精神的慰めと避難の場を提供することによって、人々の結束力を固め信仰心を深めました。また、亡国の危機に瀕した祖国の独立運動を主導する中心的役割をも担っていました。

　このように韓国のキリスト教は、19世紀後半からさまざまな苦難のなかでその土台が築かれたのですが、その立役者として外国から来た宣教師たちの存在をあげることができます。そしてその中には、韓国でも一般の人々にはあまり知られていませんが、日本人宣教師も多数含まれていたことを忘れることはできません。

(2) 朝鮮に福音の種を蒔く

　乗松雅休は、江戸時代に四国の伊予国、今の愛媛県松山で生まれました。成人して神奈川県庁に勤めていたころ、横浜の教会でおこったリバイバルで大きな感銘を受けたことをきっかけに、伝道者となり神様から与えられた道を歩もうと決心します。そして、日本最初の海外伝道者といわれる乗松が布教の地として選んだのはほかならぬ朝鮮でした。1896年、冬のことです。

　朝鮮伝道の動機についてはいくつかの説があります。たとえば、1892（明治25）年頃、日本でキリスト教を信じて朝鮮に帰国していった朝鮮人青年が禁令を犯した罪で間もなく処刑されたとの噂を耳にしたのが動機であるという説や、日清戦争直後、日本公使・軍人・壮士

たちが朝鮮王宮に侵入して王妃を虐殺した事件のことを知り非常に心を痛めたという説、そして朝鮮を視察して帰ってきた知人から、朝鮮人が無宗教状態のなかで気の毒な生活をしているという話を聞いたからだという説もあります。理由はともあれ、隣人にもキリストの恵みや愛をもって救いをもたらしたいという乗松の宗教心をうかがうことができるでしょう。

　乗松とその家族は、朝鮮服を着て朝鮮人の住む家に住んで朝鮮人の生活をしながら、何よりも朝鮮語でキリストの福音を説いたそうです。最初村人たちは、片田舎に移り住んだ日本人一家に対して好奇と不審の目を向けましたが、しだいに心を開き、はてはこの上なく尊敬の念を抱くようになり、乗松の名声は近隣はもとより遠くまで響きわたったといわれています。それは乗松が自らは一丁の豆腐で親子3人が一日を過ごすほどの貧困な生活を送りながらも、貧しい人々や病人、子供たちの世話をしたそうですから至極当然の結果かもしれません。

　こうして乗松雅休は日本人でありながらも、キリストの愛を自ら実践することによって朝鮮人の心を動かしたのです。100年以上も前に、乗松が朝鮮に蒔いた小さな福音の種は大きな木となり、いまや韓国から大勢の宣教師が福音を伝えるために日本へ来ています。

過程表

1863（文久3）年　　今の松山市で伊予松山藩士乗松忠次郎の長男として生まれる。
1887（明治20）年　　下宿先の老婦人のすすめで横浜海岸教会に初めて出席する。
　　　　　　　　　　稲垣信牧師から洗礼を受け、さらに伝道者たるべく明治学院に入る。
1896（明治29）年　　朝鮮へ渡る。
1908（明治41）年　　結核により一時帰国。
1921（大正10）年　　肺炎を併発し、小田原で亡くなる。
1922（大正11）年　　「朝鮮に骨を埋めてくれ」という遺言に従い、生前宣教の地・朝鮮の水原(ウォン)に埋葬され、墓碑が設けられる。

考えてみよう

　韓国では街中のあちこちに教会があり、街角で布教活動をしている人を見かけることも少なくありません。また、勉強や仕事のために日本へやって来る韓国の人たちの中にもキリスト教徒が多くいます。韓国におけるキリスト教普及に貢献した日本人は他にどのような人達がいたのでしょうか。調べてみましょう。

隣人を愛すること。

　人類普遍の美しい言葉ですが、索漠とした現代社会ではなかなか実践し難いものです。相手を理解することさえ稀薄な社会になりつつあります。その中で現在、韓国政府は1人の日本人の生涯に感謝を込めて政府褒章を準備しています。その日本人の名前は渡辺サト子。戦争が激化する1940年11月、福島県双葉郡富岡町で生まれた渡辺は、2005年11月に心臓病で亡くなるまでシスターとして、生涯を通して貧しくて苦しむ人々を助けることに一貫しました。

　幼い時から徴用されてきた朝鮮人労働者の苦しみを見ながら育った渡辺は、1962年に聖徳栄養専門学校を卒業し、栄養士と社会福祉主事資格を持って福祉関係に務めますが、1967年に宗教法人カトリック煉獄援助修道会の会員になります。そして、1980年から日本の敗戦後も帰国することができず聖ヨゼフの園で療養中だった戦時中の韓国・朝鮮の労働者らを世話するようになります。宗教活動も行いつつ、彼らの精神的支えになりました。その後、京都、小倉、黒崎教会などに移りながら彼女の奉仕活動はより献身的になります。

　日本では国際化だといわれて久しい今でもしばしば外国人であるために不動産業者から入居を拒否される場合があります。そのため、賃貸住宅を探すことは決して容易ではありません。そのような事情をよく知っている渡辺は住まい探しに困っていた留学生らに自分の自宅を臨時宿所として提供したり、経済的に余裕がない在日コリアンの隣人には北九州市の援助修道会と久留米市の今村カトリック教会の畑で自家栽培した野菜などの食品を周期的に援助してきました。また、在日コリアンの日本における法的地位向上のためにも尽力する一方、韓国人留学生への生活支援や情報提供、病気の留学生の世話など、韓国に深く関わった民間支援活動に生きた生涯でした。宗教人の身分とはいえ、献身的で持続的な隣人愛への実践活動は誰にもできることではありません。その事情を知っている日本人はもちろん、彼女の献身的活動をそのまま忘れてはならないと考えた在日韓国人や留学生など、支援を受けたり彼女の愛を記憶し、恩返しをしたいと思う109人の日韓両国の関係者は連名で彼女の生前の業績を政府レベルから讃えてほしいと嘆願書を韓国政府に届けます。そして、2006年5月に政府の国民苦衷処理委員会はそのことを検討すると決定し、正式に大統領褒章を準備中（2006年8月末現在）だと公表しました。

　こんな愛があるからこそ利己主義が蔓延する現代社会でも国境を越えた国際化社会が成り立つことが可能であり、人情で暖かい社会が維持できると言えます。我々の住む地球社会は不条理で悪いことばかりの星ではないことを教えてくれる心温まる事例の一つです。草の根交流を通して地球が育んできた多文化を共に享有することに明日の平和社会が存在することを改めて

考えさせる契機となった渡辺サト子シスターの生涯。

　皆さんも困った人に遭遇した時は相手の立場に立ってどんなに困っているかを考え、自分にできる範囲内で手を差し伸べる余裕を持つように努力して下さい。ひとは暖かいハートを持ち、その情を分かち合える心ある生き物なのです。

（参考）九州大学の李在満氏による写真及び資料提供。その他、以下の通り。
　　http://www.ombudsman.go.kr/pub root/korean/index.asp
　　http://news.media.daum.net/politics/administration/200608/21/yonhap/v1374978
　　http://news.media.daum.net/politics/administration/200608/21/govpress/v13768215.html

（担当：李修京）

【参考文献】

大野　昭『乗松雅休覚書』キリスト新聞社、2000年

飯沼二郎他『日本帝国主義化の朝鮮伝道』日本基督教団出版局、1985年

三浦真照「朝鮮伝道についての一考察──日本組合教会の朝鮮伝道理論と乗松雅休、曽田嘉伊智のこと──」『福音主義神学』26号、1995年

（担当：金貞愛）

16 韓国に即席麺を伝授した奥井清澄

　明星食品の創業者である奥井清澄(おくいきよすみ)は、日本の即席麺に影響を与えただけではなく、韓国の即席麺の誕生に大きな貢献をした人物です。彼の韓国との関係についてみてみましょう。

(1) 韓国の即席ラーメン誕生の秘話

　2005年末、今や若者人気がある東京お台場のフジテレビの入り口では、韓国の赤い辛ラーメンのブースが設けられ、辛ラーメンの販売と広報に熱心な姿が目立ちました。今や様々な味のインスタントラーメンを世界市場で販売している辛ラーメンは、多くの日本産即席麺が競争する日本だけでも2004年の売上げが約20億円になります。それには、辛春浩会長(シンチュンホ)の'韓国人が美味しいと感じるものは世界でも受け入れられる'と思う信念に基づく商品開発と市場戦略にあると評価されています。このように世界的に規模を広めつつある韓国の即席ラーメンは、独自な麺類や味を取り入れており、その種類も豊富です。唐辛子や野菜、肉と魚などの旨みを出したスープを麺と一緒に煮込んで食べる即席麺は年間38億食を生産する人気食品ですが、これらの即席ラーメンが韓国で誕生したのは、朝鮮戦争の爪痕が残る1963年9月になります。

　韓国のラーメンの宗家と言われる三養(サムヤン)(天地人の三つを養うという願いを表す)食品は、全仲潤(チョンジュンユン)(2006年現在、86歳)によって創業されました。

　全仲潤は、保険業を営んでいた50年代後半に東京で発売されて間もない即席麺と出会い、その便利性を感じるようになります。日本では1958年8月に熱湯を注いで2分で食べられる世界初の即席麺といわれる「チキンラーメン」を発売し、1960年には明星食品が「明星味付けラーメン」を、1962年には味付けではないスープ別添の「支那筍(メンマ)入り・明星ラーメン」を発売するなど、若者の人気もあって日本の即席麺市場は拡大していきます。簡単・便利・格安の魅力を持つ即席ラーメンが日本中に流行っていた1960年代初め、韓国の全仲潤は偶然通りかかった南大門(ナムデムン)市場で、一杯の粥を買うために行列をつくっている人々を見て、韓国でも安くて栄養的な食料を普及することが優先課題だと認識します。そして、東京で味わった即席麺を何とか韓国で生産・普及できないかと考え、日本のいろんなラーメンメーカーを訪ね歩きました。しかし、日本は既に即席麺の競争が激しい時代であっただけに、どこの会社も即席麺の製造技術や製麺機械などを譲ってはくれませんでした。1963年の春、全仲潤は明星本社を訪ねて、当時の奥井清澄社長に朝鮮戦争後の食糧不足事情と、韓国での即席麺製造への協力を訴えます。奥井社長はその事情と熱意を受け止めて、民間交流の次元から製造技術の無償供与などを約束します。そして、設備の格安提供や技術者の韓国への派遣などを手配し、韓国の即席麺普及に貢献しました。その結果、1963年9月に三養食品は商工部からの経済的支援を受けて、韓国初の即席ラーメンを発売するようになりました。それから43年の歴史を持つ韓国のラーメンは唐辛子やキムチなど、多種多様な味と麺類の改良を経て、現在は海外70ヶ国へ輸出しています。

(2) 明星の創業者・奥井清澄

　今や世界的に年間700億食以上を消費される即席麺は、中国（香港を含む）、インドネシア、日本、アメリカ、韓国が世界総需要国の上位5ヶ国となります。2003年度の日本即席食品工業協会のデータを参考とすれば、その上位5ヶ国の需要だけでも516億8千万食となります。こんなに莫大な消費食品となった即席麺は、味付け麺、スープ別添、容器麺などで分類することができます。中でも明星食品はスープ別添ラーメンの先駆けとなり、ラーメン業界に旋風を巻き起こしました。日本を代表する即席麺会社の一つである明星は、1950年に奥井清澄と八原昌元らが中心になって創設しました。奥井らはそれまでと違った世界に飛び込み、悪戦苦闘を繰り返しながら独自のラーメン研究に尽力し、1962年にはイタリアのパスタ・リッチ社と提携し、スープ別添のラーメン開発に成功します。その翌年、43歳の全仲潤は精力的に即席麺業界を開拓していた奥井清澄を訪ねて行きます。

　奥井清澄は1922年3月12日、京都府加佐郡新舞鶴町字浜（現・舞鶴市）で奥井萬蔵とふさの次男として生まれました。1928年4月に新舞鶴尋常高等小学校初等科に入学し、1934年に同校高等科に進み、1936年に私立福知山商業学校へと進学します。1939年に同校を卒業した清澄は、安田銀行（現・みずほ銀行）に入社し、堀江西支店の書記補として配属され、銀行の勤務をするものの、戦時中の背景や人間関係などが要因で1942年5月11日に銀行を退社します。その後、数ヶ月を神戸のゴム会社の一つである「東洋ゴム」で勤めますが、同年12月1日に臨時召集を受けて兵庫県の第二航空教育隊第3中隊に入隊します。翌年の1943年8月から幹部候補生に採用され、滋賀県と仙台、東京都杉並区などに移り、1945年の敗戦で召集解除になった時は中尉の座にありました。その後、自動車の修理工場や部品販売などを転々する中で、知己となる八原昌元に遭遇し、紆余曲折を経て1950年3月28日、法人登記を終えて、奥井清澄と八原昌元、八原の伯父であった八原昌照ら7人が創立発起人となり、東京都武蔵野市吉祥寺に明星食品株式会社を創立するようになりました。ひやむぎやそうめんなどの乾麺製造からラーメン製造会社へと変貌しつつ、製麺技術やスープの味付け、設備問題と資金不足など、さまざまな苦境に立たされながら、名実共に日本を代表するラーメン会社の一つとして成長させます。そして、明星とともに渾身で働いた奥井清澄は1973年1月6日、50歳の若さで永眠し、同年1月11日に築地の本願寺で2,000名が見守る中で社葬が行われました。

(3) 全仲潤と奥井清澄の出逢い

　1963年4月初め、戦後の韓国の食糧事情を全仲潤から聞いた奥井清澄は、朝鮮戦争の特需景気でもうけ、深刻な経済状況から立ち直ったこともあり、民間外交のつもりで全面的に協力すると快諾します。奥井清澄もその1年前にイタリアのリッチ社長から好意的にスープ別添のラーメン技術の提供を受けて、その後のラーメンの伝統を築いただけに、韓国にもその裾分けをしたかったのかも知れません。しかし、他の会社は自分の技術を隠したり、高額での取引を考える時、清澄は技術料を無償にし、製造装置も実費で提供しました。全仲潤はのちに、「韓国が日本から、無償、無期限の技術供与を受けた例は、これ以前にも以後にも、ないと思います。（中略）以来私は、明星食品への感謝を忘れたことがありません。」と述べて

います。そして、全仲潤が嵐山工場で10日間の実習を終えた後、全仲潤の身元調査・信用調査を終えた清澄は正式に覚書で調印し、契約することになります。覚書の第8項には日本への製品の輸出はできないことが規定されています。そのため、品質や緑黄野菜の独自な味に改良され、世界的に食品企業として評価されている三養ラーメンでも、その約束を守り続けて日本には輸出していません。

　企業家としての良心と信頼性、社会的責務を感じた二人の出逢いによって生まれた三養ラーメンは1963年9月、120グラムの一袋10ウォンで韓国社会に紹介されました。最初は製造のトラブルや製品の普及問題などで赤字続きとなりますが、1966年から'三養ラーメン'は韓国政府の高度経済政策化の動きもあって、爆発的な人気を得ることになります。そして、今や韓国を代表する食品企業の一つとなった三養食品は、「製品は工場からお客様の口元まで最高の状態であるよう願いをこめて」という清澄の言葉を工場でも掲げており、2006年現在、120グラムの一袋600ウォンで販売される'三養ラーメン'の商品にも'安全な食品'を記して、即席ラーメンの改良・発展に貢献しつつあります。

過程表

1950年　明星食品は資本金100万円で創業。乾麺うどんの製造・食糧庁へ納品
1954年　奥井清澄、日本初の乾麺の室内移行式自動乾燥機を開発
1959年　即席麺の開発に着手する
1962年　イタリアのパスタ・リッチ社と提携し、スープ別添のラーメンを開発
1963年　明星リッチ（株）を設立。韓国の三養食品に技術供与、韓国で初の即席ラーメンが登場
1966年　明星チャルメラ発売
1970年　シンガポール明星食品（株）設立、台湾の味王発酵工業とベトナムの越南天香味精に技術供与
1973年　奥井清澄社長、50歳で死去
1978年　アメリカとマレーシアに明星食品（株）を設立
その後、創業に関わった八原昌元が社長に就任し、着実に新製品を開発しており、2005年9月30日　貸借対照表による資産合計は約380億円の企業として成長し続けている。

韓国初のラーメンは今でも元祖として人気が高い（撮影李修京）

> 【考えてみよう】
>
> 　朝鮮戦争によって食料不足に負われていた国民に、安くて簡単で栄養がある食べ物を提供しようと頑張っていた全仲潤と、その趣旨を理解し、無償で技術を提供した奥井清澄。その出逢いで二人はある約束を交わしました。三養食品が発展し、優れた製品を生産しても逆に日本に輸出はしないこと。それから40余年が過ぎた現在、世界的レベルの即席ラーメン会社になった三養グループの全会長は、日本にだけは輸出をしないという約束を守り続けています。その二人の約束は、人情や仁義を無視し、金だけで動く索漠な社会になりつつある今日、信頼関係を続けるビジネス社会の良識ある行動として示唆することが多いです。二人の出逢いからあなたは何を思いましたか。

【参考文献】

（株）エーシーシー編『めんづくり味づくり：明星食品30年の歩み』明星食品、1986年。

八原昌元『めん談義』千曲秀版社、1989年。

佐々木亮「即席麺繁盛記　辛さが自慢、新商品続々」『朝日新聞』2005年5月25日、夕刊、3頁。

日本即席食品工業協会 http://www.instantramen.or.jp/data/data02.html

明星食品 http://www.myojofoods.co.jp/a/a_ff.html

三養食品

http://www.samyangfood.co.kr/customer/c_view.asp?gubun=notice&seq_no=18

翰林大学医療院 http://www.hallym.or.kr/~webzine/200011/2025.htm

http://kr.ks.yahoo.com/service/ques_reply/ques_view.html?dnum=KAK&qnum=4405821

http://kr.ks.yahoo.com/service/ques_reply/ques_view.html?dnum=KAK&qnum=4157847

kttp://www1.meijigakuin.ac.jp/~osiosemi/research_1.htm

（担当：李修京）

奥井清澄

17 人間平等への実践的研究者・梶村秀樹

梶村秀樹(1935~1989)は、日本における朝鮮近現代史の代表的研究者であったと同時に、在日朝鮮人の差別問題など、弱い立場の人の身方になって積極的にさまざまな運動を展開した人です。

(1) 朝鮮近現代史研究について

梶村秀樹が朝鮮史に関心を持つのは、東京大学在学中のことです。当時東京大学には朝鮮史専門の教員はおらず、朝鮮問題にはそれほど関心が無かったようです。誰もやらない朝鮮史を選択することは、一定の決心と信念が必要だったと思います。ほとんど研究されていない朝鮮問題をどのように切り開いて行ったのでしょうか。

梶村が初めに学んだ朝鮮史の世界は、従来の漠然と抱いていた「受身でみじめなイメージ」とはちがう、新鮮な朝鮮像を発見することができ、それは驚きだったとのことでした。また、「資本主義の芽生の問題」の領域では特にそうだったようです。彼は後日、事実を固定観念にとらわれずに分析していく中で、「目からうろこが落ちるような発見がえられた」と述べています。

それからの梶村朝鮮史論の植民地に対する歴史意識は、「日韓併合」は、朝鮮民族が同意して受け容れたものではなく、ただ「日帝」が力ずくでおしつけただけの不義の行為であった、というようなわかりやすいものでした。日韓で問題になっている歴史の問題は、梶村論に従えば、ほとんど問題にならず、領土問題になっている独島(竹島)についても、多くの日韓双方の資料に基づいて早くから研究に着手しています。歴史問題の曖昧さがなく誰にでも理解しやすい論理展開です。歴史のあらゆる不条理に対する壁を壊すことが、梶村の歴史論とでも言いましょうか。日韓の間の歴史教科書問題を含めて、はっきりしない歴史問題について梶村が書いた歴史書物はその答えを教えてくれるでしょう。梶村は歴史だけではなく、経済、文学など、韓国だけではなく朝鮮民主主義人民共和国問題まで、総合的に幅広い研究を行った人物でした。

梶村曰く、日本人は、韓国・朝鮮問題に関しては無意識のうちに、あるゆがみが存在する、また朝鮮問題を正面から見ようとしないところがあると指摘しています。固定観念で朝鮮を判断せず、真の朝鮮を見つけ出す必要があると力説しているのです。

(2) 在日韓国・朝鮮人問題とその運動について

梶村秀樹について一言で言うと、韓国・朝鮮人に対して無条件というほど優しい人であったと多くの人が語っています。それは、梶村が常に韓国・朝鮮に対して責任感を感じて生きていたからだと思われます。朝鮮史研究もこのような姿勢を一貫しておりましたが、実際の生活面でもそれを貫いた、大変清明潔白な一生を真っ当した人でした。

梶村は、朝鮮史の研究以上に、在日韓国・朝鮮問題に深く関わっておりました。植民地時

代の歴史を研究すればするほど、在日韓国・朝鮮人問題は植民地の延長戦でもありますので、そこから目を背けることができなかった正直な人だったといえます。

梶村が関わった運動は、この紙面では書き埋めることができないほど、多くありました。日韓会談反対運動から、金嬉老公判対策委員会、在日韓国・朝鮮人の実態調査や指紋押捺拒否支援運動、在日朝鮮人政治犯救援運動、在日韓国・朝鮮人差別撤廃運動、在日朝鮮人教育運動、在日朝鮮人の教員採用をすすめる東京の会、差別語を糾す運動、入管法などにも積極的に取り組む他、独裁政権下の韓国民衆の言葉も定期的に日本に紹介しました。また、朝鮮語の普及にも力を入れるなど、研究者であり、教育者であり、実践家でもありました。

朝鮮問題にいち早く取り組み、戦後の新たな朝鮮史の道を切り開いたその功績は大きいと言えます。また、学問の世界だけではなく、日本における様々な差別問題などに対する市民団体を支援しながら、自らも一線で行動していきました。そして、日本社会に様々な問題を提供し、意識変化に寄与しました。梶村の朝鮮史は朝鮮人の立場を理解し、また世界史の視野から歴史を解釈することに努めるとともに、様々な運動も民衆の立場から考えることを基本にしました。韓国人から、在日韓国・朝鮮人から、多くの日本人から、難題だらけの歴史問題を研究している人の中で、これほど評価されて尊敬されることからも梶村の業績を推察することができます。

過程表

1935	東京都世田谷区に生まれる
1958	朝鮮近代史料研究会創設準備会に参加、会員となる
1959	朝鮮史研究会発足、会員となる。東京大学文学部東洋史学科卒業
	東京大学大学院博士課程中退
	第一回日朝教育問題全国研究集会の分科会「日朝間の戦前・戦後の歴史の教訓と現在の課題」で世話人
	第二回日朝教育問題全国研究集会の分科会「日朝間の戦前・戦後の歴史の教訓と現在の課題」で世話人
	金嬉老公判対策委員会発足、世話人となる
1970	現代語学塾発足、講師および運営委員となる
1971	「在日朝鮮人の朝鮮籍への書きかえを支持する声明」を法務省に提出
	「在日朝鮮人の祖国への自由往来実現を要請する決議」を法務省に提出、入管局資格審査課と交渉
1973	神奈川大学経済学部助教授
	朴鐘碩就職差別裁判において証言。出入国法案反対で政府・国会で要請行動
1975	青丘社の地域調査にかかわる
	神奈川大学経済学部教授
	ムルレの会準備会に出席、運営委員となる
1981	八一年韓国民主化支援緊急世界大会経済分科会に出席
1982	川崎在日韓国・朝鮮人教育をすすめる会結成集会、呼びかけ人。川崎・教育をすすめる会、市教委交渉に参加

	在日朝鮮人生徒の教育を考える会とともに朝日新聞に抗議申し入れ
1983	神奈川県の委嘱による県内在住外国人実態調査に取り組む
	アジアに対する戦後責任を考える会設立総会、呼びかけ人
	農村調査のため韓国訪問
	「民族差別の実態把握に向けた小委員会」の委員
	岡山「姜博さんの裁判を勝利させよう12・4集会」に参加し、その指紋押捺拒否裁判でも証言
	指紋押捺拒否予定者会議の発足式
	アジア太平洋資料センター(PARC)発行『世界から』の編集委員
	川崎臨港署に「李相鎬さんへの捜査に関する申し入れ書」提出。川崎市市民局長に面談し市の見解をただす。李相鎬さん関連抗議集会参加など
	外国人登録法による指紋押捺制度撤廃を求める調布市民の会結成、代表委員
	指紋押捺制度完全撤廃要求全国行進関東集会の呼びかけ人となる
1986	「江東・在日朝鮮人の歴史記録する運動」発足集会で顧問となる
1987	一九八七年度神奈川県教育庁国際理解教育研究協議会委員・同専門部会委員
	アジア人労働者問題懇談会の運営委員
	神奈川県国際人権問題懇話会メンバー
	川崎市ふれあい館の運営協議会委員
	民族差別と闘う神奈川連絡協議会結成集会顧問
	植民地支配の謝罪・清算と新たな日朝関係を求める三・一宣言集会で開会辞
1989	永眠

考えてみよう

　子供の時から虫が好きで、その研究分野でも実績を残しておりますが、学生の頃、その姿からガンジーというニックネームがついていたそうです。梶村はガンジーについては別の意見を持っておりまして、喜ばないと思いますが、しかし、民衆のために生きたという単純な評価だけを借りて言えば、ニックネーム通りのガンジーだったといえます。それは日本の未来のために、在日韓国・朝鮮人の弱い立場の人々のために、献身的に全身を捧げた人であったからです。

　梶村の朝鮮像を改めるきっかけになったのは、歴史の専門書ではなく、なま身の朝鮮人の伝記や回想記だったと述べています。例えば、朝鮮史を最初にやるきっかけとなった本がありました。1930年代の中国で活躍した無名の朝鮮人社会主義者を描いた作品『アリランの歌』です。また、梶村が直接翻訳し初めて韓国を訪問するきっかけとなった沈薫（シムフン）の『常緑樹』、梶村翻訳の朝鮮の民族主義者と言われている金九『白凡逸志』など、ここに挙げられないほど多い数です。梶村を感動させた書物について共通して言えるのは、自分の栄光のために生きた人はいないということです。それぞれ、民衆や民族のために命を惜しまずそれに捧げた人たちであります。ノンフィクションを小説化した『常緑樹』は、病気に倒れながらも命が絶えるその瞬間まで民衆を心配して死んでいた女主人公が描かれております。梶村秀樹も、

病気に倒れながらも最後まで、植民地支配のその責任を果たすため多くの仕事に関わりましたが、遣り残したまま逝ってしまいました。しかし、大勢の人が梶村秀樹の生き方を続けようと努力しており、その思想がこれからの日韓・日朝の将来を明るくするに違いありません。

梶村秀樹に関しては、ただ、勉強する視点ではなく、実生活でも自分の身近かな日常生活の中から、いろいろな問題と自然に付き合ってみてはどうでしょうか。また、これからの自分の生き方と照らし合わせて、将来と結びつけて考えてみましょう。

【参考文献】

『梶村秀樹著作集』（全6巻・別巻1）明石書店、1994
梶村秀樹『朝鮮を知るために』明石書店、1995
『朝鮮史研究会会報』第96号、1989
『梶村秀樹と調布ムルレの会―梶村秀樹さんを悼む』調布ムルレの会、1990

(担当：梁禮先)

1972年、中央アルプス檜尾峰にて登山を楽しむ
梶村秀樹（梶村真澄夫人提供）

18 女性問題に取り組んだ松井やよりの生涯

　松井やより（本名は松井耶依、1934～2002）は、「アジアの女たちの会」を発足し日韓連帯運動を中心にセックス・ツアー反対から「慰安婦」問題まで、幅広く取り組んで活躍したジャーナリストであり活動家です。

(1) 韓国とかかわったきっかけとその活動

　松井やよりは、1961年に東京外国語大学英米科を卒業後、朝日新聞社に入社しました。徹底した男性社会のなかで女性記者として差別を受けながら、公害・環境問題・女性問題・差別問題などを中心に記事を書いていきました。その中で、公害に反対する住民運動を支えていたのは女性であり、そこで、環境問題と女性問題が結びついていることがわかりました。また、日本の経済高度成長とともに深刻になった公害問題が、アジアへの公害輸出の問題になって現れました。韓国・台湾など、公害が出る工場をアジアへ移した日本の企業を追ってアジアへと取材旅をしましたが、環境問題は観光開発問題にも深くかかわっていることもわかりました。

　松井は1973年7月、韓国ソウルの金浦空港で「売春観光反対！」というデモの記事を読みました。それに興味を持ち、韓国女性たちが「キーセン観光（キーセン―妓生とは、朝鮮王宮の宮妓生徒を意味しますが、70、80年代の日本人男性たちが観行の名目で行った買春行為）」に抗議したという内容の記事を書きましたが、大きく取り上げてくれませんでした。そこで、「キーセン観光に反対する女たちの会」を作って活動しました。

　この活動で、「売春観光反対」を「買春観光反対」と、「売春」を「買春」と言う言葉に替えることで、「買春」という新しい言葉が生まれたのです。以後、『広辞苑』にも載ることになりました。のちに「キーセン観光問題」は、セックス・ツアーとして国際問題になりました。このような活動によって韓国の女性活動家たちとつながりをもつようになりました。

　1977年3月1日、韓国の「三・一独立運動」（1919年3月1日に起きた、抗日独立民族運動）を記念するこの日を選んで、「アジアの女たちの会」を発足しました。その理由は、1919年3月1日、日本の植民地に抵抗し独立運動の中で獄死した16歳の少女柳寛順（ユグヮンスン）の精神に応えるため、「わざわざ」この日を選んだということです。この頃、韓国は軍事独裁政権下にありましたので、民主化運動によって女性を含め、多くの人々が拷問を受けたり投獄されていました。それでも、独裁政権と闘っている韓国の女性たちの勇気に深く感動をし、「日韓女性の連帯運動」を広げていきました。その韓国の独裁政権を、日本が政治的・経済的に支えているということから、その責任を感じたからであります。

　また、『アジアと女性解放』という機関誌も出しました。この機関誌は、韓国の問題は勿論、台湾・韓国から東南アジアへ広がったセックス・ツアーなどに関する「買春観光」をはじめ、「文化侵略」、「戦争責任」と、日本と関わったアジア全体の問題として取り上げていきました。

　1980年に起きた「光州事件」の時は、抗議集会や追悼集会を開く一方、秘密裏に光州に潜

入し事件の犠牲者やその家族に会って来ました。その後も韓国の民主化運動を担った大勢の女性たちと会ったり、それらの問題を取り上げていきました。独裁政権下で闘っていた韓国の女性たちは、日本で一緒に闘ってくれる、また、その励ましに対して大きな力になりました。

(2)「慰安婦」問題と「女性国際戦犯裁判」

　90年代に入って、戦争中に日本軍の性の奴隷にされた「慰安婦」問題が、大きな運動として浮上しました。松井は以前からその取材などから関わっていましたが、この「慰安婦」問題で韓国の女性運動家たちともっと緊密になりました。韓国だけではなく、アジアの国々で元「慰安婦」の人たちが名乗り出ることになり、日本でも盛んに集会が開催されて元「慰安婦」たちの証言が続きました。次第にこの問題は世界に知れ渡ることになりました。

　元「慰安婦」たちは、日本政府に対し賠償を求めましたが、サンフランシスコ平和条約と日韓賠償協定で解決済みとの見解でした。そこで、この「慰安婦」制度が「強制売春」でなく「性奴隷制」であったことを位置づけ、また、東京裁判で「性奴隷制」に関しては責任者処罰など一切取り上げられなかったことを問題にすることになりました。それが松井らが考え東京で開廷することになった「女性国際戦犯法廷」でした。この法廷では、「性奴隷制」は人道への罪であること、当時の日本国家の責任、戦争中の責任と戦後の責任が問われ、その賠償責任が求められました。

　過去を隠し、精神的・肉体的に苦しい人生を送っていた元「慰安婦」たちには、いまだに日本政府からの賠償責任は果たされていませんが、これらの運動の力は生きる大きな支えになっています。ちなみに、2006年9月にアメリカ政府の下院は第2次世界大戦当時の日本軍慰安婦動員の責任について決議案を採択しています。20世紀におこった慰安婦問題は女性問題だけではなく、人身売買などの人権問題として追及されることになるでしょう。

過程表

1934	京都生まれ。
1961	東京外国語大学英米科卒業（在学中、アメリカミネソタ大学、フランス・パリのソルボンヌ大学に留学）
1961	朝日新聞社入社、社会部記者
1981~85	シンガポール特派員
19854	社会部編集委員
1994	定年退職
1994	JFCネットワーク結成
1995	アジア女性資料センター設立
1998	VAWW-NET Japan 結成
2000	女性国際戦犯法廷を開催
2002	永眠

松井やより（女たちの戦争と平和資料館提供）

> **考えてみよう**
>
> 　松井やよりは、アジアの女性たちとのかかわりのなかで日本の戦争犯罪について、避けられない問題と認識しました。しかし、大勢の日本人は、同じように認識してもそれを行動に現すことを避けます。松井は、考えながら即行動に移すところが他の人が中々真似できないところです。間違ったことは正しなおす。弱い立場の人の見方になる。この考えは、国、民族を超えて、全てを一人の人間として考え、接することができるからだと思います。そこには、一切の利害関係がない、純粋な気持ちだけが感じられます。そのような生き方について考えてみましょう。

【参考文献】

松井やより『愛と怒り闘う勇気』岩波書店、2003

VAWW-NET Japan編『2000年女性国際戦犯法廷の記録』緑風出版

松井やより『アジアの女たち』旬報社、1998

松井やより『女たちがつくるアジア』岩波新書、1996

松井やより『アジアの観光開発と日本』新幹社、1993

（担当：梁禮先）

19 歴史研究を通して日韓関係を考える宮田節子

宮田節子（みやたせつこ）（1935年生まれ）は、日本と韓国・朝鮮の友好のために植民地時代の歴史問題を研究しております。その中でも特に、「創氏改名（そうしかいめい）」、「皇民化（こうみんか）」政策などについて業績をのこしています。

(1) 創氏改名について

創氏改名というのは、朝鮮人の名前を日本人のように変えることです。朝鮮の人たちが使っている「姓」と日本人が使っている「氏」は違います。朝鮮では「姓」は男系の血統を表しており、その「姓」は不変なのです。女性は結婚しても姓は変わらず、そのため母と子が別姓で、一家数姓は一般的です。日本で使っているのが家の称号である「氏」でありますが、その「氏」を創らせようとしたのが「創氏制度」でした。

創氏改名は、1940年2月11日から実施されました。2月11日は休日を返上してまで届出にそなえましたが、総督府の期待が外れ氏を改名する届けは大変少なかったのです。日本人と朝鮮人は差別なく同じであるという「内鮮一体（ないせんいったい）」という名目で行われましたが、朝鮮人には名前を変える行為は今まで一番大事にしていた先祖代々受け継いだものを捨てるのと同じ意味でした。

宮田節子は、創氏改名について強制的に実施していく過程と、日本人・朝鮮人両方の立場から反対の理由を詳しく実証しております。特に注目することは、朝鮮人の名前を日本人のように変えることで、日本人と朝鮮人の区別がつかない、という日本人の反対意見も多かったということです。日本人と朝鮮人の差別がないという「内鮮一体」とは建前で、総督府は朝鮮人に対し、朝鮮と日本の間の戸籍の移動を認めないことと、朝鮮人の戸籍簿には旧来の「姓及本貫」を記載させたのです。このようなことによって当然、日本人と朝鮮人の区別が付くわけです。

その他にも、創氏改名に協力しない朝鮮人たちに対して、児童・学徒も利用していきますが、創氏改名の目的は朝鮮人を兵隊に駆り立てることでした。創氏改名に利用される児童・学徒もいくいくは「精動運動」の担い手になり、自らが皇軍兵士にきたえ上げられることになるだろうと、宮田節子は説いています。

(2) 「皇民化」政策について

宮田節子は、日本の植民地支配から解放されたにもかかわらず、今なお、皇民化政策に対する内面の戦いを続けている在日朝鮮人の友人を見て、植民地政策に対する研究を始めて、その研究を続けているとのことでした。完全に日本人化された朝鮮人が、今度は朝鮮人としての民族的主体性を回復するために、「血のにじむような努力」をしている姿を見て、朝鮮人をそこまで追い込んだ皇民化政策はどのような実態をもっているのかについて研究しました。

1937年の日中戦争の展開とともに、植民地朝鮮で「内鮮一体」が提唱されました。「内鮮一体」の最後の目標は、朝鮮人の「完全なる皇民化」にあるということです。言い換えれば、天皇のために死んで行ける朝鮮人兵士を作り上げることを指すのです。そのため、朝鮮人の「皇民化の度合」を強めるため、朝鮮人の「皇民化」への努力も無限に強いられることになります。結局、朝鮮人に対する完全なる「民族抹殺政策」を意味し、朝鮮人が朝鮮人として生きることが即ち「皇民化の敵」だったのです。

　民族差別に苦しむ多くの朝鮮人たちは、「内鮮一体」または、「内鮮の無差別平等」という言葉に、そのまま「差別から脱出」できると期待をかけてしまいました。しかし、その期待とは裏腹に「内鮮一体」「内戦の無差別平等」という言葉は、真の朝鮮人のためではなく、朝鮮人を「皇民化」させる手段にすぎませんでした。

　宮田節子は、植民地から解放されたにもかかわらず、今なお苦しんでいる在日朝鮮人の友人たちの姿を近くで見てきました。その在日朝鮮人を見て、植民地支配がたんに経済的・物質的収穫のみではなく、より根本的に人間性そのものをいかに変質・破壊していくものであるかを、この「皇民化」政策を通して追求したのです。

　日本は韓国・朝鮮と永遠の隣国である以上、仲良くしないといけない、そのためには歴史事実を正確に認識することが必要であり、植民地時代の歴史と向き合うことは、自虐などではなく勇気ある態度だと力説しています。

　日朝関係が狂い始めた19世紀後半、列強の角逐の中で行われた不幸な近代の歴史を総括することに尽力し、その真実を追究することに生涯を捧げた歴史研究者は少なくありません。地道に人間としての道理を貫くべき己の信念に基づいた研究活動を通して、真の日本の未来と平和について指南し、日本による近代戦争の被害国らとの捻れた歴史関係の実態を明らかにすることに徹した歴史研究者がいてこそ現代の東アジア交流が可能だったと言っても過言ではありません。その活動は時には外交能力を見出し、国境を越えた草の根交流にも大きな役割を果たしました。この本で詳細に全部を紹介することは出来ませんが、日本近代史と朝鮮半島関係における業績を有する研究者の極一部だけを紹介します。

　例えば、いち早く日本と朝鮮半島との近代史関係を詳細に調査し、多大な研究成果を挙げた山辺健太郎（1905～1977）の功績を忘れることはできないでしょう。朝鮮併合に伴う機密文書などの貴重な資料を探して解釈し、『日韓併合小史』『日本統治下の朝鮮』などに纏める作業を行った山辺健太郎の研究活動は今でも実に多くの日韓近代史関連の人に影響を与えています。また、朝鮮史や日清戦争、日本軍関係などを通して日本の植民地政策の思惑や戦争責任などの究明に努めた旗田巍(1908～1994)、井上清（1913～2001）、家永三郎（1913～2002）、藤原彰（1922～2003）、中塚明（1929～）、海野福寿（1931～）、武田幸男（1934～）、樋口雄一（1940～）、内海愛子（1941～）、伊藤亜人（1943～）、高崎宗司（1944～）、尹健次（1944～）、君島和彦（1945～）、馬淵貞利（1946～）、宮嶋博史（1948～）、森山茂徳（1949～）らの学問的・歴史的業績は高く評価されています。自分を見つめて、自分に厳しく、日本と世界の安定を願うからこそ、不条理な過去を美化するよりも事実を後世に語り継ごうと努力しています。その努力によって国際交流の

基盤が構築されつつあります。
　また、戦時中の女性に対する性的暴力と差別を行った所謂 '従軍慰安婦' の慰安所に軍が関与していた証拠資料を社会に突きつけて、これまでに恥だと沈黙を強いられ、二重三重の精神的苦痛とトラウマに悩んでいた軍慰安婦の実態を明らかにした吉見義明(1946～)を挙げることができます。現在、大学で歴史を教える吉見義明教授は15年戦争中の毒ガス戦などを専門にしていましたが、1991年に従軍慰安婦問題に関わることで当時の実態を明確にすべく資料探しに没頭し、不都合な歴史を隠蔽しようとした軍の実態を指摘しました。また、戦争と従軍慰安婦・女性問題などを研究している女性史研究家の鈴木裕子(1946～)も戦争の背景と実態、そして女性問題との関連性を究明し、近代史の過ちや問題所在について指摘し、多くの研究者に知見を与えました。これらの努力によって現代日本は戦後61年間、戦争に巻き込まれず、平和国日本を誇りに思うことができたと言えます。しかし、最近、武装化を促す動きが見え隠れしています。軍事大国は常に武力を使う機会を作ろうとします。そのために用意されるのが '愛国' という美名です。その影で犠牲になるのは一般庶民であり、弱者なのです。戦争を命じる人はもっとも安全な場所におり、自分の利権をさまざまな名分で包み隠しています。戦争になると相手も傷つき、こちらも飛び火に晒されます。そのために、過去の戦争が如何に凄惨であったか、もっと歴史を知ることが我々の生活と社会を守る智恵へと繋がります。あなたの身近なところから過去に何があったかを考えて見ましょう。

（担当：李修京）

宮田節子

> **過程表**
>
> 1935年　千葉県に生まれる
> 1958年　早稲田大学文学部卒業
> 1966年　明治大学大学院文学研究科史学専攻博士課程満期退学
>
> 　　　　朝鮮史研究会発足、会員となる。
> 　　　　朝鮮史研究会会長歴任などを経て、現在は早稲田大学非常勤講師など。
> 　　　　「朝鮮近代史研究会」の時の業績として、約130人の朝鮮総督府関係者から、朝鮮支配の実態を録音した約400本以上のテープがのこっています。現在、その中から、重要なものを順次「未公開史料・朝鮮総督府関係者録音記録」として活字化しています。

> **考えてみよう**
>
> 　宮田節子は、日本人は朝鮮人を踏みつけても踏みつけたと感じない、他国を侵略しても侵略したと認識しない、日本人はいつの間にか他人の痛み、被害者の痛みのわからない人間になってしまった。しかし、このような考えは支配した日本人の最大のマイナスの遺産である、と言っています。皆さんは、侵略した事実を認めて被害者の痛みを理解していくことが、支配した日本人にとってはプラスの考えである、という意見をどのように思いますか。

【参考文献】

宮田節子『朝鮮民衆と「皇民化」政策』未来社、1985
宮田節子他『創氏改名』明石書店、1992
宮田節子他『歴史と真実』筑摩書房、1997
宮田節子編・解説『朝鮮思想運動概況』[復刻]不二出版、1991
宮田節子「朝鮮史研究会の二十年と私」『季刊三千里』20号

(担当:梁禮先)

20 日本において韓国朝鮮語教育に貢献している団体

　財団法人国際文化フォーラム（TJF: The Japan Forum、1987年設立）は、国内外の小中高校生への外国語教育や文化理解・国際理解教育に関連する国際文化交流事業を行っている団体です。海外においては初等・中等教育（小中高校）における日本語教育支援、日本国内では特に若い人達が隣国の言葉や文化を学ぶことに重きを置いて高校における韓国朝鮮語及び中国語の教育を促進しています。

(1) 日本における韓国朝鮮語教育事情

　朝鮮半島で話されている言葉は「朝鮮語」「韓国語」「ハングル」「韓国朝鮮語」「コリア語」等様々な名称で呼ばれていますが、ここでは国際文化フォーラムが使用している「韓国朝鮮語」を使います。

　国際文化フォーラム（2005）の調査報告によると、日本で韓国朝鮮語クラスを持つ大学は年々増加しています。2002年に第2外国語として韓国朝鮮語教育を実施している大学は全体の46.9%です。しかしドイツ語84.1%、中国語82.8%、フランス語79.2%という数字と比べると必ずしも多くはありません。高校で2003年に韓国朝鮮語を実施している高校はわずか219校（4.03%）、生徒数にして6,416人しかいません。

　一方、韓国の高校では英語以外の外国語が必修科目なので、韓国で2003年に第2外国語として日本語を学んだ生徒は55万7674人です（教育人的資源部 2003）。両国の間で相手の国の言葉を学んでいる数にかなり格差があることがわかります。日本の高校での外国語教育は英語が中心で英語以外の外国語の位置づけが韓国と比べてかなり低く、国の教育政策の違いからこのような格差が生じています。また、日本の若い人達が隣国である韓国に対してあまり関心がなく韓国について知らないという個人の意識も関係しています。

　若い人達が将来国際社会で生きていくためには、高校時代に外国の文化や言葉について学び、視野を広げることは意義のあることです。韓国の若い人達が日本に関心を持って日本語を勉強するように、日本の若い人達も韓国に関心を持って言葉や文化を勉強して、お互いを知ることが必要だと思います。

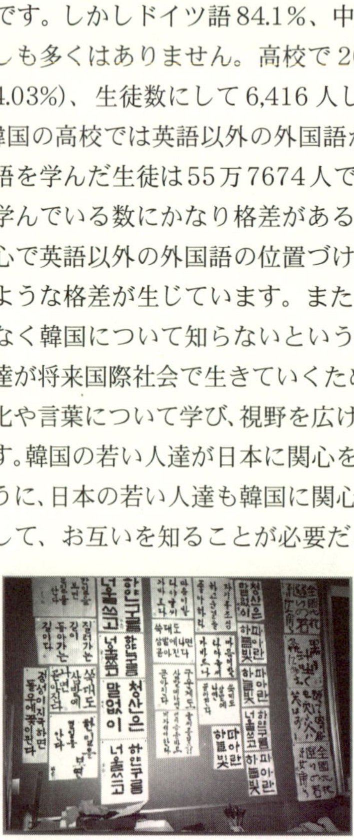

『国際文化フォーラム通信』第48号より

『国際文化フォーラム通信』第48号より

(2) 国際文化フォーラムの韓国朝鮮語教育支援

　日本の若い人達の韓国朝鮮語教育の重要性をいち早く提唱し、高校における韓国朝鮮語教育の発展に力を尽くしてきたのが、財団法人国際文化フォーラムです。

　まず1997から1998年に全国の高校を対象に韓国朝鮮語の授業に関する実態調査を実施しました。それまでこのように韓国朝鮮語教育に関する実状が詳細に調査分析され、公開されている例はなかったので、この調査報告は貴重な資料となっています。この調査の結果、「免許を持った専任教員が少ない」「教師が教授法について学ぶ機会が少ない」「教材や教科書が不足している」等の問題点が明らかになりました。そこで国際文化フォーラムは、このような教育環境を改善するために積極的な支援を行ってきました。

　駐日韓国文化院や他の関係機関と協力しながら、全国の高校で韓国朝鮮語を教えている教師に働きかけることによって1998年に第一回高等学校韓国語教師研修会が開催されました。そこから高等学校韓国朝鮮語教育ネットワークが設立されました。研修会やネットワークを通じて教師の間で様々な情報交換や教科書・教材開発が活発に行われるようになりました。また、大学とも連携して韓国朝鮮語の教員免許が取得できる教師養成プログラムも実施しました。

『国際文化フォーラム通信』第45号より

　このように国際文化フォーラムや高校教師等関係者の長年の努力と並行して、日本では2000年前後からの日本での「韓流」「韓国語ブーム」によって、韓国朝鮮語を学ぶ人が急増しました。その背景には2002年のサッカーワールドカップ日韓共催によって日韓交流が盛んになったこと、2003年にNHKで放映された「冬のソナタ」を始めとする韓国ドラマが流行したこと等もあります。国際文化フォーラムでは、若い人達が隣国の言葉や文化を学び相互理解を深めることをめざし、特に日本の高校での韓国朝鮮語教育環境の改善に力を入れてきました。その他にも日韓両国の高校生の交流活動も支援しています。

　日本と韓国は地理的に近いため両国間を行き来する人は今後も増加すると思います。日本の若い人達が、将来韓国や韓国の人々と何らかの関わりが生じることは稀ではないでしょう。隣に住んでいる人が韓国の人だったということも十分ありえると思います。若いときに日本からも修学旅行等でどんどん韓国に行って人々と直接接して韓国の文化を体験するべきです。相互理解のためには日本人側も努力して韓国朝鮮語を勉強しなければなりません。このような日韓両国の若い人達の交流活動の積み重ねが、今後の日韓関係の発展につながっていくのです。

『国際文化フォーラム通信』第60号より

日本における韓国朝鮮語教育の主な動向

1973年	高校で初めて「朝鮮語」の授業実施
1984年	NHKハングル講座開始
1997-98年	国際文化フォーラムによる韓国朝鮮語教育の調査実施
1998年	第1回高等学校韓国語教師研修会開催
1999年	高等学校韓国朝鮮語教育ネットワーク発足
2001-03年	高等学校教員免許取得のための講座開催
2002年	大学入試センター試験に外国語科目の1つとして「韓国語」導入
2003-04年	国際文化フォーラムによる高校と大学等の韓国朝鮮語調査実施
2004年	高校生向けの教科書出版

考えてみよう

(1) 日本で韓国朝鮮語を学ぶ高校生と、韓国で日本語を学ぶ高校生の数はかなりの差があります。これは今後の日韓交流においてどのような影響があると思いますか。

(2) 日本の学校で英語や韓国朝鮮語のような外国語を学習するのはなぜでしょうか。
外国語が理解できたら、どのような利点があるのでしょうか。
効果的な外国語の学習方法、または楽しく学習できる方法について話し合ってみましょう。

(3) 山田さんは韓国や韓国朝鮮語学習に非常に興味を持っています。韓国人の留学生キムさんがもし山田さんの家の隣に住んでいたとしたら、山田さんはどのようなつきあいをしたらよいでしょうか。あなたが山田さんだったらどうしますか。

本資料の活用例

* 中学校・高校での国際理解のための授業
　韓国で日本語を学ぶ中学生・高校生との交流について考える。
* 中学校・高校での外国語教育の授業
　英語やその他の外国語の授業で外国語を学ぶ意義について考える。
* 小学校・中学校・高校で国際理解及び外国語の授業を担当する教師
　教師対象の教師研修について考える。

【参考文献・資料】

大江孝男(1991)「日本における韓国語(朝鮮語)教育」『アジアアフリカ言語文化研究』東京外国語大学アジア・アフリカ言語文化研究所

教育人的資源部(2003)『教育統計年譜』教育人的資源部(韓国)

国際文化フォーラム(1999)『日本の高等学校における韓国朝鮮語教育―中国語教育との比較で見る―』国際文化フォーラム

国際文化フォーラム(2005a)「特集 韓国朝鮮語教育をどう位置づけるか」『国際文化フォーラム通信』no.65

国際文化フォーラム(2005b)『日本の学校における韓国朝鮮語教育―大学等と高等学校の現状と課題―』国際文化フォーラム

国際文化フォーラム(2005c)『財団法人国際文化フォーラム事業報告』2004-2005

藤永壯(2003)「日本の高等教育における朝鮮語教育の歴史と現状」『大阪産業大学人間環境論集』2号 大阪産業大学学会

http://www.tjf.or.jp 「財団法人国際文化フォーラム」

http://www.koreanculture.jp 「駐日韓国文化院」

http://jakeshs.org 「高等学校韓国朝鮮語教育ネットワーク」

(担当:門脇薫)

21　郷土の神戸で35年越しに韓国・朝鮮・在日研究活動中の飛田雄一

多くの在日コリアンが住む関西地方、中でも神戸で近代の不幸な歴史関係を乗り越えて共生する道は地道な民間人交流と歴史を正しくみることだと考えて、近代朝鮮史の研究や学習会、留学生支援などを通して日韓関係の友好に努めている飛田雄一（1950年生まれ）。生粋の神戸人として神戸を愛し、環境問題や様々な人権擁護に尽力していますが、韓国・朝鮮関連の研究者としても知られている人物です。

(1) 飛田の生い立ちから隣人への理解へ

　関西の港町・神戸の灘区山田町にある神戸学生青年センターの飛田雄一館長は、今日も神戸周辺の環境問題や食品公害問題、そして、在日コリアンや韓国との交流への企画など、国際都市・神戸におけるさまざまな社会活動に余念がありません。
　1950年5月10日、父・飛田道夫と母・溢子の長男として神戸で生まれた雄一は、神戸の市立湊山小・中学校に進みますが、教会学校（日曜学校）に参加したり、子ども心に農業に関心が強く、牧場や養鶏場などに憧れを覚えつつ、いずれ大学の農学部に進もうと思います。その夢の実現のために、兵庫県立兵庫高校を経て、19歳の1969年4月に地元の神戸大学農学部に入学します。しかし、時勢は全共闘運動が激化し、入学早々全学ストライキのため、自宅待機を命じられます。自分が興味を持ち、その実現のために入学したはずなのに、勉強もままならない状況に雄一は、クラス討論会の世話をしながら大学に足を運びます。そして、時折開かれる学生大会や大衆団交などにも出席しますが、次第に社会科学の方に興味を持ち始め、7月から神戸大学内にあった'ベ平連'神戸事務所に出入りするようになり、毎週三の宮で開かれるデモや集会に行っていたため、母親から「雄一は農学部に入らずに、ベ平連学部に入った」と言われるくらいでした。
　'ベ平連'とは、激化するベトナム戦争によって未曾有の人が理不尽に殺される事に反対し、哲学者の鶴見俊輔や作家の小田実、開高健、社会学者の高畠通敏らが「ニューヨクタイムズ」に全面反戦広告を出すなど、アメリカの戦争撤退を訴えて組織された団体でした。正式名称は「『ベトナムに平和を！』市民文化団体連合」でしたが、長引く戦争によって犠牲者や難民が増えると、戦争に異を唱える多くの人が彼らの趣旨に共鳴を覚え、日本全国で数百のベ平連が組織されました。そのため、集まった人たちは社会意識も高く、活発に活動していたため、雄一も授業よりも社会活動に費やす時間が増え、結果的に2年間留年することになりました。ベ平連神戸事務所では在日コリアンが多い地元の特性もあってか、全国の中でもよく朝鮮関連の内容を取り上げました。
　雄一は2年生の時から朝鮮に関心を強め、卒業論文も朝鮮の農業政策史に関する「土地調査事業」をテーマにしました。そして1978年3月に神戸大学大学院の農学研究科に進み、日本の植民地支配下に活動した天道教系の農業協同組合の資料などを研究し、朝鮮農民社の論文をまとめます。その研究成果はのちに『日帝下の朝鮮農民運動』として出版されました。ま

た、大学院に入った1978年の4月から、現在館長を務めている財団法人神戸学生青年センターの主事として勤務しつつ、センターでの企画にも積極的に参加します。

(2) 愛する神戸、その豊かな環境保存と国際化のために

1970年にベ平連神戸では日本における様々な差別問題を取り上げて、どうすれば差別をなくし、一緒に豊かな文化を創造しつつ、共生できるかを課題にし、部落差別や在日外国人、沖縄問題などについて学習会を開きますが、暮れの学習会では一つのテーマを追究することが必要だと認識し、朝鮮問題を中心にした研究会開催で一致します。そして、1971年1月、朝鮮の抗日運動の象徴の花から名をとって'むくげの会'を発足し、日・朝・韓関係における諸問題や在日コリアンの現状、定期的な韓国史研究会の開催や関連講演会の開催、朝鮮の風習や文化、朝鮮・韓国語学習に至まで幅広い内容を取り扱うことになります。そして、それらの学習内容や研究成果を記録した『むくげ通信合本』を、現在まで毎年欠かさず発行し続けています。1974年の手書きの第22～27号の合本から毎年発行し続けてきた『むくげ通信合本』は2006年現在、215号までの発行となっております。様々な韓国・朝鮮関連の文化や当時の出来事、各種各様の草の根の交流、韓国の時事問題や芸術活動、近代日本とアジア関係の歴史に関する情報や資料、差別問題の裁判事情や強制連行に関わる証言、植民地支配下の朝鮮社会と参戦者の証言など、様々なジャンルで近代から現代までの韓国・朝鮮の歴史・文化・社会などが紹介されており、日韓関係を知るには実に貴重な資料となっています。

(3) 神戸学生青年センターとともに

1974年5月からは、むくげの会での朝鮮語講座を母体として、神戸学生青年センターの朝鮮史セミナーの一環として朝鮮語初級講座を開講し、その後、中級と上級講座を開講し、2006年現在、31年目の受講者を迎えつつあります。

ちなみに、六甲キリスト教学生センターを前身にする財団法人神戸学生青年センターが発足したのは1972年、日本基督教団は同年5月23日に教団関係団体として承認します。そして、主事を務めてきた飛田雄一が1991年、館長としてセンターの全般的な業務を担っております。センターでは数々のセミナーや写真展の開催、文化活動の企画、それらの場所提供、図書館の充実、国内外から神戸を訪れる人々に安価で部屋を提供するなど、幅広く業務を行っています。また、寄付金による六甲奨学金を設立し、経済的な援助が必要な留学生などを支援しています。センターでは朝鮮史セミナーのほか、青丘文庫研究会、在日朝鮮人運動史研究会の関西支部会、朝鮮近現代史研究会を開催し、すでにに300回に肉迫する歴史を持っています。それらの研究活動は神戸の一室の研究会に止まらず、日韓歴史研究者の学際的活動と交流に繋がっており、韓国での共同研究会も活性化しつつあります。

これらの韓国・朝鮮との関わりと研究活動は、生まれ育った故郷の神戸における住みよい環境作りと国際都市としての発展を願う強い信念から続けられてきたといえます。決して短いとは言えない35年越しの朝鮮・在日コリアン研究は、何よりも、不条理・不平等の差別問題をなくし、対話と平等社会を具現することで、郷土の神戸や日本はもちろん、アジアの連帯と世界の平和を切願する飛田とその趣旨に共鳴する人々の心で紡がれてきた努力の賜物で

もあります。

　同じ生を受けて、アジアという一つの屋根の下に生きる人々が、過去の不幸な歴史の実態を認識し、二度と戦争の苦しみを繰り返さないためにも、飛田は多忙な時間を割いて教壇にも立ち、多くの若者に力強く未来志向への提言を訴え続けます。その思いはもはや、日韓関係に止まらず、神戸における在日外国人の人権擁護はもちろん、大気汚染などの環境問題が深刻化する現実を踏まえ、農業に関する食材問題や公害問題などにも注意を促します。

(4) 飛田雄一の限りない努力

　私たちが先人から受け継いだこの地球社会には数え切れない血と涙の歴史があります。その歴史を無駄にしないためにも、私たちは共に知恵を結集してこれ以上流血行為がおこらないように努力しなければなりません。そして、平和の中で共に生きる社会実現のために草の根の文化交流を続けていかなければなりません。その際、隣人の文化理解と交流活動に尽力してきた飛田雄一らの実績は、大きな時代の指南となるでしょう。

　常に努力を惜しまない飛田は、これまで地道に行ってきた研究成果を『朝鮮人・中国人強制連行・強制労働資料集』(故・金英達と共編、1990年版～1994年版) にまとめる一方、1995年1月に突然襲った阪神大震災時の現状と戦後日本を綴った『震災の思想－阪神大震災と戦後日本－』を発行しています。

　また、2004年に韓国政府傘下で強制動員真相究明委員会が発足され、過去の植民地歴史の清算が本格化される中、飛田や上杉聡、内海愛子らと共同代表となって2005年7月18日に東京の在日本韓国YMCAで日本の強制動員真相究明ネットワークを結成し、日本での戦争総括への動きにも尽力しています。さらには、神戸港における戦時下朝鮮人・中国人強制連行を調査する会、NGO神戸外国人救援ネットを通して、愛する故郷の神戸を過去の歴史を超えて、誰もが明るく、平等で住み良い町にする活動を続けています。

飛田雄一（多民族共生人権教育センターサイトより）

考えてみよう

　私たちは多くの目立たない人々の活動によって現代社会を享受しています。科学の発達によって人類の移動が簡単となった今日、他者・他文化との出逢いも以前より多くなっています。多民族・多文化社会を否定することはもはや困難な現状で、いかに共存し合えるかが時代の重要な課題となっています。「外国人」ではなく、「同じ時代に生きる人」同士として、歩み寄り、譲り合う生き方こそがこの地球社会を守っていくことになります。
　あなたの異文化との出逢いについても考えてみましょう。

【参考文献】

飛田雄一・金英達共編『朝鮮人・中国人強制連行・強制労働資料集』1991年～1992年版、神戸学生青年センター出版部。
飛田雄一「むくげの会のことな」『季刊三千里』第16号、1978年11月号。
『むくげ通信合本』1974年号～2004年号。
強制動員真相究明ネットワーク　http://www.ksyc.jp/sinsou-net/
財団法人神戸学生青年センター　http://www.ksyc.jp/centertoha.html#
小田実公式サイト　http://www.odamakoto.com/jp/Article/hitori3.html
http://www.taminzoku.com/news/kouen/kou0308_hida.html

（担当：李修京）

関連年表

西暦(元号)	日 本	朝鮮(53年以後は韓国・北朝鮮として分離)	世 界
1905（明38 光武9）	9-5日露講和条約調印 12-21韓国統監府設置、初代統監に伊藤博文着任	1-1京釜鉄道、全線開通 11-17第二次日韓協約(乙巳保護条約)	1-22ロシア第1次革命
1906（明39 光武10）	1-7第一次西園寺内閣成立 8-7新軍律発布	2-1韓国統監府開庁 3抗日の義兵、各地で蜂起 4-1京漢線、全線開通	インドで反英運動高揚 11-26日本、南満州鉄道設立
1907（明40 光武11・隆熙元）	7-3伊藤韓国統監ハーグ平和会議への密使派遣で韓国皇帝の責任追及	6-15ハーグ会議に高宗が密使を送り、日韓協約の無効を訴える	日本人労働者の米国入国禁止 6-10日仏協約 8-31英露協約
1908（明41 隆熙2）	4-30新聞紙法改正 7-14第二次桂内閣成立 10-31漁業関係の日韓協定	3-23田明雲らが前外交顧問のスティーブンスを暗殺 6-18『大韓毎日申報』社長のベセルを禁錮処分 6-20宋秉畯、内部大臣となる	11-3アメリカ大統領選挙、タフト当選 11-15清国の西太后没
1909（明42 隆熙3）	2-23出版法(事前検閲制) 4-10桂首相と小村外相と伊藤統監、朝鮮併合実施方針協議 7-6閣議、朝鮮併合を決定 10-26安重根、伊藤博文をハルビンで暗殺	7-31軍部廃止 12-22李完用、李在明に刺撃される	9-4間島に関する日清協約 12-18アメリカ、日英独仏露各国に満州鉄道中立化を提議
1910（明43 隆熙4）	5大逆事件で翌月、幸徳秋水逮捕 5-30寺内正毅、朝鮮の第3大統監に就任 8-22韓国併合に関する日韓条約調印(8-29公布)	3-26安重根、旅順で処刑される 8-22日韓併合条約 -29日本より韓国の国号を朝鮮と改め、朝鮮総督府をおく旨公布 10-1朝鮮総督府設置、初代総督に寺内正毅就任	中国各地で革命運動高揚 7-4第二次日露協約
1911（明44）	1大審院、幸徳秋水ら大逆事件被告に死刑判決 4朝鮮土地収用令公布	1-1民主主義者大検挙(安岳事件) 第一次教育令を公布し植民地教育制度を作る(同化教育開始)	辛亥革命起こる 第二次モロッコ事件発生
1912（明45）	友愛会創立 7第3回日露協約調印 明治天皇死去 9乃木希典夫妻自殺	東洋拓殖会社、朝鮮に日本人の集団移民を開始 朝鮮民事令公布	1-1中華民国成立 10-8第1次バルカン戦争
1913（大2）	憲政擁護運動で桂内閣倒れる 2-11大正政変 9-1南京事件	朝鮮・台湾・樺太に関する事項は内務省の所管に移る 9ソウルで独立義軍府組織	ウィルソン、米大統領に就任 5-30第1次バルカン戦争終結 6-29第2次バルカン戦争 8-10ブカレスト条約により第2次バルカン戦争終結
1914（大3）	8-23ドイツに宣戦布告(第1次世界大戦参戦) 9-2山東省に上陸開始	3-1行政区域改正(12府、218郡、2517面)	6-28オーストリア皇太子、サラエボで暗殺される 7-28墺、セルビアに宣戦布告(第1次世界大戦勃発)

年			
1915(大4)	1-18中国大総統袁世凱に21か条の要求を提出	8各地で独立運動起こる 総督府博物館(景福宮内)開館	イタリアのトルコ侵入 ブルガリアのセルビア侵入 フランスのブルガリア侵入など
1916(大5)	1吉野作造民本主義提唱 憲政会結成 『大阪朝日』掲載開始 夏目漱石没	教員の心得を公布 古跡調査委員会を設置	ドイツのロンドン空襲 米大統領、交戦諸国に和平条件提示要請
1917(大6)	11-2石井・ランシング協定	6-9面制公布 8申圭植ら、上海で朝鮮社会党結成	3 露、二月革命、帝政滅びる 4-6米、独に宣戦布告 11-2バルフォア宣言
1918(大7)	8シベリア出兵、米騒動 原敬内閣総辞職	土地調査事業完了 朝鮮拓殖銀行設立 12天道教主、有志に独立運動を謀る	2月20日ロシア革命起こる アメリカ参戦 11-11ドイツ、休戦協定に調印し、第1次世界大戦終結
1919(大8)	4-30講和会議、山東省のドイツ利権に関する日本の要求承認 9-2京城で斉藤実総督投弾される	高宗死去 3-1朝鮮独立宣言発表(三・一運動) 3-15吉林間島で独立要求デモ 4-10上海に大韓民国臨時政府樹立 9第3代総督斉藤実着任	1ドイツ労働者党結成 1-18パリ講和会議開催 3コミンテルン結成 5-4中国で五・四運動起こる 6-28ベルサイユ条約調印 8-11ワイマール憲法公布
1920(大9)	10-2琿春の領事館、朝鮮人らの襲撃で焼失 日本軍多くの朝鮮人を虐殺(間島事件)	4『朝鮮日報』『東亜日報』『時事新聞』の民間3紙発行、『開闢』誌創刊 朝鮮労働共済会結成	米、シベリア撤兵 ガンジー、インド国民運動を指導 1-10国際連盟発足
1921(大10)	日本労働総同盟、日英同盟廃棄 原首相暗殺される	最初の朝鮮人記者団体「無名会」発足	11-12海軍軍縮と極東問題のためのワシントン会議開催
1922(大11)	10-25、シベリアの日本軍の撤兵完了	12-18朝鮮総督府、朝鮮戸籍令制定	12-30ソビエト社会主義共和国連邦成立
1923(大12)	9-1関東大震災 12-27虎の門事件	4-16白丁の解放を目指す均衡平社結成 7-1朝鮮戸籍令施行	11-8ヒトラー、ミュンヘン一揆をおこす
1924(大13)	第二次憲政擁護運動 築地小劇場開場	京城帝国大学予科開講 朝鮮総督府局長に初の朝鮮人採用	5-26米、排日移民法成立 -31中ソ国交樹立
1925(大14)	1-20日ソ基本条約調印 3-19治安維持法成立 -29普通選挙法成立	4-17朝鮮共産党創立 第一次共産党弾圧事件起こる 三矢協定調印	孫文没 上海で5・30事件起こる
1926(大15)	京都学連事件で初の治安維持法の適用 労働農民党結成 朴烈怪写真事件起こる	6-10ソウルで万歳運動 第二次共産党弾圧事件起こる KAPF綱領発表	9-8ドイツ、国際連盟加入
1927(昭2)	大正天皇大葬 芥川龍之介自殺 3-14金融恐慌 6-1第1次山東出兵	新幹会創立 槿友会結成	中国の国民革命軍、上海・南京を占領 英・ソ断交
1928(昭3)	6-4張作霖関東軍に爆殺される	12-27コミンテルン、朝鮮共産党の再建を支持	アメリカで初のテレビ放送 12-29中国統一(米承認)
1929(昭4)	4・16事件で共産党弾圧 小林多喜	元山労働者ゼネスト 光州	イタリア、バチカン市国承

	二『蟹工船』発表	学生抗日運動　民謡'アリラン'禁唱令	認　9-24ニューヨークで株大暴落(世界恐慌始まる)
1930(昭5)	金輸解禁　枢密院、ロンドン条約承認　鐘紡の大争議　大原美術館開館	間島で農民・共産主義者の反日運動が起こる(5・30運動)　地方制度の改正	1-21ロンドン海軍軍縮会議開催　9-14独でナチスが第2党となる
1931(昭6)	9-18柳条湖の満鉄線路を爆破(満州事変)　関東軍、錦州を爆撃	朝鮮・中国農民の衝突事件(万宝山事件)起こる　新幹会解散決議	スペイン共和革命　米、エンパイアステートビル完成　国連、満州事変の調査委員会設置
1932(昭7)	1-8桜田門事件　2-29リットン調査団来日　3-1満州国建国宣言　5-15犬養首相射殺	朝鮮小作調停令公布　3-21朝鮮総督府、平壌のキリスト教系学校に神社参拝強要	満州国成立　ジュネーブ軍縮会議　国際反戦大会、アムステルダムで開催　8-25ソ連、バルト三国・ポーランドと不可侵条約締結　-31独でナチスが第1党となる
1933(昭8)	小林多喜二、拷問死　滝川事件起こる　2-24国際連盟総会、満州国不承認　3-27国際連盟脱退	朝鮮農地令公布	1-30独、ヒトラー内閣成立　10-14国際連盟脱退
1934(昭9)	3-1満州国帝政実施(皇帝溥儀)	3-1韓国独立党、新韓独立党、朝鮮革命党、義烈団など南京で対日戦線統一同盟大会開催	ヒットラー、総統に就任　ソ連、国連加盟　1-26独・ポーランド不可侵条約調印
1935(昭10)	2-18美濃部達吉、天皇機関説を唱える　8-3第1次国体明徴声明	各学校に神社参拝強要　沈薫の「常緑樹」が『東亜日報』の懸賞小説に当選　KAPF解散	独、再軍備宣言　ソ連、中東鉄道を満州国へ売却　イタリア、エチオピアに侵入
1936(昭11)	広田弘毅内閣発足　メーデー禁止　日独防共協定　2-26皇道派青年将校クーデター(2.26事件)	在満韓国人祖国光復会結成　孫基禎選手、ベルリンオリンピックで優勝　『東亜日報』の日章旗抹殺事件	8ベルリンオリンピック開催　12-12中、張学良、蒋介石を拘禁し抗日統一を迫る(西安事件)
1937(昭12)	7-7盧溝橋で日中両軍衝突(日中戦争)　11-6日独伊防共協定　12-13日本軍、南京を占領　中国人軍民や婦女子を暴行虐殺(南京大虐殺事件)	朝鮮中央情報委員会設置、言論統制強化　7-30光復戦線結成　12-23各級学校で天皇の写真の奉安敬拝が強要される	独、スペインのゲルニカ爆撃　8-21中ソ不可侵条約調印　日独は防共協定に参加、国際連名を脱退
1938(昭13)	厚生省設置　4-1国家総動員法公布　11-3近衛首相、東亜新秩序建設を声明	4-1朝鮮総督府、中学校の朝鮮語時間を他学科目で代替させることを通牒	3独、墺を併合　11-9独でユダヤ人迫害激化(水晶の夜)
1939(昭14)	5-12ノモンハンで満・外蒙両軍衝突(ノモンハン事件)　ゼロ戦試験飛行　平沼内閣総辞職	12-26朝鮮人の氏名に関する件公布　創氏改名で日本名を強要	9-1独、ポーランドに侵入、第2次世界大戦勃発
1940(昭15)	洋風芸名禁止　生活必需品を切符制に　10-12大政翼賛会発会　西園寺公望没	朝鮮民間紙廃刊　2-11創氏改名を実施　9-17大韓民国臨時政府、重慶で韓国光復軍を創設　10-7皇民化を強化	ソ連、フィンランドと講和条約調印　6独軍、パリ占領　トロツキー暗殺される

年	日本	朝鮮	世界
1941(昭16)	12-1御前会議、対米英蘭開戦を決定 -8日本軍、マレー半島上陸・ハワイ真珠湾攻撃 対米英宣戦布告	朝鮮総督府、朝鮮思想犯予防拘禁令・国防保安法を公布 12-9大韓民国臨時政府、対日宣戦布告	米、武器貸与法成立 クロアチア、独立 独、ソ連に侵攻 英ソ両軍、イラン侵攻 ロンドン大空襲開始 6-22独ソ開戦 7-31ユダヤ人の「最終的解決」を要請
1942(昭17)	6-5ミッドウェー海戦で敗戦	7金科奉、崔昌益ら延安で朝鮮独立同盟結成	1-1連合国(26ヶ国)、ワシントンで連合国共同宣言調印 8-12モスクワで米英ソ3国会談
1943(昭18)	10学徒出陣 11-5大東亜会議開催	学徒戦時動員体系確立要綱発表 海軍特別志願兵令公布 学徒兵制を公布	イタリア降伏、カイロ宣言 4-13独、カティンの森事件発表
1944(昭19)	6-15米軍、サイパン島上陸(7-7日本守備隊全滅)	全面徴用を実施 建国同盟結成 女子挺身隊勤務令公布 農民の抵抗運動広まる	6-6連合軍、ノルマンディー上陸作戦 8-1ワルシャワ蜂起 -24パリの独軍降伏、パリ解放
1945(昭20)	4-1米軍、沖縄本島に上陸 8-6広島、-9長崎に原爆投下 8-15ポツダム宣言受諾で終戦 -18満州国皇帝退位、満州国解消 9-9日本、降伏文書に署名 -30GHQのマッカーサー元帥厚木に到着	9-2マッカーサー、米ソ両軍による朝鮮分割占領政策を発表 -8米軍、朝鮮の38度線以南を占領、米ソによる南北分割 10-12ソウルで朝鮮共産党再建大会 -14朝鮮人民共和国中央人民委員会の宣言 12-12米軍政府、朝鮮人民共和国を認めずと声明 12-16(～26)朝鮮臨時政府樹立・米ソ合同委員会設置・5年間の信託統治など朝鮮処理案で合意	2-4(～11)米英ソ、ヤルタ会談 6-7独軍、無条件降伏 7-17ポツダム会談 10-24国際連合成立 11-20ニュルンベルク国際軍事裁判開始
1946(昭21)	1-1天皇、神格否定の詔書(人間宣言) 5-3極東国際軍事裁判開廷 11-3日本国憲法公布	6-3李承晩、南朝鮮政府樹立発言 8-28朝鮮労働党創立(委員長金日成)	7-29パリ講和会議 10-1ニュルンベルク国際軍事裁判、最終判決
1947(昭22)	2-20GHQ、輸出品に'Made in Occupied Japan'(米軍政下の日本製)の記号記載を指令 4-17地方自治法公布	7-19南朝鮮の民主主義民族戦線議長呂運亨暗殺される 11-14国連総会、朝鮮からの米ソ同時撤兵案を否決	8-14パキスタン独立 8-15インド独立 11-29国連総会、パレスチナ分割決議 12-30ルーマニア、王制を廃止し、人民共和国を成立
1948(昭23)	11-12極東国際軍事裁判所、25被告に有罪判決	8-15大韓民国樹立宣言、初代大統領李承晩 9-9朝鮮民主主義人民共和国成立、初代首相金日成	5-15第一次中東戦争 6-24ソ連、ベルリン閉鎖開始 12-10国連総会、世界人権宣言採択
1949(昭24)	9-8団体等規定により在日朝鮮人連盟に解散命令 10-19朝鮮総連系朝鮮人学校に閉鎖命令 12-24ソ連、細菌戦計画を理由に元日本軍将校12人を告発	5-18韓国政府、統一派議員の逮捕を開始 6-25金九、暗殺される 平壌で南北政党・社会団体の祖国統一民主主義戦線を結成	4-4北大西洋条約機構(NATO)発足 5-12ベルリン封鎖解除 9-7ドイツ連邦共和国成立 10-1中華人民共和国・中央人民政府成立

年	日本	朝鮮半島	世界
1950(昭25)	特需景気　7-24GHQ、新聞協会代表らに共産党員同調者の追放を勧告　8-10警察予備隊令公布	5-30韓国で総選挙実施　6-25朝鮮戦争勃発　9-15国連軍、仁川・群山に上陸　10-1国連軍38度線突破、北進　-20平壌占領　-25中国人民義勇軍、朝鮮戦に参加、朝鮮戦争始まる　12-5朝鮮・中国軍、平壌奪回	6-27トルーマン、韓国軍援助のため海空軍に出撃を命令　6-28北朝鮮軍、ソウルを占領　12-16トルーマン、国家非常事態宣言を発令
1951(昭26)	9-8サンフランシスコ講和会議で対日平和条約・日米安全保障条約調印	7-10朝鮮休戦会議、開城で開く	2-1国連総会、朝鮮戦争と関連、中国を侵略者とする非難決議案を採決　12-30マーシャルプラン終了
1952(昭27)	2-15第1次日韓会談開始　5-1血のメーデー事件　8-13IMF・世界銀行に加盟	1-18李承晩大統領、海洋主権宣言を発し、李承晩ラインを設定　5-7巨済島事件　8-7韓国大統領選で李承晩が再選　12-15朝鮮労働党中央委員会第5次全員会議、党内粛清の本格化	11-1米、エニウェトク環礁で水爆実験成功　11-4米大統領選でアイゼンハワー将軍が当選
1953(昭28)	2-11文部省、朝鮮人子弟の就学条件を一般外国人同様扱いであることを通達　4-15第2次日韓会談開始　10-6第3次日韓会談	4-9韓国大統領李承晩、休戦交渉に関して米に抗議　5-30李大統領、米韓相互防衛条約を締結を条件に、共産・国連軍の同時撤退を提案、米は李大統領の説得を開始　6-18反共捕虜27,000人釈放　7-12李承晩大統領、米国への協力約束　7-27朝鮮休戦協定調印　10-1米韓相互防衛条約	3-5ソ連首相スターリン没(79歳)　4-8国連総会、軍備の規制・制限・講和のとれた削減決議を採択　6-15世界平和評議会開催　9-12ソ連共産党第1書記にフルシチョフ選任　9-19ソ連・北朝鮮首脳会談終了
1954(昭29)	7-1防衛庁、自衛隊発足　9-25政府、竹島(韓国・北朝鮮では独島)領有権問題の国際司法裁判所への提訴を韓国に提案(10-28韓国拒否)		3-1米国、ビキニ水域で水爆実験　4-26ジュネーブ会議開催　6-27ソ連で原子力発電所運転開始　9-8東南アジア集団防衛条約(SEATO)署名　10-23西ドイツ主権回復
1955(昭30)	5-25在日朝鮮人総連合会(朝鮮総連)結成	2-25北朝鮮の外相南日、対日国交樹立と経済・文化交流のために討議する用意があると声明　12-28金日成、主体思想を提起	3-1英首相チャーチル、水爆製造計画発表(4-5辞任)　3-16仏首相フォール、原爆製造計画発表　7-9ラッセル、原水爆戦争の危険を各国首相に警告(ラッセル・アインシュタイン宣言)

年	日本	朝鮮	国際
1956(昭31)	10-19日ソ国交回復に関する共同宣言　12-18国連総会、日本の加盟案可決	北朝鮮で'千里馬'運動始まる　国民経済発展5ヵ年計画を2年半で達成	1-1スーダン、独立　10-29イスラエル軍、エジプトに侵入(スエズ戦争)
1957(昭32)	2-2石橋湛山首相、病気で辞意表明　2-25岸信介内閣成立　10-1国連総会で安保理事会非常任理事国に当選	7-15米政府、在韓米軍の核武装化を発表	1-18中ソ共同宣言　7-6カナダで'科学と国際問題に関する会議'(パグウォッシュ会議)開催
1958(昭33)	4-15第4次日韓全面会談開催	1-13韓国進歩党の幹部7人逮捕される　2-19平壌で中朝共同声明	9-7フルシチョフ首相、米大統領に中国攻撃はソ連への攻撃とみなす警告の書簡を送り、米軍の台湾撤退要求　10-2ギニア共和国独立宣言　12-21ドゴール首相、仏大統領に当選
1959(昭34)	8-13在日朝鮮人の北朝鮮帰還に関する日朝協定調印　12-14在日朝鮮人の北朝鮮への帰国船第1便新潟港から出港		1-1キューバ革命　8-25中・印国境紛争　9-15・12-19ソ連原子力砕氷船レーニン号試運転、就役
1960(昭35)	1-19日米新安保条約・地位協定調印　10-25第5次日韓会談開始　-27日朝赤十字代表、北朝鮮帰還協定延長に調印	4-19南朝鮮で反政府運動全国に拡大　-27李承晩大統領辞任　8-12韓国で尹潽善を大統領に選出	12-14国連総会で植民地独立宣言採択
1961(昭36)	10-20第6次日韓会談開始　11-12韓国最高会議議長朴正熙、池田首相と会談	5-16韓国、軍事クーデター　7-3朴正熙、韓国国家再建最高会議議長に就任　7-6北朝鮮、ソ連と友好協力相互援助条約調印	1-3米、キューバと国交断絶　4-11イスラエルでアイヒマン裁判開始　8-13東独、東西ベルリン間に壁を構築　9-20米ソ軍縮共同宣言
1962(昭37)	3-19ケネディ大統領、沖縄援助増額などを声明　5-15防衛庁設置法改正公布	3-22韓国尹大統領、政治浄化法に反対して辞任　-24朴正熙、大統領代行就任　12-10北朝鮮、全人民武装化・全国土要塞化決定	1-8IMF、10ヵ国の60億ドルの補足資金借入協定発表　10-22キューバ危機
1963(昭38)	2-10北九州市発足　12-7東京地方裁判所、原爆被爆者の国に対する損害賠償支払い要求に、原爆投下は国際法違反だが請求権はないと判決	6-28北朝鮮政府、韓国の絶糧民に白米10万石の無償提供を申し入れる　7-1韓国は拒否　12-17朴正熙(民主共和党)、大統領就任	11-20国連総会、人種差別撤廃に関する国連宣言を採択　11-22米、ケネディ大統領暗殺
1964(昭39)	佐藤内閣成立　3-27韓国の朴正熙大統領、学生デモ収拾のため、滞日中の金鍾泌に帰国命令　10-10東京オリンピック開催　12-3第7次日韓会談	3-9野党政治家や知識人らによる対日屈辱外交反対汎国民闘争委員会発足　6-3日韓会談反対デモ、大統領官邸を包囲、ソウル地区に非常戒厳令布告	5-28エルサレムでパレスチナ解放機構(PLO)設立

年			
1965(昭40)	6-22日韓基本条約等に調印　12-11参議院本会議、自民・民社両党で日韓基本条約など可決	1-8韓国、南ベトナム派兵を決定　6-29日韓基本条約反対デモ激化、大学・高校の強制休校措置令　8-14韓国国会、日韓条約を与党単独で批准(－26ソウルで衛戍令)	2-7米、北ベトナム爆撃開始　11-27ワシントンでベトナム反戦平和行進　12-21国連総会、人種差別撤廃条約案採択
1966(昭41)	1-18早稲田大学、授業料値上げ反対スト、その後続く籠城などで4月に大浜総長・全理事、辞意表明　5-30米原子力潜水艦、横須賀初入港	2-23朴大統領、韓国軍2万人増派を米副大統領のハンフリーに約束　7-9韓米行政協定調印	7-12米大統領ジョンソン、米国を太平洋国家と規定、対アジア長期政策を発表　9-28インドネシア、国連に復帰
1967(昭42)	2-8長野県松代町の気象庁地震観測所内に、松代地震センター設置　6-23家永三郎、再度国の教科書不合格処分取り消しの行政訴訟を起こす		6-17中国、初の水爆実験成功　7-1ヨーロッパ共同体(EC)成立　8-8東南アジア諸国連合(ASEAN)結成
1968(昭43)	1-19米原子力空母が初めて日本に寄港(佐世保)　6-26小笠原諸島復帰	1-23北朝鮮、米海軍の情報収集艦船プエブロ号を拿捕	7-1核拡散防止条約調印　8-20ソ連・東欧軍、チェコスロバキア侵入
1969(昭44)	11-21佐藤・ニクソン会談、共同声明を発表(沖縄の'72返還・安保堅持・韓国の平和は日本の安全に緊要)		6-10南ベトナム臨時革命政府樹立宣言　7-2ニクソン・ドクトリン　10-15全米にベトナム反戦デモ
1970(昭45)	2-3日本、核不拡散条約署名　2-11日本製の人工衛星打ち上げ成功　3-31よど号事件　10-20第1回防衛白書『日本の防衛』発表　11-25三島由紀夫、陸上自衛隊東部方面総監部(市ヶ谷)で割腹自殺する	4-5平壌で周恩来・金日成会談、日本軍国主義反対　－22セマウル運動開始	1-24ワルシャワ条約機構統合軍結成　3-5核不拡散条約発効
1971(昭46)	6-17沖縄返還協定調印	12-6韓、国家非常事態宣言発令　－27国会保衛法、強行採決	12-3インド・パキスタン全面戦争　－16パキスタン軍降伏　－18スミソニアン体制発足
1972(昭47)	2-19浅間山荘事件　5-15沖縄の施政権返還　沖縄県復活　復権令	7-4南北共同声明　12-27北朝鮮、朝鮮民主主義人民共和国社会主義憲法発布	12-21東西ドイツ基本条約調印
1973(昭48)	8-8韓国人5人、金大中新民党元大統領候補を、白昼、東京のホテルから拉致　－13目隠しのままソウルの自宅に連行(日韓関係緊張)　－24日韓定期閣僚会議延期決定　10-25第1次石油危機　11-2韓国首相来日、金大中事件につき陳謝　12-26日韓定期閣僚会議、4500万$の対韓借款決定	6-23朴大統領、国連への南北同時加盟を提唱	1-27ベトナム和平協定調印　3-29米、南ベトナムより撤退完了　10-6第4次中東戦争勃発(～－24)　12-21ジュネーブ中東和平国際会議

年	日本	朝鮮半島	国際
1974(昭49)	4-25防衛医科大学開校　12-9三木内閣成立	4-3ソウルで反政府デモ　8-15朴大統領狙撃され、大統領夫人死亡、在日韓国人文世光が犯人とされる　-17文世光の背後に北朝鮮・朝鮮総連と発表　-18朝鮮総連無関係と声明	5-18インド、初の核実験　11-22国連総会、パレスチナ民族自決権とPLOのオブザーバー資格を承認
1975(昭50)	8-29日米防衛首脳会談	1-1北朝鮮金日成、全社会を主体思想で一色化指示　2-12維新憲法をめぐる国民投票	4-30サイゴン陥落、ベトナム無条件降伏で戦争終結　11-15第1回先進国首脳会議
1976(昭51)	6-7第2回『防衛白書』を発行、以後は毎年発行　6-8核不拡散条約が日本で発効　-27田中前首相をロッキード事件で逮捕　12-24福田内閣成立	3-1金大中ら、民主救国宣言　8-18板門店米軍将校殺害事件	4-5天安門事件　7-2ベトナム社会主義共和国(統一ベトナム)成立　9-9毛沢東中国共産党書記死去
1977(昭52)	8-10防衛庁、有事法制研究に着手	7-25米韓安保協議会　8-18北朝鮮、黄海に軍事境界線を設定	6-30SEATO解体
1978(昭53)	8-12北京で日中平和友好条約調印　11-27空軍初の日米共同訓練　12-7大平内閣成立		12-16米台相互防衛条約破棄　12-25ベトナム軍、カンボジア侵攻
1979(昭54)	1-11「E-2C導入」国防会議・閣議で決定　7-25防衛庁の山下長官、現職長官として初の訪韓(～7-26)11-9第二次大平内閣成立	7-20米、在韓米軍の撤退凍結　10-4韓国国会、新民党総裁金泳三の除名を与党単独で可決　-16釜山で反政府デモ激化、各地に拡大(-18非常戒厳令)　-26KCIA部長、朴正熙を射殺　12-8政治犯釈放　-12粛軍クーデター	1-1米中国交樹立　-7ベトナム軍、プノンペンに入り、ポル・ポト政権解体　-27アフガニスタンでクーデター、ソ連軍介入　12-27ソ連、アフガニスタン侵攻
1980(昭55)	7-17鈴木内閣成立　12-1総合安全保障関係閣僚会議設置	5-15韓、戒厳令撤廃・民主化要求の学生デモ拡大　5-18韓国全土に非常戒厳令、金大中ら逮捕　-21光州市で民衆蜂起　-31全斗煥、国家保衛非常委委員長となる(8-27大統領)9-17金大中に死刑判決	1-4米、アフガニスタン問題で対ソ報復措置　5-18中国、初めて南太平洋へ向けてのICBM実験　9-9イラン・イラク戦争　9-22ポーランド自主労働組合「連帯」結成
1981(昭56)	10-1陸軍初の日米共同訓練　11-30鈴木改造内閣発足	1-23金大中ら減刑　12-15夜間外出禁止令解除	12-13ポーランド、戒厳令布告、救国軍事評議会を設置する
1982(昭57)	6-8生物兵器禁止条約が日本で発効　11-27中曽根内閣成立	5-12巨額手形詐欺事件発覚　12-16金大中、病院に移送(-23ワシントンにむけ出国)	4-2フォークランド紛争　6-6イスラエル軍、レバノン侵攻　10-16中国、SLBMの水中発射成功

年			
1983(昭58)	1-11中曽根首相、初の正式訪韓、全斗煥大統領と会談「日韓新時代」声明 −18中曽根首相訪米、レーガン大統領と日米「運命共同体」声明	9-1大韓航空機、サハリン沖で領海侵犯、ソ連軍機に撃墜される	9-1ソ連、樺太上空付近で大韓航空を撃墜 10-9ビルマで北朝鮮のテロ行為により韓国の閣僚ら19人が爆死される
1984(昭59)	7-4安倍外相、外務省に韓国人の名前の現地読み採用を指示 9-6全斗煥韓国大統領来日、東京厳戒態勢 天皇「両国の間に不幸な過去」と表明		11-10国連総会、拷問およびその他の残虐な、非人道的な、または品位を傷つける取り扱いまたは刑罰の禁止に関する条約を採択
1985(昭60)	8-12日航機墜落事故発生 9-18プラザ合意 12-28第二次中曽根改造内閣成立		3-11ソ連、ゴルバチョフ党書記長選出 4-26ソ連、チェルノブイリ原子力発電所事故発生
1986(昭61)	5-4東京サミット 7-22第三次中曽根内閣成立 10-27初の日米共同統合実動演習	ソウルで初のアジア大会を開催	4-26チェルノブイリの原子力発電所で大事故 9-22ストックホルムで欧州軍縮会議(CDE)最終文書を採択
1987(昭62)	11-6竹下首相、「ふるさと創生論」「間接税導入」の所信表明	5-1統一民主党結成(総裁金泳三) 10-30新民主共和党創立(総裁金鍾泌) 11-12平和民主党創立(総裁金大中) 12-16大統領選挙で民正党盧泰愚候補当選	7-20国連安保理、イラン・イラク戦争即時停戦要求決議598号を採択
1988(昭63)	1-26大韓航空機事故で北朝鮮に人的交流抑制等の制裁措置 3-13青函トンネル開通 12-27第二次竹下内閣発足	9-17ソウルオリンピック開催	4-14アフガニスタン、ソ連との和平合意文書に調印 8-20イラン・イラク戦争の停戦が発効 11-15パレスチナ独立宣言
1989(平元)	1-7昭和天皇死去 4-1消費税3％実施 −12李鵬中国首相初来日 天皇、「近代における不幸な歴史」と遺憾の意を表明 6-3宇野内閣成立 8-10海部内閣成立		6-4中、民主化運動を武力弾圧(天安門事件) 11・9「ベルリンの壁」実質撤廃
1990(平2)	5-24盧泰愚大統領来日 −29政府、朝鮮人強制連行者の名簿調査等を決定 9-24自社両党代表団、北朝鮮訪問 −26金日成主席と会談 −27自・社・朝鮮労働党の三党共同声明発表	9-30ソ連と国交樹立	4-12ロシア共和国、主権宣言 5-18天安門事件 7-1東西両独間の通貨・経済・社会同盟条約が発効 9-2子どもの権利条約発効 10-3ドイツ統一

1991(平3)	1-10訪韓中の海部首相、盧大統領との会談で在日韓国人の指紋押捺制度の2年以内の廃止に合意 －24政府・自民党、湾岸戦争支援策として多国籍軍への90億ドル援助と自衛隊輸送機の派遣などを決定 －30朝鮮民主主義人民共和国との国交正常化のための第1回政府間交渉開始 11-5宮沢内閣成立 12-3衆院本会議、PKO協力法案・国際緊急援助隊派遣改正法案可決(参院で不成立)	9-17国連総会、南北朝鮮の国連同時加盟を承認 12-13南北朝鮮第5回首相会談で、「不可侵」合意書に署名	1-16米を中心とする「多国籍軍」、イラク空爆開始 －27クウェート市内に多国籍軍入る 同日、米大統領が戦闘中止を宣言 5-21インド、ガンディー元首相、テロで死亡 6-12ロシア共和国大統領選挙でエリツィン圧勝 －17南ア、アパルトヘイト体制の終結宣言 8-19ソ連、クーデター －24ゴルバチョフ大統領、共産党の解散を勧告し、党書記長辞任12-25ソ連、ゴルバチョフ大統領、辞任を表明し、ソ連消滅
1992(平4)	1-16宮沢首相訪韓 －17慰安婦問題で謝罪 6-9参院本会議、自公民3党賛成でPKO法案可決 －16衆院本会議、PKO協力法・国際緊急援助派遣法改正可決(8-10施行) 9-17PKOによる自衛隊のカンボジア派遣部隊第一陣出発	1-21韓国政府、日本に対し戦時強制動員労働者らの真相究明と賠償を要求(7-6日本政府、強制連行は否定) 8-24中国と国交樹立 12-19大統領選で民自党の金泳三当選	1-7WHOの「エイズ・リポート」、世界の患者約45万人と発表 －28米、ブッシュ大統領が一般教書演説で「冷戦の勝利」を宣言 12-19国連安保理、イスラエル非難決議
1993(平5)	8－9細川内閣成立 11-5細川首相、韓国金泳三大統領との会談で植民地支配を陳謝	3-12北朝鮮、NPT脱退宣言 5-29木太町sね、弾道ミサイルの発射実験 7-23韓、旧朝鮮総督府ビル撤去計画発表(96-11-13終了)	1-1EC12カ国、単一市場発足 9-13イスラエル首相とPLO議長、ワシントンでオスロ合意に調印 11-1欧州連合条約(マーストリヒト条約、EU発足)が発効
1994(平6)	4-28羽田内閣成立 6-30村山(社会党党首)内閣発足	6-14北朝鮮、IAEAからの脱退を表明 7-8金日成死去 11-9ソウルで第1回目韓国・日本防衛実務者対話 12-1米軍、平時の作戦統制権を韓国に委譲	6-17カーター元米大統領、北朝鮮で非核化のため金日成主席と会談
1995(平7)	1-17阪神・淡路大震災(6,000余名死亡) 3-20地下鉄サリン事件に伴う災害発生 9-4沖縄駐留3米兵による女子児童性暴力事件発生 12-14オウム真理教への破防法適用に着手	3-9朝鮮半島エネルギー開発機構のKEDO発足 10-13韓、国会統一外交委、「日韓併合」などの無効を決議 11-16韓国最高検、盧泰愚前大統領を在任中の収賄容疑で逮捕 12-3全斗煥元大統領、粛軍クーデター首謀容疑で逮捕	12-15ASEAN首脳、ASEAN10カ国体制をめざすバンコク宣言を採択し、東南アジア非核地帯条約に調印

年			
1996(平8)	1-11橋本内閣成立　5-31国際サッカー連盟(FIFA)、ワールドカップ日韓共催を決定	9-18北朝鮮の小型潜水艦が韓国の東海岸で座礁、乗員が韓国領土に侵入　10-11OECD、韓国加盟を承認	1-27フランス、核実験実施　3-23台湾、初の総統直接選挙、李登輝再選　11-5米国大統領選挙でクリントン大統領が再選
1997(平9)	4-29化学兵器禁止条約が発効される 9-11第二次橋本内閣成立　12-11温暖化防止京都会議　12-3日本、対人地雷禁止条約署名	10-8北朝鮮金正日、労働党総書記に就任　11-8北朝鮮日本人妻15人初の里帰り　12-3韓国、金融救済でIMFと合意　−18大統領選で金大中当選	12-1気候変動枠組条約第3回締約国会議、温室効果ガス削減などを定めた京都議定書を採択　−3対人地雷全面禁止条約調印式
1998(平10)	8-31防衛庁、北朝鮮発射の弾道ミサイルが三陸沖に着弾した可能性ありと発表(9-1政府、国交正常化交渉再開凍結・日本−北朝鮮間チャーター便の不許可決定、−4北朝鮮人工衛星打ち上げ成功と発表)　12-25、11月の完全失業率4-4%、55年以来最悪に	6-22北朝鮮潜水艦、韓国東海岸に侵入　7-12韓国東岸で北朝鮮工作員の死体などを発見　9-5金正日朝鮮労働党総書記、国防委員会委員長に再任　10韓国の金大中大統領が訪日し、未来志向への両国関係を促す　10-10韓、日本映画解禁	7-27中国、初の総合的国防白書『中国の国防』を発行　10-23パレスチナ、イスラエルとPLO,西岸からのイスラエル軍追加撤退、自治政府による治安対策強化等を定めた「ワイ合意」に調印
1999(平11)	8-12通信傍受(盗聴)法など組織犯罪対策3法、改正住民基本台帳法成立(−18公布)　12-1超党派国会議員団北朝鮮を訪問　−3議員団・朝鮮労働党、国交正常化交渉の早期再開を両国政府に促す共同声明発表	12-1村山訪朝団、北朝鮮へ出発　同訪朝団と朝鮮労働党は共同発表に調印(〜12-3)	4-30カンボジア加盟でASEAN10カ国体制に　12-17独シュレーダー首相、ナチ時代の強制労働被害者への補償基金創設を発表
2000(平12)	8-5海上自衛隊と韓国海軍との初の共同訓練　9-30茨城県東海村の民間のウラン加工施設で臨界事件発生　10-5第二次小渕改造内閣成立	6-13韓国金大中大統領と北朝鮮金正日総書記が南北首脳会談、共同声明を発表　8-15韓国・北朝鮮、第1回南北離散家族再会　10-13金大中大統領、ノーベル平和賞受賞	3-12ローマ教皇、十字軍・異端審問・反ユダヤ主義などカトリック教会の過ちを認める
2001(平13)	4-1情報公開法施行　5-3金正日総書記の長男(金正男)拘束、国外退去処分　10-29テロ関連3法が成立　11-9海上自衛隊、インド洋へ向け出航	1-15北朝鮮の金正日総書記、非公式に訪中　5-14北朝鮮、EUと外交関係樹立	3-28米、「京都議定書」離脱へ　9-11米で同時多発テロ　10-7米、アフガニスタン空爆開始　11-10WHO、中国の加盟承認
2002(平14)	5-31サッカー日韓W杯開幕　8-5住民基本台帳ネットワーク稼動　9-17小泉首相、北朝鮮を訪問　13人の拉致を認め、謝罪　「日朝平壌宣言」に署名　10-15北朝鮮拉致被害者5人帰国	5-31サッカー韓日W杯開幕(ソウルで開幕式)8-30南北朝鮮で南北鉄道年内着工へ合意　12-12北朝鮮、「核」開発再会を宣言 -19韓国第16代大統領に盧武鉉当選	1-1EUの共通通貨、ユーロ、流通開始　−29ブッシュ米大統領、北朝鮮・イラク・イランをテロを支援し大量破壊兵器開発を目指す「悪の枢軸」と非難　12-13EU25カ国体制決定

関連年表　183

2003(平15)	6-6有事法制関連3法成立　7-26イラク復興支援特別措置法成立　11-29イラクで日本大使館員2人殺害	1-10北朝鮮、核不拡散(NPT)脱退宣言　2-24北朝鮮、地対艦ミサイルを日本海の公海上へ発射　-25盧武鉉、韓国大統領就任　9-16韓国、日本の大衆文化をさらに開放と発表	2-15イラク戦争反対のデモ　3-19米英軍、イラク攻撃開始　8-27北朝鮮の核問題をめぐる、6カ国協議スタート(米中日露韓と北朝鮮)　12-13米軍、フセイン元イラク大統領を拘束
2004(平16)	1-9陸自先遣隊と空自本隊にイラク派遣命令　-16政府、竹島(独島)切手発効で韓国に厳重抗議　10-23新潟中越地震	3-12韓国国会が盧武鉉大統領を弾劾追訴　4-16韓国総選挙、与党ウリ党が大勝、過半数に　5-14韓国憲法裁判所、盧武鉉の弾劾棄却	10-29EU25カ国首脳、EU憲法に調印　11-5プーチン露大統領、京都議定書批准書に署名　12-26スマトラ沖M9地震
2005(平17)	1-25日韓友情年開幕　3-16島根県議会が「竹島の日」条例制定　4-1個人情報保護法施行　10-26テロ対策特別措置法が延長　12-8自衛隊のイラク派遣延長決定　-25朝政府間協議で国交正常化交渉などの並行協議開始合意	2-10北朝鮮、6カ国協議参加の「無期限中断」を声明　5-1北朝鮮、日本海に向け短距離ミサイルを発射　6-10韓米首脳会談　6-21ソウルで南北閣僚級会談開催　9-13平壌で南北閣僚級会談開催　12-13済州島で南北閣僚級会談　12-16北朝鮮の人権状況について国連総会は非難決議案を採択	4-9北京で1万人規模の反日デモ　5-29仏国民投票、欧州憲法批准を否決　7-26北朝鮮の核問題をめぐる6カ国協議、北京で再開　9-19北朝鮮、核放棄を確約　6カ国協議、初の共同声明　12-12ASEANプラス3首脳会議

【参考文献】

歴史学研究会『日本史年表第四版』岩波書店、2001年。

歴史学研究会『世界史年表第二版』岩波書店、2001年。

李修京『近代韓国の知識人と国際平和運動』明石書店、2003年。

神田文人、小林英夫『戦後史年表』小学館、2005年。

金徳珍『年表で見る韓国の歴史』藤井正昭訳、明石書店、2005年。

『近代日本綜合年表』岩波書店、1968年。

『平成18年度　日本の防衛白書』2006年。

『中国新聞』2005年12月30日。

(担当：小池美晴・李修京)

執筆者紹介（五十音順）

・井竿富雄（いざお・とみお）
　1968年熊本県生まれ。1991年熊本大学法学部卒業。1996年九州大学大学院法学研究科博士後期課程単位取得退学。1998年、博士（法学）取得。現在、山口県立大学国際文化学部助教授。著書に『初期シベリア出兵の研究』（九州大学出版会、2003年）、『終わらない20世紀』（共著、法律文化社、2004年）、『地域から世界へ』（共著、山口新聞社、2002年）ほか、多数。

・李昌樺（い・ちゃんよぶ）
　1973年韓国生まれ。国立鹿屋体育大学大学院修了。修士論文は日韓代表チームの試合分析を研究し、韓国のスポーツ紙などで話題を呼んだ。国立鹿屋大学サッカーチームのコーチ、韓国南海ニュースサッカーチーム、韓国三星 Blue Wings プロサッカーチームのコーチを歴任。現在、南米のアルゼンチンサッカーチームで指導者研修中。

・大日方悦夫（おびなた・えつお）
　長野県生まれ。戦争遺跡の調査・研究・保存にたずさわる。研究分野は、日本近現代史、教育史、歴史教育。共編著は『戦争遺跡から学ぶ』、『戦争遺跡は語る』、『ガイドブック松代大本営』、『フィールドワーク松代大本営』、『史料が語る長野の歴史60話』、『幻ではなかった本土決戦』、『虎頭要塞』、『正・続　戦争遺跡の事典』ほか、多数。

・大和田茂（おおわだ・しげる）
　1950年東京生まれ。法政大学大学院修了。現在、東京都立工芸高等学校教諭。1910～20年代の日本近代文学、とくに労働文学、プロレタリア文学を研究。著書『社会文学・一九二〇年前後』（不二出版）、『評伝平澤計七』（共著　恒文社）『フロンティアの文学－「種蒔く人」の再検討』（共著　論創社）ほか、多数。

・岡野幸江（おかの・ゆきえ）
　法政大学講師。共編著『売買春と日本文学』（東京堂出版、2002年）、『女たちの戦争責任』（東京堂出版、2004年）、論文「木下尚江―朝鮮支配を見抜く透徹した眼」（『韓国・朝鮮と向き合った36人の日本人』明石書店　2002年）、「『兄弟の物語』を越えて―韓国映画の魅力とその深層」（『季刊ハヌルハウス』2006年1月）、「チュンサンにみる男性像の新しさ」（『韓流サブカルチュアと女性』（至文堂、近刊）ほか。

・門脇薫（かどわき・かおる）
　大阪府出身。大阪外国語大学大学院日本語学修士課程修了。現在、山口大学国際センター講師。財団法人海外技術者研修センター（AOTS）日本語講師を経て、1998年から2001年まで国際交流基金派遣日本語教育専門家として在韓国日本大使館に勤務。現在は大学で外国人留学生対象の日本語教育研究及び国際交流業務を行なっている。著書に『MOVIE　JAPANESE』（日本語バンク）、『みんなの日本語初級やさしい作文』（共著、スリーエーネットワーク）ほか、多数。

・金子哲也（かねこ・てつや）
　1960年新潟市生まれ。1984年から現在まで東京都公立中学校社会科教諭。2001年に国際理解教育学会にて「中学校におけるベルギーの学習－ベルギー国日本人学校での実践から－」を発表。現在、東京学芸大学大学院修士課程（アジア研究）在学中。

・金貞愛（きむ・ちょんえ）
　1972年韓国京畿道生まれ。現在、北九州市立大学基盤教育センター助教授。専門は在日コリアン文学・韓国語教育。論文に「ディアスポラ作家李恢成とアイデンティティ―「つつじの花」から「青丘の宿」へ―」（『社会文学』22号、2005年6月）ほか。

・小池美晴（こいけ・みはる）
　1980年山口県生まれ。山口県立大学大学院国際文化学研究科修了。「杉原千畝研究」で修士号取得。現在、山口市立中央図書館所属。「ネオナチズムの台頭に関する研究」（韓国社会論集2003年号）など。

・波潟剛（なみがた・つよし）
　1969年茨城県生まれ。筑波大学大学院博士課程文芸・言語研究科修了。博士（文学）。現在、九州大学大学院比較社会文化研究院助教授。専門は比較文学。主著に『越境のアヴァンギャルド』（NTT出版、2005年）、「ソウル・ダダと高橋新吉」（『比較文学』43号、2001年3月）ほか。

・朴仁植（ばく・いんしく）
　韓国京畿道出身。韓国中央大学大学院新聞放送学研究科修了。ジャーナリストを経て現在、山口大学東アジア研究科在籍。韓日言論史研究家。著書に『日帝의 朝鮮統治와 言論』（ソウル、弘益企画）、『韓国語読本』（共著、明石書店）、「朝鮮植民地統治の変容と展開Ⅰ～Ⅲ」『政治経済史学』（2004年4月～6月）、『『時事新聞』における許可日付に関する再究明」『新聞と放送』（2006年3月号、韓国言論財団）ほか、多数。

・朴庚守（ばく・きょんすぅ）
　韓国釜山外国語大学校韓国語文学部教授。同大学人文大学学長。釜山大学大学院博士課程修了（文学博士）。韓国学中央研究員歴任。2005年度李周洪文学賞受賞。主著に『韓国近代民謡詩研究』『韓国現代史の正体性研究』『韓国民謡の類型と性格』『韓国文学論概要』『日帝強占期在日文学者の文学活動と文学意識研究』ほか、多数。

・前田洋子（まえだ・ようこ）
　1981年生まれ。埼玉県出身。フェリス女学院大学国際交流学部卒業。東京学芸大学大学院教育学研究科在籍。2005年度韓国ナヌムの家主催のPeace Roadに参加。2006年3月より韓国ソウル市立大学大学院へ留学中。

・松村博行（まつむら・ひろゆき）
　1975年生まれ。立命館大学大学院国際関係研究科博士後期課程単位取得満期退学（国際関係学博士）。現在、立命館大学非常勤講師。専攻は軍需産業論、アメリカ経済論。著書に『イラク後のアメリカの戦略と世界平和』『平和学を拓く』（安斎育郎ほか共著）ほか。

・湯野優子（ゆの・ゆうこ）
　山口県山口市出身。山口県立大学在学中に韓国の慶南大学に留学。韓国の中央大学大学院新聞放送学研究科修了。春川国際フォーラムでのVIP通訳・翻訳、『釜山日報』日本語版ニュースの監修・翻訳、釜山市観光ガイドブックの翻訳業務を担当。「韓国の日本語学習者の学習動機考察」（韓国社会論集2003年号）など。

・梁禮先（やん・いぇそん）
　韓国生まれ。明治大学卒業。明治大学大学院博士後期過程満期退学。現在、法政大学兼任講師。主著に「湯浅克衛　時代とそのはざまで」『36人の日本人　韓国・朝鮮へのまなざし』（共著、明石書店、2005年）、「湯浅克衛論」『満州鎮魂』（共著、インパクト出版会、2001年）ほか。

編著者
李修京（イ・スゥギョン）

韓国ソウル生まれ。立命館大学社会学研究科博士後期課程修了（社会学博士）。現在、東京学芸大学教育学部教員。山口家庭教育学会理事、日本平和学会企画委員。日本社会文学会05年編集委員、13回韓国語弁論大会審査委員長などを歴任。2005年度日本女性文化賞受賞。韓国春川市名誉広報大使。

著書に『帝国の狭間に生きた日韓文学者』(緑陰書房)、『近代韓国の知識人と国際平和運動』(明石書店)、『クラルテ運動と『種蒔く人』』(お茶の水書房)、『この一冊でわかる韓国語と韓国文化』(明石書店)、『ハングル読本』(明石書店)や共著の『地域から世界へ』(山口新聞社)、『世界史の中の関東大震災』(日本経済評論社)、『フロンティアの文学』(論創社)、『「種蒔く人」の精神』(DTP出版)、『いま中国によみがえる小林多喜二の文学』(東銀座出版)、『平和を拓く』(かもがわ出版)、近刊に「朝鮮王妃殺害事件の再考」など、多数。

韓国と日本の交流の記憶 日韓の未来を共に築くために	2006年11月1日　初版発行
	編著者　李　修京 発行者　佐藤康夫
	発行所　白帝社 　〒171-0014　東京都豊島区池袋2-65-1 　http：//www.hakuteisha.co.jp/ 　TEL: 03-3986-3271 　FAX: 03-3986-3272
	組版・柳葉コーポレーション　印刷・平文社 製本・若林製本所 ISBN4-89174-851-6 ＊定価はカバーに表示されています ©2006年　李修京